NOUVEAUX ESSAIS

# DE CRITIQUE

ET D'HISTOIRE

## AUTRES OUVRAGES DU MÊME AUTEUR

#### PUBLIÉS PAR LA MÊME LIBRAIRIE :

VOYAGE EN ITALIE. Deux parties qui se vendent séparément.
 1<sup>re</sup> partie: *Naples et Rome.* 1 vol. 6 fr.
 2<sup>e</sup> partie : *Florence et Venise.* 1 vol. 6 fr.

ESSAIS DE CRITIQUE ET D'HISTOIRE. 2<sup>e</sup> édit. In-18 jésus. 3 fr. 50 c.

HISTOIRE DE LA LITTÉRATURE ANGLAISE. 4 vol. in-8°. 30 fr.

ESSAI SUR TITE LIVE. Ouvrage couronné par l'Académie française. 2<sup>e</sup> édit. In-18 jésus. 3 fr. 50 c.

LA FONTAINE ET SES FABLES. 4<sup>e</sup> édit. In-18 jésus. 3 fr. 50 c.

LES PHILOSOPHES FRANÇAIS AU XIX<sup>e</sup> SIÈCLE. 2<sup>e</sup> édit. In-18 jésus. 3 fr. 50 c.

VOYAGE AUX PYRÉNÉES. 4<sup>e</sup> édition. In-18 jésus. 3 fr. 50 c.

 *Le même ouvrage*, avec des illustrations par G. Doré. Grand in-8°. 10 fr.

PHILOSOPHIE DE L'ART. In-18. 2 fr. 50. (Chez Germer-Baillière.)

Imprimerie générale de Ch. Lahure, rue de Fleurus, 9, à Paris.

# NOUVEAUX ESSAIS

# DE CRITIQUE

## ET D'HISTOIRE

PAR H. TAINE

DEUXIÈME ÉDITION

PARIS
LIBRAIRIE DE L. HACHETTE ET Cie
BOULEVARD SAINT-GERMAIN, N° 77

1866
Droit de traduction réservé

# NOUVEAUX ESSAIS

DE

# CRITIQUE ET D'HISTOIRE.

## PHILOSOPHIE RELIGIEUSE.

*Ciel et Terre*, par J. REYNAUD.

Combien de gens dans le monde, demi-croyants, demi-sceptiques, essayent de concilier les vérités qu'ils ont apprises avec les traditions qu'ils n'ont point oubliées ! On flotte entre la religion et la philosophie ; on aime à la fois l'obéissance et l'indépendance ; on est fidèle aux idées modernes, mais l'on ne veut point rompre avec les idées anciennes, et l'on souhaite involontairement qu'une main heureuse ou habile, accordant les deux puissances rivales, rétablisse la paix dans l'esprit de l'homme. Que la religion abandonne des prétentions surannées et que la philosophie renonce à des négations téméraires ; que toutes deux se réunissent en une doctrine aimable et vraisemblable; que les deux méthodes, se rapprochant et prenant l'homme chacune par la main, le conduisent, comme deux bons génies, vers la vérité promise, puisqu'il ne veut ni désavouer l'une ni quitter l'autre, et puisqu'il s'attache à ces deux guides avec un égal amour. Là-dessus quelques chrétiens font un pas vers la philosophie, et plusieurs philosophes font six pas vers le christianisme. Entre tous les projets qu'on échange, celui de M. Jean Reynaud nous paraît un des plus dignes d'attention et d'estime ; car il exprime un penchant de l'esprit public, et mérite à ce titre d'être examiné tout au long.

M. Jean Reynaud est un mathématicien, jadis saint-simonien, qui, après avoir commencé avec M. Pierre Leroux une sorte d'encyclopédie, vient de rassembler et de développer ses opinions philosophiques en un corps régulier de doctrines. Son livre témoigne d'une instruction abondante et d'une vaste curiosité; on y respire un grand et paisible amour de l'humanité, une ferme confiance en l'avenir, un sentiment de générosité sincère. L'auteur a la charité, la foi et l'espérance ; il habite de cœur dans ces astres qu'il destine aux migrations et au perfectionnement des âmes: il console les hommes en leur parlant de la providence de Dieu et de l'harmonie des mondes. Mais il évite de tomber dans la sensibilité rêveuse et féminine; il garde le ton d'un philosophe et ne prend pas celui d'un enthousiaste; il discute sans aigreur et il attaque sans haine. S'il combat ses adversaires, ce n'est point pour les détruire, mais pour se les concilier. Le style du livre, par son mouvement uni et par son ampleur extrême, convient à la gravité de la pensée et à la dignité du sujet. Si l'on y rencontre un petit nombre de termes étranges et un nombre assez grand d'exclamations inutiles, on y trouve plus d'une fois des pages éloquentes dont Bernardin de Saint-Pierre ne désavouerait pas l'accent ému et imposant. L'auteur est un de ces hommes dont on loue les intentions, dont on voudrait louer la doctrine, et que l'on réfute en regrettant de le réfuter. Nous l'avons loué en douze lignes, nous allons le critiquer en quinze pages. C'est que son mérite est visible et sa doctrine persuasive. La brièveté de nos louanges, comme l'étendue de nos critiques, est une preuve de notre estime et de son talent.

## I

Deux choses sont à remarquer dans le livre de M. Jean Reynaud : le but, qui est la conciliation de la philosophie et de la religion ; la méthode, qui est l'habitude d'affirmer sans prouver. Considérons tour à tour le but et la méthode, et voyons en premier lieu si le but que s'est proposé M. Reynaud peut être atteint.

L'auteur de *Ciel et Terre* juge que depuis deux cents ans l'astronomie, la physique, la géologie, l'histoire naturelle et l'histoire ont transformé l'idée qu'on se faisait de la nature, et que l'idée ainsi acquise doit à son tour aujourd'hui transformer les dogmes chrétiens. Mais il juge en même temps que les anciennes croyances contiennent autant de vérité que les découvertes modernes, que la tradition et l'autorité ont les mêmes droits à notre foi que l'examen et l'expérience, et que, loin de jeter la religion à terre, il faut en faire la première pierre du nouvel édifice. Pressé entre deux méthodes et deux doctrines, il ne peut se résoudre à sacrifier ni l'une ni l'autre; il emploie toute son érudition et toute sa dialectique à les accorder. Des deux personnages qu'il met en scène, le *théologien* arrive ordinairement le premier, et expose la croyance de l'Église. Le *philosophe* écoute respectueusement, admet le fond du dogme, puis présente des interprétations, des adoucissements, des restrictions et des accommodements de toute espèce. Il ne veut pas renverser le christianisme, mais l'affermir. Il prétend le ramener à ses origines, lui rendre son sens primitif, le pousser dans sa voie naturelle ; il est plus chrétien que les chrétiens. Il oppose au théologien non-seulement les découcouvertes et l'esprit moderne, mais les Écritures et l'esprit ancien. Il l'engage à abandonner l'enfer et les peines éternelles, non-seulement au nom de la justice et de l'humanité, mais encore au nom des livres saints et de la primitive Église. Il soutient que nul concile n'a fait à ce sujet de déclaration formelle, que si celui de Trente a prononcé le mot fatal, c'est incidemment et sans affirmation précise ; que le mot *éternel*, en hébreu, n'a pas une rigueur mathématique, et signifie simplement un *temps très-long ;* que d'ailleurs beaucoup d'exemples nous autorisent à ne pas interpréter l'Écriture à la lettre, et qu'enfin, s'il faut subir le sens littéral, on doit rapporter les deux phrases célèbres de l'Évangile non pas aux « peines individuelles, qui cesseront, mais à l'institution de l'enfer, laquelle durera toujours. »

On voit que si M. Jean Reynaud froisse les dogmes, c'est d'une main délicate, que son plus cher désir est de s'entendre avec l'Église, et que s'il tient à la science, c'est pour la faire entrer dans le christianisme. On se fera de lui une idée assez exacte en le concevant comme un contemporain de saint Thomas qui aurait vécu quarante ans en Sorbonne, imbu et nourri de discussions sur la psychologie et la hiérarchie des anges, sur l'origine de l'âme et la transmission du péché originel, sur la création continue, sur le paradis et sur l'enfer. Ce docteur scolastique se trouve tout d'un coup transporté au dix-neuvième siècle. Il lit Rousseau, visite les laboratoires, apprend la géologie et l'astronomie, et se trouve fort embarrassé. Ses idées anciennes sont gothiques, ses idées nouvelles sont hérétiques. Il aime les unes autant que les autres, et veut les garder toutes. Que faire? Il les fait plier toutes ; il élargit sa religion et rétrécit sa philosophie, en sorte que sa philosophie puisse tenir dans l'enceinte de sa religion. Il tend une main à saint Augustin, et l'autre à Herschel, les tire à lui l'un et l'autre, les place de front, et leur impose la concorde. Il compose une philosophie à l'usage des gens religieux, une religion à l'usage des philosophes. Il veut rendre la philosophie religieuse, et la religion philosophique. Il admet toujours le péché originel, mais il entend par là le triomphe originel des penchants égoïstes et brutaux. Il conserve la rédemption, mais au sens spirituel, et considère le Christ, non comme un Dieu, mais comme un législateur sublime qui a ramené l'homme à l'espérance et à la vertu. Il veut croire au ciel et à l'enfer, mais il appelle de ce nom les conditions successives plus ou moins heureuses que les âmes rencontreront dans les diverses planètes après leur mort. Il accepte la résurrection de la chair, mais il interprète ce dogme en disant que notre âme se formera un autre corps, lorsqu'elle sera dégagée du premier. Toutes ces interprétations témoignent de sentiments élevés et d'intentions excellentes ; il a l'amour de Dieu comme un théologien du moyen âge, et l'amour de l'humanité comme un philosophe des temps modernes ; mais que doit-on penser de sa tentative? Elle attaque une vérité conquise par trois siècles d'efforts, la séparation de la méthode philosophique et de la méthode théologique. Elle renverse tout principe et croyance en acceptant deux principes de croyance nécessairement opposés. Elle défait le passé, compromet l'avenir, et mérite d'être réfutée d'autant plus franchement qu'elle n'est pas la première, qu'elle ne sera pas la dernière et qu'elle signale une inconséquence habituelle et naturelle de l'esprit humain.

## II

Comparons donc la religion et la science ; cherchons sur quel fait primitif chacune d'elles assoit sa croyance, pourquoi chacune des deux autorités détruit l'autre, pourquoi chacune des deux méthodes exclut l'autre, pourquoi toute tentative pour les confondre est à la fois contraire à la science et à la religion.

Qu'est-ce qu'une religion? On le saura en considérant les sectes qui sont nées pendant les deux derniers siècles en Angleterre, et qui croissent tous les jours en Amérique. Ces pays sont des laboratoires où l'on peut étudier en grand, de près et tous les jours, les fermentations de l'esprit. Une religion est une doctrine qu'établissent deux facultés, l'inspiration et la foi. L'inspiration la fonde, et la foi la propage; l'inspiration suscite ses auteurs, et la foi lui attire ses fidèles. Au commencement, il se rencontre des hommes qui se déclarent en commerce avec le monde surnaturel; ils voient Dieu, ils pénètrent sa nature: une voix intérieure leur dicte un symbole nouveau, et voilà qu'une métaphysique et une morale tout entières revêtues d'images sensibles se lèvent devant leur esprit. Ils subissent l'ascendant invincible du Dieu qui leur parle. Ils montrent aux hommes le ciel où ils ont été ravis. Ils répètent les paroles divines qu'ils ont entendues, et de cette vision primitive, publiée par une prédication ardente, attestée par des sacrifices héroïques, confirmée par un genre de vie extraordinaire, naît la religion. Les auditeurs, à leur tour maîtrisés, acceptent l'autorité du prophète. Ils n'ont pas besoin de raisonnements pour le croire; la foi s'impose à eux, comme la révélation s'est imposée à lui. Ils sentent qu'il voit, qu'il sait, qu'il communique avec le monde invisible. Ils voient par lui ; ils lisent dans ses yeux, dans son accent et dans ses écrits les visions qui le possèdent ; il est pour eux comme un miroir où ils contemplent le monde surnaturel réfléchi. Et quand ils veulent exprimer la force nouvelle et toute-puissante qui a transformé leur croyance et conquis leur âme, ils disent que Dieu se communique à l'homme par deux voies, qu'il touche les yeux des prophètes et illumine leur esprit, qu'il touche le cœur des fidèles et entraîne leur assentiment, que cet assentiment et cette illumination sont des puissances étrangères et supérieures à l'homme, que la foi et la vision rejettent tout contrôle humain, échappent à la discussion, font taire les réclamations des facultés inférieures, et règnent seules, divines et incontestées parmi les contradictions, les hésitations et les faiblesses de toutes les autres.

Essayez maintenant d'opposer des objections à une doctrine ainsi formée. Priez-la de faire des concessions aux découvertes modernes, de s'accommoder avec l'expérience et le raisonnement, de se développer, de quitter sa forme antique et inflexible pour ouvrir ses ailes et s'élancer dans les voies nouvelles. Le conseil est contraire à sa nature. Ceux qui la représentent ne vous comprendront pas et ne vous écouteront pas. Que vient dire ici la raison boiteuse et incertaine, quand c'est la révélation et la foi qui parlent? La foi et la révélation lui répondent : « Je vois Dieu, je sens sa volonté et sa vérité ; il est ici présent ; voici le dogme de son Église ; je crois et je ne discute point. Ma croyance vient d'ailleurs et de plus haut que la vôtre ; elle n'est point soumise à vos règles, elle n'admet pas vos vérifications, elle est indépendante de vos méthodes. Gardez vos lents procédés, vos douteuses inductions, vos syllogismes sans fin ; la connaissance que j'ai est directe, elle atteint son objet sans intermédiaire. Pendant que vous vous traînez à terre, elle arrive du premier bond au sein de la vérité. »

Aussi y a-t-il toujours quelque ridicule à discuter avec un fidèle. L'adversaire use du raisonnement et de l'histoire contre une croyance qui ne s'établit ni par l'histoire ni par le raisonnement. Les preuves historiques qu'elle présente, les témoignages, tous les signes extérieurs de vérité, ne sont que des ouvrages avancés qu'elle perd ou qu'elle conserve sans grand dommage. On s'y bat moins par intérêt que par acharnement et par esprit de parti. Les soldats s'y font tuer, mais les grands généraux estiment ces postes pour ce qu'ils valent ; ils savent que le sort de la forteresse n'en dépend pas. Quand Pascal, par exemple, consent à descendre sur le terrain de ses adversaires, il n'est jamais inquiet :

il sent que le dogme derrière lui est défendu par une barrière infranchissable. Il avoue que pour la raison la religion n'est pas certaine, que bien des figures de l'Ancien Testament sont « tirées aux cheveux ; » que s'il y a dans les Écritures de quoi convaincre les fidèles, il y a de quoi aveugler les incrédules ; que c'est la grâce qui donne la foi, et qu'en définitive le moyen de supprimer les doutes n'est pas d'examiner le sens et l'authenticité des textes, mais de prendre de l'eau bénite, d'aller à la messe et de plier la machine. Supposons que des érudits allemands un peu aventureux (la chose n'est pas rare) traitent la Bible comme un livre hindou ou persan, qu'ils lui demandent l'âge de ses diverses parties, le nom de tous ses auteurs, les preuves détaillées de son autorité. Admettons encore que pour expliquer les prophéties, les légendes et les miracles, ils tiennent compte du climat, du sol, du voisinage du désert, de la constitution nationale, de l'imagination nationale. Imaginons enfin qu'ils appliquent au livre tous les doutes de la critique et de la logique. Il est clair que le livre aura le sort d'un livre hindou ou persan. Nos raisonneurs jugeront que nul peuple n'a eu plus de penchant pour l'hallucination, moins d'aptitude pour la science, plus de facilité à s'exalter et à croire, moins de dispositions pour raisonner exactement et juger sainement. Ils trouveront que ses livres ont subi autant d'altérations et présentent aussi peu de garanties que les premiers poëmes de la Perse ou de la Grèce. Ils expliqueront l'histoire des Juifs et du christianisme d'une manière aussi plausible et par des raisons aussi naturelles que le développement du polythéisme et l'histoire du peuple romain. Mais le vrai fidèle les regardera faire en souriant, il prendra en pitié et en défiance la raison humaine, qui, livrée à ses propres forces, dévie ainsi de la droite ligne, et dès que l'autre voudra conclure, il s'enfuira à cent mille lieues, dans le ciel.

Concevons donc que les principes de croyance dont la religion fait usage sont des facultés à part, que ces facultés échappent aux prises et à l'attaque de la raison, qu'elles la considèrent souvent comme ennemie, toujours comme subalterne, et que c'est les trahir et les condamner que de leur imposer pour guide celles qu'elles traitent en adversaire ou en servante. Cette conciliation prétendue est une guerre déclarée à la religion.

## III

Cette conciliation prétendue est aussi une guerre déclarée à la raison. Car quel cas la raison fait-elle des deux facultés et des deux procédés qui fondent les religions? Parlez à un savant de déférence à l'autorité, de foi immédiate, de croyance sans preuves, d'assentiment donné par le cœur ; vous attaquez sa méthode et vous révoltez son esprit. Sa première règle dans la recherche du vrai est de rejeter toute autorité étrangère, de ne se rendre qu'à l'évidence personnelle, de vouloir toucher et voir, de n'ajouter foi aux témoignages qu'après examen, discussion et vérification. Sa plus vive aversion est pour les affirmations sans preuves qu'il appelle *préjugés*, pour la croyance immédiate qu'il appelle *crédulité*, pour l'assentiment du cœur qu'il appelle *faiblesse d'esprit*. Vous lui objectez la force irrésistible de la foi ; il répond par un chapitre de Dugald-Stewart, et prouve que la croyance est distincte de la connaissance, que l'imagination, l'habitude et l'enthousiasme suffisent pour fixer notre assentiment, que souvent la conviction est d'autant plus puissante qu'elle est moins légitime, et que l'erreur compte autant de martyrs que la vérité. Vous lui opposez l'ascendant de l'inspiration involontaire et la lucidité des révélations surnaturelles ; il ouvre le livre d'Esquirol, il en rapproche l'histoire de Jeanne d'Arc, de Mahomet ou des puritains, vous montre que les visions sont l'effet d'une irritation cérébrale, et qu'il suffit d'une potion pour faire un halluciné. Il croit à l'observation prudente et sceptique, à l'induction lente, à la généralisation circonspecte, au syllogisme exact, aux formules précises, et vous venez lui demander de joindre à ses méthodes les méthodes contraires. Vous lui imposez la croyance sans preuves qu'il laisse au peuple, et la vision extatique qu'il laisse aux malades. Vous renversez sa nature, vous détruisez ses principes, vous faites plus contre lui que vous ne faisiez contre la religion. Tout à l'heure vous égaliez à la foi une faculté que la foi traite de subalterne; maintenant vous égalez à la raison une faculté que la raison regarde comme pernicieuse. Vous attaquez dans leur essence la foi et la raison, et encore plus la raison que la foi.

Si l'on veut se figurer les deux facultés et les deux méthodes, qu'on se représente d'un côté Pascal, malade, la chair déchirée par un cilice, le cœur troublé par les angoisses de sa foi, voyant tour à tour les feux effroyables de l'enfer et le sacrifice sanglant de son divin maître, baigné de larmes, se relevant la nuit pour écrire d'une main fiévreuse ces phrases brisées d'une incomparable éloquence, cris d'un cœur désespéré par la misère humaine, et un instant après rassasié de douceurs célestes; — de l'autre, Laplace, tranquillement assis dans son fauteuil, pesant avec un demi-sourire les paris de Pascal, remontant à l'aide du calcul des probabilités jusqu'à l'origine du système solaire, présentant son système du monde à Napoléon, qui s'étonne de n'y pas voir le nom de Dieu, et lui répondant « qu'il n'a pas eu besoin de cette hypothèse. »

La religion et la philosophie sont donc produites par des facultés qui s'excluent réciproquement et par des méthodes qui réciproquement se déclarent impuissantes. Aucune d'elles ne souffre le contrôle ou n'admet l'autorité de sa rivale. Aucune ne peut ni ne doit faire ou demander de concessions à sa rivale. Si la foi et la vision sont des dons de Dieu, la raison n'a pas le droit de restreindre leur élan et de corriger leurs dogmes. Si la foi et la vision sont des grâces accordées par la faveur à des âmes choisies, c'est que les facultés naturelles sont incapables de s'élever à des révélations égales. Si Dieu est obligé de soulever les âmes jusqu'à lui, c'est que les âmes laissées à elles-mêmes sont impuissantes pour monter jusqu'à Dieu. De ce que la foi et la vision sont légitimes, accordées par Dieu, accordées avec choix, il suit nécessairement qu'elles ont seules le privilége d'ouvrir à l'homme le monde supérieur, et que les autres facultés commettent une folie et une insolence lorsqu'elles essayent d'entrer dans une région d'où elles sont exclues.— Si au contraire le caractère de la vérité est d'être accompagnée de preuves et dégagée d'opinions préconçues, si pour l'atteindre il faut imposer silence à son cœur, calmer son enthousiasme, se mettre froidement face à face avec les faits, se défier de soi-même, n'avancer qu'avec précautions, assurer tous ses pas, douter à chaque instant, vérifier chaque observation et chaque loi, alors la foi et la vision sont des facultés dangereuses. On cesse de croire en elles, parce qu'on croit à la science. On les rejette parce qu'on l'accepte. Il faut donc opter entre les deux principes de croyance. Ils sont si opposés, qu'ils ont exigé pour se développer des cerveaux d'espèce distincte. « Les Juifs, disait saint Paul, demandent pour croire des miracles, et les Grecs des raisonnements. » Le peuple juif a produit la religion, et le peuple grec la science. Il a fallu deux races différentes pour développer des principes de croyance si opposés.

## IV

Que dire maintenant du système qui essaye de les réconcilier et de les confondre? Tous deux vont se retourner contre lui. Il paraîtra impie aux chrétiens, déraisonnable aux philosophes. Il ne satisfera personne et mécontentera les deux partis. Il ne se fera point d'alliés, et s'attirera deux ennemis. On trouvera qu'il a faussé la religion et dénaturé la philosophie, et il restera isolé, suspect à tout le monde, parce qu'il aura voulu attirer tout le monde à lui.

Tels sont ses inconvénients dans la pratique : combien plus grands seront ses inconvénients dans la théorie ! M. Jean Reynaud n'a pas une seule raison pour lui et les a toutes contre lui. Tous les soutiens lui manquent; il a pris soin de les détruire l'un par l'autre. Son système se tient en l'air, prêt à tomber de tous côtés. Veut-il s'appuyer sur la tradition et sur la foi ? Il leur ôte l'autorité, puisqu'il les corrige d'après les découvertes de la science. — Veut-il s'appuyer sur la raison et sur l'expérience ? Il leur ôte l'autorité, puisqu'il admet sans les consulter un dogme qu'elles n'ont point fondé.— Se fie-t-il à la révélation ? Non, puisqu'il la subordonne à l'astronomie.—Se fie-t-il à la science ? Non, puisqu'il ne l'emploie qu'à modifier la révélation. Toute la puissance et tous les droits d'une doctrine lui viennent de la faculté qui la fonde. Si vous acceptez le dogme sans la faculté, la conséquence sans le principe, quel droit et quelle puissance auront vos doctrines ? Il ne vous restera qu'une série de conséquences sans principes, de dogmes sans autorité, et d'assertions sans preuves. Vous aurez voulu construire une religion et une philosophie, et vous n'aurez fabriqué qu'un roman.

Prenons un exemple : les âmes, dites-vous, ont vécu avant leur naissance dans d'autres mondes, et les fautes qu'elles y ont commises sont le péché originel qu'elles apportent en naissant. — Non, dit le chrétien, l'Église rejette cette doctrine. — Non, dit le philosophe, la physiologie déclare que l'âme est une force inhérente au corps qu'elle anime, qu'elle se développe avec lui, et ne peut pas plus se séparer de lui pour entrer dans un autre que la végétation ne peut se détacher de la plante en qui elle réside et passer dans la plante voisine.—Quelle preuve religieuse apportez-vous? Des textes interprétés par vous autrement que par l'Église, et conséquemment d'autorité nulle aux yeux d'un fidèle, puisqu'aux yeux d'un fidèle c'est l'interprétation de l'Église qui leur donne autorité. — Quelle preuve philosophique apportez-vous? La supposition théologique que nos vices et nos misères indiquent des fautes antérieures et une punition. présente, hypothèse fragile aux yeux d'un philosophe, reste d'une méthode usée qu'il dédaigne, et qu'il ne veut plus combattre, parce qu'il l'a vingt fois renversée. Vous êtes philosophe contre la théologie, théologien contre la philosophie, et partout philosophe et théologien à contre-temps. Vos adversaires n'ont pas besoin de vous réfuter; vous vous réfutez vous-même, et avec ce besoin de conciliation aussi contraire à la révélation qu'à la science, vous ne pouvez rien construire sans détruire à l'instant même ce que vous avez construit.

M. Jean Reynaud n'est pas le seul qui hasarde aujourd'hui ces pacifiques et infructueuses tentatives. Bien des esprits, et du premier ordre, essayent de les renouveler avec moins de franchise et avec plus de précaution que lui. On ne voit que des mains tendues et des propositions d'alliance. De vieux ennemis essayent d'oublier ce qu'ils ont voulu et ce qu'ils ont fait, et il s'en faut de peu qu'ils ne s'embrassent. Que les hommes s'embrassent, rien de mieux; que les nobles esprits s'unissent dans la paisible idée de l'infini, ou dans l'aspiration vers le bien idéal, cela est poétique et beau; mais il n'en est pas ainsi des théories. Nous pouvons tous et nous devons tous vivre en paix et en amitié dans la société civile, parce que dans la société civile nous avons tous intérêt à nous protéger les uns les autres. Séparés en spéculation, nous nous réunissons en pratique pour défendre notre liberté, nos biens et notre vie; un malfaiteur est l'ennemi des chrétiens aussi bien que des philosophes, et le chrétien comme le philosophe payera volontiers le gouvernement et le gendarme qui l'empêcheront d'être assassiné ou volé. Mais la même logique qui rend les citoyens amis rend les théories ennemies, et interdit dans la spéculation les alliances qu'elle impose dans la pratique. La philosophie, qui a pour but la vérité pure, comme l'État a pour objet le salut public, défend ses principes de certitude, comme l'État défend ses principes de concorde. L'État maintient à tout prix l'union qui le fonde ; la philosophie empêche à tout prix les conciliations qui la détruiraient.

## V

Il importe maintenant d'exposer en abrégé la doctrine de M. Jean Reynaud et ses preuves. Les théologiens donneront leur avis sur les arguments théologiques ; nous demandons la permission de n'examiner que les preuves philosophiques, et nous souhaitons pour lui que les textes qu'il oppose à l'Église soient plus concluants que les raisonnements qu'il présente à la raison.

Voici l'abrégé de sa doctrine : — Notre âme a vécu avant sa naissance dans d'autres mondes. — Elle trouve ici-bas une condition et une organisation conformes à la conduite qu'elle a menée dans ses vies antérieures. — Après la mort, elle passe dans un autre astre, s'y incarne dans un corps, et y rencontre un bonheur ou un malheur proportionnés à ses mérites ou à ses fautes.— Les astres sont en nombre infini, et de toute éternité Dieu en crée à chaque instant un nombre infini ; ils sont tous peuplés d'êtres intelligents, et servent d'habitations successives aux âmes. — Ils forment une série de mondes de plus en plus parfaits ; la destinée de chaque âme est de monter sans cesse d'un monde dans un autre monde supérieur, de s'y former un corps plus beau que celui qu'elle laisse, et d'y rencontrer un bonheur plus grand que celui qu'elle quitte. — Les âmes coupables descendent dans des astres malheureux ; les douleurs qu'elles y souffrent corrigent peu à peu leurs inclinations vicieuses et les ramènent à la vertu par le repentir. — L'univers est ainsi le théâtre d'une série infinie de transmigrations incessantes, qui toutes ont pour but et pour effet l'amélioration des êtres, et manifestent la justice et la Providence de Dieu.

Personne ne niera que ce système ne soit fort beau, et qu'il n'ait fallu presque autant de talent pour l'imaginer que pour bâtir un poëme épique. La question est de savoir s'il est approuvé.

Et d'abord nous avions le droit d'espérer que l'auteur commencerait par renverser les objections si connues et si frappantes que les physiologistes et les psychologues peuvent accumuler contre lui. Quand on suppose, comme M. Reynaud, l'âme créatrice de son corps, on est tenu de réfuter les faits qui prouvent combien elle est dépendante de ce corps. Quand on la fait voyager d'un bout à l'autre du ciel, on est tenu de prouver qu'elle peut se détacher de son système nerveux et faire cent millions de lieues. M. Jean Reynaud passe pardessus les objections sans les voir, et pose comme premier principe les incarnations et les migrations qu'il s'agit de démontrer.

D'autre part nous n'avons aucune preuve pour admettre que les astres soient habités. Il n'y en a que deux que nous puissions observer, la Terre et la Lune. Selon toute vraisemblance, la Lune est déserte et impropre à la vie ; si la Terre est peuplée d'êtres intelligents c'est depuis cent ou deux cent mille ans, c'est-à-dire depuis cent ou deux cents minutes ; des multitudes effroyables de siècles se sont écoulées avant que l'homme y soit né ; une grande partie de sa surface est inhabitable ; un soulèvement de montagnes, comme il s'en est produit vingt, peut engloutir demain notre race ; il semble que nous ne soyons qu'un accident momentané dans son histoire, et nous n'avons pas d'autres inductions pour décider sur la population des astres. M. Reynaud affirme sans hésiter qu'ils sont tous habités : on dirait qu'il en revient. C'est là son second principe, évident de soi-même, du moins aussi évident que le premier.

Supposons pourtant qu'on admette l'âme comme capable de migrations et les astres comme peuplés d'âmes intelligentes ; à tout le moins ce ne sont là que des conséquences lointaines, vraisemblables et non certaines, qu'on atteint par le désir et l'espérance plutôt que par la certitude et la preuve, qu'on avance au bout d'une psychologie et d'une astronomie comme le couronnement magnifique et chancelant de l'édifice. M. Jean Reynaud gravit tous les étages de cet édifice, escalade la plus haute tour, monte au dernier sommet, parvient à l'extrémité de la flèche la plus aiguë et la plus tremblante, et se dit : « Voici l'endroit convenable pour poser les fondements de ma bâtisse. » Est-ce un principe d'architecture que de bâtir en l'air ?

Examinons cependant le point principal et le plus nouveau du système, le dogme que notre âme a vécu avant sa naissance, et comptons les raisonnements qui l'établissent, d'après M. Reynaud.

Le premier argument est celui-ci : — « Que dirons-nous de tant d'âmes dont le mauvais naturel se fait jour dès le berceau ? Les unes sont hébétées, les autres grossières et brutales. Avant même qu'aucun acte d'intelligence se soit produit, les traits du visage attestent déjà que les plus méchants instincts sont présents et n'attendent que le réveil pour se donner carrière. Ces âmes ont à peine achevé de prendre possession de la vie, et les voilà déjà corrompues ! M'obligerez-vous de penser qu'elles sont sorties dans un état si vicieux des mains de Dieu, dont toute œuvre, avant de s'être elle-même gâtée, ne peut être que parfaitement bonne ? »

Voici une seconde preuve : « Il est impossible de

concilier, sans notre hypothèse, la justice de Dieu avec les maladies et les souffrances des enfants. Quoi! avant que l'âme qu'il vient, selon vous, de créer, ait donné signe de vie, Dieu déciderait de sa pleine autorité de la joindre à un corps où elle ne trouvera que douleurs et déchirements, c'est-à-dire, en d'autres termes, qu'à peine tirée du néant, et toute innocente, il l'envoie sans autre procès au supplice! Cela peut aller à la toute-puissance d'un Moloch; mais pour nous, permettez-moi de le dire, une telle idée sent le blasphème. »

Un troisième argument, c'est que « beaucoup d'enfants meurent dès leur naissance. Il serait contraire à la providence de Dieu de créer exprès leurs âmes pour cette vie, et au même instant de les en ôter. »

« Enfin si l'âme n'a pas vécu déjà avant de naître, il s'ensuit que Dieu la crée dans des circonstances déshonorantes pour lui, par exemple au moment d'un viol ou d'un adultère. Telles sont ces instances à l'aide desquelles on oblige le créateur à sortir de son sublime repos! La passion la plus déshonnête ou la plus scélérate trouve en lui, dès qu'elle le veut, un coopérateur fidèle, qui se hâte de venir couronner par un complément infini ce qu'elle lui a si misérablement préparé! Non, je ne vous accorderai jamais que le miracle de l'apparition d'une âme nouvelle au milieu de l'univers puisse avoir lieu sur une sommation de cette espèce. »

Ne vous semble-t-il pas que nous soyons dans la vieille Sorbonne ? Toute cette discussion est tirée des livres de saint Augustin sur la grâce. Du XIX° siècle nous voilà retombés au temps d'Origène. Ne sentez-vous pas dans ces sortes d'arguments je ne sais quoi de suranné qui rebute et qui engage, non pas à réfuter le livre, mais à le fermer? Et ajoutez que le livre en est plein, que M. Jean Reynaud se transporte toujours, pour raisonner, au sein de l'essence divine ; que de l'infinité et de la justice de Dieu il conclut la nature du monde, l'histoire des âmes, le système de leurs migrations. — Dieu est infini, dit-il ; donc il y a une infinité d'âmes et de mondes. — Dieu doit toujours agir pour être toujours semblable à lui-même ; donc il crée de toute éternité et il créera toujours, et à chaque instant, une infinité de mondes. — Dieu est bon ; donc il propose pour destinée à toutes ses créatures un perfectionnement indéfini. — Dieu est juste ; donc il conduit chaque âme après la mort dans un monde approprié à ses mérites. — Dieu crée les êtres à son image ; donc il donne à l'âme une puissance de former et gouverner le corps analogue à la toute-puissance par laquelle il façonne lui-même et organise la matière. — Et mille autres conséquences de cette espèce. — Jusques à quand se servira-t-on de cette méthode? N'est-elle pas assez condamnée par l'expérience? Ne sait-on pas que, selon les mains qui la manient, elle peut produire tous les systèmes? N'a-t-on pas mesuré tout ce qu'elle renferme d'incertitude et de témérité? Définir Dieu comme une figure de géométrie, déduire de cette définition les règles de son action, le conduire par la main dans la création et dans le gouvernement du monde, se révolter contre les faits quand on ne les trouve pas conformes au roman qu'on s'est forgé, en inventer d'autres à perte de vue pour pallier les objections qui s'accumulent, arranger de toutes pièces l'âme et la matière, gouverner et réformer l'univers comme si l'on était Dieu soi-même, est-ce là une entreprise qu'on aurait dû renouveler de nos jours? Profitons donc au moins de l'expérience et des contradictions de nos devanciers. Ce n'est pas pour rien qu'il y a une histoire de la philosophie; nous n'avons qu'à ouvrir les yeux pour voir leur folie et pour fuir la méthode qui les a précipités dans de telles erreurs. — Rappelons-nous ce qu'ils ont trouvé dans cette voie. — Dieu est infini, disent les Alexandrins, infiniment producteur, et ne peut produire que des choses analogues à sa nature. Et ils concluent que de l'Être simple et un, principe des choses, dérivent une série d'émanations de plus en plus complexes et de moins en moins pures, dont les dernières sont des âmes engagées dans des corps. — Dieu est un calculateur sublime, dit Leibnitz ; donc il a dû faire du monde la plus ingénieuse machine possible, c'est-à-dire inventer l'harmonie préétablie du corps et de l'âme, et les combinaisons des monades. — Dieu, étant parfait, dit Malebranche, veut que son ouvrage soit digne de lui, et permet à la liberté de l'homme d'y introduire le péché originel, qui amène le sacrifice inestimable de Jésus-Christ. — Dieu est bon, dit tel système né d'hier, Fourier par exemple; d'où il suit de là que les hommes sont destinés au bonheur parfait, qu'ils n'ont qu'à trouver la forme d'association convenable, et qu'aussitôt la félicité coulera par torrents sur la terre.— Donnez-moi une opinion quelconque, je me charge de la justifier par la nature de Dieu. Donnez à Leibnitz la doctrine calviniste de la damnation éternelle et presque universelle, il démontrera qu'elle s'accorde le plus aisément du monde avec la providence de Dieu. Cette sorte de théologie est comme un puits sans fond d'où l'on tire à volonté la preuve de tous les systèmes possibles. Si l'on considère en Dieu un certain attribut, on en déduira un certain monde; si un autre attribut, un autre monde. Pour peu qu'on fasse pencher la balance du côté de la justice ou du côté de la bonté, du côté de l'intelligence ou du côté de la puissance, tout est changé.

On a touché le ressort central, et l'immense machine roule à droite ou à gauche sans qu'on puisse l'arrêter. Quittez donc cette méthode scolastique et fantastique ; revenez aux faits, aux expériences, à la certitude ; n'exposez plus la philosophie au mépris des sciences. Pour estimer la vôtre à sa valeur, nous n'avons qu'à entrer dans un laboratoire ou dans un observatoire, à l'appliquer à la chimie ou à l'astronomie, et à écouter ce qu'un chimiste ou un astronome vous répondra.

En effet, puisque vous vous êtes servi de la sagesse et de la toute-puissance de Dieu pour expliquer l'histoire des âmes, vous pouvez vous en servir pour expliquer l'histoire des corps. Vous direz du même droit et avec autant de certitude : Dieu produit infiniment ; donc c'est contredire sa nature que d'admettre soixante-quatre corps simples ou tout autre nombre limité ; la chimie, aidée de la théologie, doit poser en principe que le nombre des corps simples est infini. Dieu met partout l'ordre et l'unité ; donc nous devons reconnaître que tous ces corps sont les formes différentes d'une même matière, de même que les diverses forces de la nature sont les effets différents d'une même Providence, — et vingt autres propositions semblables. — Que signifient de pareilles affirmations en présence des cornues, des récipients et des réactions ? Et qui ne sent que ce langage est celui d'un disciple de Raymond Lulle transporté parmi les disciples de Lavoisier? Or, si cette méthode est déraisonnable quand il s'agit de connaître les corps, pourquoi serait-elle sensée quand il s'agit de connaître les âmes? N'y a-t-il pas, dans les deux cas, des faits à observer, des dépendances à établir, des lois à constater? Y a-t-il, dans les deux cas, autre chose à faire? Qu'est-ce donc que l'auteur, sinon un élève de saint Thomas égaré parmi ceux de Condillac, de Bichat et de Dugald-Stewart? Il vient d'un autre monde, et n'a pas de place dans celui-ci.

## VI

Nous n'entrons qu'avec une répugnance extrême dans ces questions de théologie ou de théodicée; il nous semble que partout le pied nous manque. M. Jean Reynaud est là comme dans une maison qui croule; nous n'osons y monter même pour le combattre; nous nous retirons donc, et nous prions un des habitants du logis de prendre notre place et de se charger de la réfutation. Malebranche, par exemple, la fera volontiers et sans peine. Il prouvera très-solidement à M. Jean Reynaud que le monde n'est pas fait pour les créatures, et que, par conséquent, elles peuvent être malheureuses ou mauvaises sans qu'on puisse pour cela accuser Dieu d'injustice, d'impuissance ou de méchanceté. Il établira que « Dieu n'a pas dû entreprendre l'ouvrage le plus parfait qui fût possible, mais seulement le plus parfait qui pût être produit par les voies les plus sages ou les plus divines, de sorte que tout autre ouvrage produit par toute autre voie ne puisse manifester plus exactement les perfections que Dieu possède et se glorifie de posséder. » Or, pour manifester ces perfections, Dieu doit agir par les lois les plus générales et les plus simples possibles, et l'accomplissement de ces lois peut entraîner le malheur des individus. Il est fâcheux qu'une pierre me casse la tête, qu'un cerveau mal fait rende un enfant stupide, qu'un sang trop bouillant développe en tel homme des inclinations mauvaises; mais le monde avec ses imperfections et avec ses lois générales est plus beau que le monde sans ses imperfections et sans ses lois générales. Ainsi, nous n'avons pas le droit d'accuser Dieu d'imprévoyance ou d'injustice. Nous ne pouvons, de nos misères et de nos vices, conclure une vie antérieure, nous ne nous plaignons que par ignorance et par arrogance. Dieu ne nous doit rien, et se doit tout. Ce n'est pas l'homme, c'est Dieu qui est le centre et le but du monde, et l'univers n'est pas fait pour nous, mais pour lui.

Telle est la réponse des théologiens. Parlons maintenant en raisonneur vulgaire, et appliquons de plus près et à d'autres êtres le raisonnement de l'auteur. « Parmi les hommes, dit-il, les uns ont en naissant des inclinations plus mauvaises que les autres, subissent des douleurs plus grandes, ou périssent dès le berceau. Ces laideurs et ces misères indiquent qu'ils ont vécu avant leur naissance et expient des fautes passées. » Or, le même argument démontre que les animaux qui naissent ont déjà vécu. Car pourquoi certaines espèces sont-elles douces, tandis que d'autres sont sanguinaires? Pourquoi plusieurs de ces espèces sont-elles fatalement condamnées par leur organisation à devenir la proie et la pâture des autres? Pourquoi tel animal a-t-il la force, la vigilance, l'agilité, l'intelligence, lorsque son voisin est faible, lourd, paresseux et idiot? Pourquoi cette inégalité primitive dans la répartition des biens et des maux? Si Dieu est injuste en créant un homme esclave et un autre maître, il est injuste en faisant de cet animal un mouton, et de cet autre un lion. Si un sot, se comparant à un homme de génie, peut conclure de sa sottise qu'il a préexisté, un bœuf se comparant à l'homme peut conclure de sa stupidité qu'il a vécu avant de naître. Si la mort d'un enfant nouveau-né prouve la préexistence de l'âme humaine, la destruction des œufs de poisson prouve la préexistence de l'âme des poissons. Une morue pond quatre millions d'œufs, et il n'y en a que deux cents qui éclosent : donc toutes les morues avortées ont vécu dans d'autres mondes ; donc les âmes des morues subissent des transformations comme les âmes des hommes ; elles ont voyagé comme nous dans le ciel, et peuvent, comme nous, revenir un jour sur la terre! Nous voilà dans les doctrines indiennes. Était-ce la peine d'appeler à son aide l'astronomie, la géologie, la chimie, et toutes les sciences modernes, pour retomber dans la religion de Brahma?

M. Jean Reynaud aime l'égalité, la concorde et la fraternité. Sait-il ce qu'elles deviennent dans son système? Un homme qui ne croit pas à la vie antérieure peut avoir pitié d'un malheureux imbécile, d'un malade qui souffre, d'un pauvre qui meurt de faim. Il trouvera en soi-même quelques excuses pour le scélérat qu'une intelligence étroite, des passions furieuses et de mauvais exemples auront entraîné au crime. Il sait que tous ces hommes sont de la même espèce que lui-même, qu'ils ne sont coupables d'autres crimes que de ceux qu'ils ont commis sur cette terre, que leur conscience est née pure, qu'ils n'ont point de souillure originelle, et qu'en naissant ils le valaient ; mais que pensera le partisan du nouveau système? Ce misérable enfant qui se tord sur un grabat, atteint dès sa naissance, par hérédité et pour toute sa vie, d'une maladie abominable, expie un crime qu'il a commis dans sa vie précédente. Puisque Dieu est juste et qu'il approprie les conditions aux fautes, mesurons l'énormité du crime à l'énormité du châtiment, et concluons que nous avons devant nous l'auteur d'une trahison noire, d'un parricide ou de quelque action, s'il en est, plus odieuse encore. Nous étions prêts à donner notre argent et nos soins ; notre compassion tarit tout à coup au contact de la théorie, et nous laissons passer la justice de Dieu. Quelle idée dorénavant allons-nous prendre des hommes ? Presque tous sont malheureux ; tous souffrent, tous ont des inclinations mauvaises ; donc tous ont commis des fautes, et il en a fallu de grandes pour que la vie telle que nous la subissons ici-bas leur fût infligée. Ainsi à toutes les misères et à toutes les souillures présentes vous ajoutez la masse des misères et des souillures passées. Vous rendez les malheureux coupables et vous rendez les coupables plus coupables. Quel spectacle et quel changement d'aspect va présenter la terre ? Nous pensions être dans un hôpital de malades et de pauvres ; M. Reynaud s'approche et nous avertit que nous sommes dans une prison de forçats. Dorénavant qu'opposera-t-il aux défenseurs de l'esclavage ? Les maîtres ont sur les esclaves non-seulement les droits d'une race d'êtres intelligents sur une race d'êtres stupides, mais encore les droits d'une race de justes sur une race de pécheurs. Et en même temps que le système consacre l'humiliation des uns, il consacre l'orgueil des autres. Les hommes de génie, les grands artistes, les penseurs peuvent se considérer comme d'une autre espèce que le commun des hommes ; ils viennent d'un monde plus pur ; ils ne sont pas pétris du même limon que nous; ils sont autant au-dessus de nous que nous sommes au-dessus des brutes. M. Jean Reynaud emploie même à ce sujet des expressions bouddhiques. Il représente certains êtres supérieurs « implorant comme une faveur la faculté de descendre dans les basses sociétés, s'y incarnant, s'y confondant, » sortes d'anges exilés ici-bas par leur volonté pour nous sauver ou du moins pour nous instruire. Des disciples fervents ou des adversaires moqueurs pourraient tirer de là d'étranges conséquences. Si le système est vrai, celui qui l'a découvert est le plus sublime des génies et le plus grand serviteur du genre humain : donc, s'il y a parmi nous des êtres supérieurs revêtus de la forme humaine, l'auteur est un de ces êtres. Ainsi, monsieur, vous êtes un archange ou tout au moins un ange. Que dire d'une doctrine qui conduit son auteur à la cruelle extrémité d'être un Dieu ?

Devons-nous compter encore parmi les preuves du système l'autorité de Platon, de Pythagore, des brahmes et particulièrement des druides, grands

amis de l'auteur, qui veut réveiller l'esprit gaulois ?
M. Pierre Leroux a démontré jadis une autre espèce
de renaissance par les témoignages de Moïse, de
Virgile et d'Apollonius de Tyanes, et nous espé-
rions que de pareilles preuves n'oseraient plus se
produire à la face du jour. Parce qu'autrefois vingt
mille sauvages, chevelus, barbus et velus, qui vi-
vaient dans les bois et brûlaient des hommes, se
sont plu à rêver des voyages de l'âme, nous ne
sommes point forcés d'imaginer une circumnavi-
gation de l'âme à travers les cieux. Aille qui voudra
cueillir le gui sacré dans les forêts de chênes ! Teu-
tatès peut dormir tranquille, nous n'irons pas le
réveiller. Si nous avons du respect pour les traditions vivantes, nous n'avons aucun respect pour les
traditions mortes. Nous pensons que les traditions
vivantes et les traditions mortes n'ont d'autorité
qu'auprès des poëtes, et quand nous voudrons
croire, nous n'irons pas ressusciter des religions.

## VII

Arrivons enfin à la raison secrète, nulle part
avouée, partout visible, qui soutient le système et
lui permet de se passer de preuves, de vraisemblance et parfois même de bon sens. Le dialogue
des deux interlocuteurs peut se résumer ainsi.

« Mon roman, dit le théologien, est le plus beau, le mieux arrangé, le plus grandiose. — Non, répond le philosophe, c'est le mien. — Vous vous trompez, reprend le théologien, vous voyez qu'en ce point et en cet autre je m'accommode mieux aux désirs et à l'imagination de l'homme. — Attendez, réplique le philosophe, j'ai de quoi lever la difficulté. Écoutez encore cet article, vous verrez que je promets à l'homme plus de bonheur, que j'accorde à l'univers plus de magnificence que vous ne faites et que personne n'a fait jusqu'ici. — Le paradis éternel et immuable, dit le théologien, est le plus désirable de tous les biens. — Non, dit le philosophe. L'état qui se produirait, si, tous les égarés venant tour à tour à se dégoûter du mal et à rechercher le bien, l'enfer se vidait continuellement, si tous les saints, dans le magnifique accord de leurs aspirations, s'élevaient sans cesse à des degrés de perfection de plus en plus sublimes, si toutes les créatures enfin, consolidant progressivement leur union mutuelle et avec Dieu, ne formaient toutes ensemble au-dessous de la majesté infinie, qu'une même unité d'adorateurs; — un tel état serait évidemment supérieur à ce paradis étroit où il n'y a place que pour une partie de la création. — Mes anges n'ont jamais péché, dit le théologien. — Les habitants de plusieurs de mes astres, dit le philosophe, n'ont pas commis la faute originelle et se sont conservés purs de toute souillure. — J'ai des myriades d'esprits bienheureux, dit le premier, distribués en neuf chœurs célestes. — Et moi, répond l'autre, j'ai un nombre infini de séries infinies de créatures merveilleuses, dont la perfection se rapproche sans cesse de la perfection de Dieu. »

En résumé, le système se réduit à ceci : « Je désire ce bien, donc je l'aurai. Mon rêve est agréable, donc il est vrai. »

Cette méthode n'est pas nouvelle, elle a fait de tout temps la force des religions. « La lumière est belle, disait un Grec du temps d'Homère. Il est agréable d'aller en char, de porter des tuniques de pourpre, de manger le dos succulent des victimes, de lutter sur l'herbe, d'écouter les sons de la lyre; donc je jouirai de tous ces biens dans les Champs-Élysées. — J'aime à me battre, disait plus tard un Scandinave, et j'ai plaisir à boire de la bière. Donc, une fois dans le Walhalla, nous viderons du matin au soir de grandes cornes d'uroch, et nous nous taillerons en pièces pendant toute l'éternité. » Le Grec et le Scandinave répètent le raisonnement de M. Jean Reynaud, et leurs conclusions sont aussi certaines que les siennes.

Chose incroyable, il l'admet! chacun renaîtra dans un monde semblable au paradis qu'il a espéré. Muni de ses myriades d'astres, le philosophe fournit à tout. Les guerriers barbares iront dans un monde de batailles, les philosophes grecs dans un séjour de conversations tranquilles, les juifs charnels dans un pays de satisfactions sensuelles, les chrétiens du moyen âge dans une terre de contemplations mystiques. Mais ici vous inventez trop peu. Pourquoi vous arrêter en si bon chemin? Fourier vous tend la main et vous donne l'exemple. Il avoue hautement votre principe ; il déclare que toutes les passions et tous les goûts de l'homme doivent et peuvent obtenir leur contentement entier ; une fois que le désir et l'imagination sont acceptés comme la mesure du possible et du vrai, son paradis est le plus conséquent et le mieux prouvé. Dans ce paradis qui sera la terre transformée, les vins, les légumes, les inventions culinaires atteindront une perfection inexprimable ; de grandes députations des principaux États du globe viendront travailler et concourir ensemble pour améliorer les petits gâteaux ; car la pâtisserie est un des bonheurs de la bouche, et pourquoi la bouche serait-elle privée d'un de ses bonheurs ? Fourier va jusqu'au bout de sa logique, et ceux qui entrent dans sa voie n'ont pas le droit de reculer devant ses absurdités.

M. Jean Reynaud n'est pas le seul qui se soit laissé emporter par ce raisonnement si étrange et par ces tendances si naturelles. Nos plus grands maîtres, qu'ils le sachent ou qu'ils l'ignorent, ont été atteints ou effleurés du même mal que lui, et il n'en est pas un qui, vingt fois dans sa vie, n'ait prouvé et propagé sa doctrine en disant aux hommes qu'elle est consolante pour le genre humain. Le premier et le plus contagieux de ces exemples fut le *Génie du christianisme*. Les apologistes précédents parlaient à la raison, et démontraient leurs dogmes par des faits et par des syllogismes. M. de Châteaubriand changea de route et prouva le christianisme par des élans de sensibilité et des peintures poétiques. L'effet fut immense, et tout le monde mit la main sur une arme si bien trouvée et si puissante. Chaque doctrine naissante se crut obligée d'établir qu'elle venait à point, que les circonstances la réclamaient, que les hommes la désiraient, qu'elle venait sauver le genre humain. Elle se défendit avec des arguments de commissaire de police et d'affiche, en proclamant qu'elle était conforme à l'ordre et à la morale publique, et que le besoin de sa venue se faisait partout sentir. On imposa à la vérité l'obligation d'être poétique et non d'être vraie. On répondit aux faits évidents la main sur son cœur, en disant : « Mon cœur m'empêche de vous croire. » On considéra la science comme un habit qu'on essaye, et qu'on renvoie s'il ne convient pas. On démontra des doctrines usées par des arguments détruits, et l'on conquit la popularité et la puissance aux dépens de la certitude et de la vérité. Nous souhaitons que M. Jean Reynaud soit le dernier défenseur de cette méthode : elle confond les genres, et il n'y a pas de pire confusion. L'utile et le beau ne sont pas le vrai ; renverser les bornes qui les séparent, c'est détruire les fondements qui les soutiennent. Affirmer qu'une doctrine est vraie, parce qu'elle est utile ou belle, c'est la ranger parmi les machines de gouvernement ou parmi les inventions de la poésie. Établir la vérité par des autorités étrangères, c'est lui ôter son autorité. Ces preuves, qu'elle emprunte d'ailleurs, sont comme des soldats infidèles qui l'entourent de bruit et d'éclat avant la bataille, mais qui désertent pendant la bataille et la livrent sans défense à ses ennemis. Séparons donc la science de la poésie et de la morale pratique comme nous l'avons séparée de la religion ; gardons à chacune ses preuves, son autorité et sa méthode ; gardons à chacune son domaine, et surtout gardons à la philosophie le sien. Un philosophe n'est pas un fournisseur du public chargé de fabriquer des systèmes selon les caprices de son pays et de son siècle. Qu'il prouve, et sa tâche est faite. Tant pis pour la sensibilité des hommes si elle ne sait pas s'accommoder aux faits prouvés. La science ne doit pas se plier à nos goûts ; nos goûts doivent se plier à ses dogmes ; elle est maîtresse et non servante, et si elle n'est pas maîtresse, elle est la plus vile des servantes, parce qu'elle dément sa nature et dégrade sa dignité. Ceux qui font d'elle un instrument de flatterie font d'elle un instrument de mensonge, et ce n'est pas la peine de régner que de régner par de tels moyens. Qu'elle ne songe point à gouverner la foule; qu'elle reste dans la retraite; qu'elle ne s'attache qu'au vrai : la domination lui viendra plus tard, ou ne lui viendra pas, n'importe. Elle est à mille lieues au-dessus de la pratique et de la vie active; elle est arrivée au but et n'a plus rien à faire ni à prétendre, dès qu'elle a saisi la vérité.

## CARACTÈRES DE LA BRUYÈRE[1].

Cette édition est fort exacte, très-complète, très-bien faite. Elle renferme toutes les variantes, une lettre inédite de la Bruyère, sa biographie, plusieurs jugements portés sur lui par ses contemporains et par les nôtres, et quantité de notes, renseignements et commentaires. Ajoutez qu'elle est bien imprimée, d'un joli format, et qu'on a le plaisir des yeux avec le plaisir de l'esprit. Les pensées sont comme les hommes; elles ont besoin, pour plaire, d'être bien vêtues, et le livre fait valoir l'auteur.

Pourquoi cependant le commentateur conserve-t-il certain genre de notes qui aurait dû disparaître avec la Harpe? « Idée ingénieuse, » — « mot profond, » — « tour spirituel, » etc. Le lecteur quitte le texte avec dépit pour des observations pareilles; il était en conversation avec un penseur et tombe au bas de la page sur un grammairien. Le con-

---

1. Nouvelle édition par Adrien Destailleur.

traste est subit, choquant, et au bout de quelques lignes on a soin de ne plus s'y exposer. On laisse le commentateur au rez-de-chaussée, et on reste avec l'auteur au premier étage. Ces sortes de remarques se font dans les classes, lorsque le professeur explique un écrivain à des élèves novices ou bornés. Ils ouvrent de grands yeux, gravent dans leur mémoire « la bonne expression, » et font la ferme résolution de l'employer à l'occasion prochaine. Ne traitez pas le public en écolier; on est trop vieux, à trente ans, pour retourner au collége. On veut juger par soi; on n'aime pas à s'entendre dire magistralement que tel passage est beau. Un commentateur n'est pas en chaire; son office est de rassembler les documents qui peuvent éclairer le lecteur, de rapprocher du texte les faits contemporains, de montrer par des citations les causes des idées et des sentiments de l'auteur, de replacer le livre parmi les circonstances qui l'ont produit : ces renseignements donnés, il se retire; le lecteur arrive, profite de ces recherches et juge comme il lui convient.

De là un second reproche; certaines notes étaient de trop, et certaines notes manquent. Il y avait trop de remarques grammaticales; il y a trop peu de remarques historiques. Et quel écrivain plus que la Bruyère a besoin d'être commenté par l'histoire? « *Les Caractères ou les Mœurs de ce siècle,* » tel est son titre, et ce titre indique que les anecdotes et les traits de mœurs authentiques peuvent seuls rendre l'expression vraie à ses figures et transformer ses tableaux en portraits. Je n'en veux donner qu'un seul exemple. « Qui considérera, dit la Bruyère, que le visage du prince fait toute la félicité du courtisan, qu'il s'occupe et se remplit toute sa vie de le voir et d'en être vu, comprendra un peu comment voir Dieu peut faire toute la gloire et toute la félicité des saints. » Ouvrez les lettres adressées à Mme de Maintenon : « Ma situation est triste, lui dit la princesse de Montauban ; mais j'en serai contente si vous avez la bonté de me consoler un peu en me menant à Marly ce voyage ; en voilà trois de suite de passés sans que le roi y ait mené la triste princesse de Montauban. » — « Le roi, écrit le maréchal de Villeroy, me traite avec une bonté qui me rappelle à la vie ; je commence à voir les cieux ouverts : il m'a accordé une audience. » — « Pardonnez-moi, madame, dit le duc de Richelieu, l'extrême liberté que je prends d'oser vous envoyer la lettre que j'écris au roi, par où je le prie à genoux qu'il me permette de lui aller faire de Ruel quelquefois ma cour ; car j'aime autant mourir que d'être deux mois sans le voir. » On trouvait avant ces citations la phrase de la Bruyère trop violente ; après ces citations, on la trouve faible. L'éloquence du langage languit toujours auprès de l'éloquence des faits. Que de commentaires semblables à tirer de Saint-Simon, de Dangeau, de Mme de Sévigné, de Bussy-Rabutin, de tant de mémoires et de tant de lettres, chaque jour plus nombreux, qui démasquent l'histoire officielle et révèlent enfin l'histoire vraie ! Il n'est pas un écrivain du grand siècle qui ne puisse être renouvelé aux yeux du public par ce genre de critique; c'est celle dont M. Villemain, M. Sainte-Beuve et tous nos maîtres ont donné l'exemple, et il est imprudent, quand on peut marcher dans une voie large et nouvelle, de rétrograder jusqu'au sentier oublié où l'abbé le Batteux herborisait parmi les synecdoches et les métonymies.

Au reste, le commentateur a donné sur la vie de la Bruyère plusieurs détails intéressants, et l'on peut, grâce à lui, se figurer assez nettement le caractère de ce grand artiste dont les écrits sont si connus, et dont la personne l'est si peu. Il fut avant tout honnête homme; c'est l'opinion de Boileau, de Saint-Simon et de tous les contemporains. La vertu était pour lui une sorte de devoir, de charge; un moraliste immoral est le pire des charlatans. Il vécut dans une sorte de retraite, et, s'il fut homme du monde, il regarda la scène sans devenir acteur. « On me l'a dépeint, dit l'abbé d'Olivet, comme un philosophe qui ne songeait qu'à vivre tranquille avec des amis et des livres, faisant un bon choix des uns et des autres, ne cherchant ni ne fuyant le plaisir, toujours disposé à une joie modeste et ingénieux à la faire naître, poli dans ses manières et sage dans ses discours, craignant toute sorte d'ambition, même celle de montrer de l'esprit. » Ce dernier trait est de trop ; mais les autres représentent bien l'homme d'esprit désabusé du monde, ayant appris à se réprimer et à s'abstenir, et n'ayant plus d'autre plaisir que de lire et d'observer.

« Il était, dit Saint-Simon, fort désintéressé. Il se contenta toute sa vie d'une pension de mille écus que lui faisait M. le duc, à qui il avait enseigné l'histoire, et ne chercha pas à tirer parti de son livre. » « Il venait presque journellement, dit M. Formey, s'asseoir chez un libraire nommé Michallet, où il feuilletait les nouveautés et s'amusait avec une enfant fort gentille, fille du libraire, qu'il avait prise en amitié. Un jour, il tire un manuscrit de sa poche et dit à Michallet : — Voulez-vous imprimer ceci ? (C'étaient les *Caractères*.) Je ne sais si vous y trouverez votre compte ; mais en cas de succès, le produit sera pour ma petite amie. — Le libraire entreprit l'édition. A peine l'eut-il mise en vente qu'elle fut enlevée, et qu'il fut obligé de réimprimer plusieurs fois ce livre, qui lui valut deux ou trois cent mille francs. Telle fut la dot imprévue de sa fille, qui fit dans la suite le mariage le plus avantageux. » — Il y a beaucoup de grâce dans cette anecdote, et elle fait d'autant plus de plaisir qu'on sait que la Bruyère ne possédait à sa mort qu'un tiers dans un petit bien situé à Sceaux, et estimé quatre mille francs.

Il avait l'âme fière et ne voulut point, même pour entrer à l'Académie, faire ces sortes de démarches et de sollicitations qui ne sont que des cérémonies. La première fois, il fut refusé, et n'eut que sept voix ; la seconde fois, il fut reçu, mais sans jamais avoir employé le crédit des princes à qui il appartenait. Il le fit sentir à ses confrères dans son discours de réception, et se vengea de son premier échec avec beaucoup de délicatesse et d'esprit. « Il n'y a, dit-il, ni poste, ni crédit, ni richesses, ni titres, ni autorité, ni faveur, messieurs, qui aient pu vous plier à faire ce choix ; je n'ai rien de toutes ces choses : tout me manque. Un ouvrage qui a quelque succès par sa singularité, et dont les fausses, je dis les fausses, et malignes applications pourraient me nuire auprès de personnes moins éclairées et moins équitables que vous, a été toute la médiation que j'ai employée et que vous avez reçue. » On ne peut blâmer et louer à la fois avec plus de finesse, ni montrer tout ensemble plus de modestie et plus de dignité.

Il y avait en lui un fond de grâce et de tendresse qui perce par places, mais qui est presque partout recouvert par l'âpre et piquante satire. Le chapitre du *Cœur* et celui des *Femmes* sont semés de traits nobles, touchants, exquis, qui font contraste avec la verve mordante du reste, et laissent deviner ce qu'il aurait pu être, si les circonstances ne l'eussent détourné vers un genre plus violent et plus triste. « Quelque désintéressement qu'on ait à l'égard de « ceux qu'on aime, dit-il quelque part, il faut par- « fois se contraindre pour eux, et avoir la généro- « sité de recevoir. » — Et un peu plus loin : « Celui- « là peut prendre qui goûte un plaisir aussi délicat « à recevoir que son ami en sent à lui donner. » Quel est l'ami qui a inspiré ce mot charmant, digne du chapitre de Montaigne sur la Béotie? De pareils traits sont des confidences; l'auteur se dévoile sans y penser; parlant de l'homme en général, il parle de lui-même. Et cet épanchement involontaire devient encore plus visible lorsqu'il s'agit de l'amour. Ne faut-il point avoir aimé pour écrire la phrase suivante : « Un beau visage est le plus beau de tous « les spectacles, et l'harmonie la plus douce est le « son de la voix de celle qu'on aime? » N'y a-t-il point un aveu dans l'observation que voici : « Il y « a quelquefois dans le cours de la vie de si chers « plaisirs et de si tendres engagements que l'on « nous défend, qu'il est naturel de désirer du moins « qu'ils fussent permis; de si grands charmes ne « peuvent être surpassés que par celui de savoir y « renoncer par vertu? » Le vague où demeurent ces demi-confessions leur prête un charme dont on ne peut se défendre. Lorsque Racine écrivit le rôle divin de Monime, il ne trouva point une émotion plus contenue, plus délicate et plus profonde. C'est l'effet d'une musique touchante qui ravit quand on l'écoute, et qui, lorsqu'on ne l'entend plus, fait rêver.

D'où viennent donc les satires passionnées, les mouvements de tristesse profonde, et les accès de colère chagrine qui remplissent les *Caractères?* La Bruyère était pauvre, pensionné par un grand, commensal d'une altesse, sans nom et sans crédit, simple précepteur et homme de lettres, parmi des gens puissants et des seigneurs, qui le méprisaient à ces deux titres, et plus encore qu'on ne ferait aujourd'hui. Son patron, M. le duc, « était brutal, farouche, d'une humeur insupportable et féroce; » on sait comme il traitait le pauvre Santeuil; il en faisait son bouffon, et un jour trouva plaisant de lui mettre du tabac dans son vin; Santeuil en mourut. Mme la duchesse était une personne « méprisante, moqueuse, piquante, incapable d'amitié et fort capable de haine, et alors méchante, fière, implacable, féconde en artifices noirs et en chansons les plus cruelles dont elle affublait gaiement les personnes qu'elle semblait aimer et qui passaient leur vie avec elle. » Au reste, les grands d'alors considéraient les gens de lettres comme des espèces de domestiques amusants. Le pape priait

le roi « de lui prêter Mansard, » exactement du même ton dont vous prieriez votre ami de vous prêter son cheval ou son chien. Un homme de cœur, et qui avait conscience de son mérite, devait souffrir d'un pareil poste; quoi qu'il fît, la Bruyère se sentait aux gages d'un prince; il ne pouvait fréquenter les seigneurs, les financiers et les hommes de cour qu'il a vus de si près et parmi lesquels il a passé sa vie, sans être traité avec cette légèreté hautaine et cette condescendance humiliante qu'on a toujours pour un inférieur. Il y a vingt pensées dans son livre sur le mépris attaché à la condition de subalterne et d'homme de lettres. En voici deux que je prends au hasard : « Je ne sais, dites-vous
« avec un air froid et dédaigneux; Philinte a du
« mérite, de l'esprit, de l'agrément, de l'exactitude
« sur son devoir, de la fidélité et de l'attachement
« pour son maître, et il en est médiocrement con-
« sidéré, il ne plaît pas, il n'est pas considéré. Ex-
« pliquez-vous. Est-ce Philinte ou le grand qu'il
« sert que vous condamnez? » — Il est savant, dit
« un politique, il est donc incapable d'affaires. Je
« ne lui confierais l'état de ma garde-robe; et il a
« raison. Ossat, Ximenès, Richelieu étaient savants.
« Étaient-ils habiles? Ont-ils passé pour de bons
« ministres? *Il sait le grec*, continue l'homme d'État;
« c'est un grimaud, c'est un philosophe. Et, en
« effet, une fruitière, à Athènes, selon les appa-

« rences, parlait grec, et par cette raison était phi-
« losophe. Les Bignon, les Lamoignon étaient de
« purs grimauds. Qui peut en douter? Ils savaient
« le grec. » Ce ton indique une blessure secrète
toujours vivante ; quand la raillerie tourne habi-
tuellement au sarcasme, soyez sûr que le moqueur
souffre. Les coups que porte la Bruyère sont si
perçants et si profonds, qu'on découvre toujours
du ressentiment sous l'éloquence, et une vengeance
dans la leçon. » Chrysante, dit-il, homme opulent
« et impertinent, ne peut pas être vu avec Eugène,
« homme de mérite, mais pauvre. Il croirait en être
« déshonoré. Eugène est pour Chrysante dans les
« mêmes dispositions; ils ne courent pas risque de
« se heurter. » Vous reconnaissez ici le sourire contenu et amer d'une âme supérieure qui voit qu'on
la méprise, et qui rend au centuple, mais en silence,
tout le dédain qu'elle a subi.

Malheureusement ce sentiment trop fréquent et
trop pénétrant empoisonne bientôt tous les autres.
On finit par devenir incapable de gaieté et même de
calme ; on ne voit plus dans les vices de l'homme
la nécessité intérieure qui les rend supportables,
ni dans les ridicules du monde la sottise agréable
qui les rend divertissants. On perd la philosophie
sereine et l'esprit comique ; on devient satirique et
misanthrope; on se plaît aux contrastes violents, aux
exagérations passionnées, aux apostrophes sanglan-

tes; on cherche à blesser, à confondre, à humilier les hommes. On s'attriste et on les attriste; on devient tendu, affecté; on ne parle plus que par tirades insultantes ou par phrases saccadées; on ne dit rien sans faire effort; on ne prêche la sagesse qu'en s'emportant, et on se met en colère pour dire aux hommes d'être modérés et paisibles. Tel est, en effet, le ton habituel de la Bruyère; son style, tout parfait qu'il est, fatigue; les émotions extrêmes et douloureuses qui le remplissent se communiquent aux lecteurs; on se veut du mal quand on l'a lu, et on veut du mal à son espèce! Il laisse, avec plus de force et moins de monotonie, la même impression que Rousseau : tous deux ont été blessés profondément et incessamment par la disproportion de leur génie et de leur fortune, et leur chagrin secret a aigri et coloré leur style. Cette souffrance intérieure a reporté leurs regards vers les petits et les malheureux; Rousseau a écrit le *Discours sur l'inégalité;* la Bruyère a fait plus : il a rassemblé dans une phrase tout ce que les réformateurs modernes ont accumulé en vingt ouvrages d'ironie, de véhémence, de douleur et de pitié; il a dit aux grands seigneurs et aux aimables dames qui riaient « de ces paysans bretons obstinés à se faire « pendre : » « L'on voit certains animaux farou-« ches, des mâles et des femelles, répandus par la « campagne, noirs, livides, et tout brûlés du soleil,

« attachés à la terre qu'ils fouillent et qu'ils re-
« muent avec une opiniâtreté invincible. Ils ont
« comme une voix articulée, et quand ils se lèvent
« sur leurs pieds, ils montrent une face humaine ;
« et, en effet, ils sont des hommes. Ils se retirent la
« nuit dans des tanières où ils vivent de pain noir,
« d'eau et de racines. Ils épargnent aux autres
« hommes la peine de semer, de labourer et de re-
« cueillir pour vivre, et méritent ainsi de ne pas
« manquer de ce pain qu'ils ont semé. » Et il ajoute :
« Le peuple n'a guère d'esprit et les grands n'ont
« point d'âme. Celui-là a un bon fond et n'a point
« de dehors : ceux-ci n'ont que des dehors et qu'une
« simple superficie. Faut-il opter ? Je ne balance
« pas : *Je veux être peuple.* » Jusqu'à l'expression,
tout dans cette phrase semble inspiré par l'esprit
de la Révolution. C'est ainsi que des situations semblables font naître des passions semblables. L'oppression produit toujours la révolte, et l'on aime
l'égalité cent ans d'avance, lorsque, cent ans d'a-
vance, on a souffert de l'inégalité.

Un dernier trait, commun encore à la Bruyère et
à Rousseau, achèvera de marquer son caractère,
je veux dire la mélancolie incurable, la tristesse
épanchée au plus profond de l'âme, la perte de
toute illusion, le dégoût des hommes, le sentiment
cruel de la misère humaine. Que de mots semblables à ceux-ci ! « Il faut rire avant d'être heureux,

« de peur de mourir sans avoir ri. La vie est courte,
« ennuyeuse ; elle se passe toute à désirer, et l'on
« remet à l'avenir son repos, ses joies, à cet âge où
« souvent les meilleurs biens ont déjà disparu, la
« santé et la jeunesse. Ce temps arrive qui nous sur-
« prend encore dans le désir; on en est là quand la
« fièvre nous saisit et nous éteint; si l'on eût guéri,
« ce n'était que pour désirer plus longtemps. » —
Son livre essaye de compter « en combien de façons
l'homme peut être insupportable. » Il lui restait
comme à Rousseau l'amour de son art, et de plus
qu'à Rousseau l'amour de sa religion. Le dernier
chapitre des *Caractères* fait contraste avec les autres.
Par son christianisme, la Bruyère est du dix-septième siècle. Par sa tristesse et son amertume, il
est notre contemporain.

Voilà ce qu'on peut deviner de son caractère.
Pour son esprit et son genre de talent, ils sont visibles. Il me semble d'abord que sa pensée était
plus forte qu'étendue, et qu'il avait moins d'originalité que de verve. Il n'apporte aucune vue d'ensemble ni en morale, ni en psychologie. Remar-
quez qu'on pouvait le faire sans composer de traités
systématiques. Montaigne, la Rochefoucauld, Pascal n'ont point ordonné des séries de formules abstraites; et cependant ils ont une manière originale
de juger la vie; chacun d'eux voit les actions humaines par une face qu'on n'avait point encore

aperçue. Si on les interroge, ils présentent chacun un corps d'idées liées et précises sur la fin de l'homme, sur son bonheur, sur ses facultés et sur ses passions. Ils ouvrent de nouvelles voies, et c'est engager toute sa vie que les prendre pour maîtres et pour conseils. La Bruyère, au contraire, ne découvre que des vérités de détail; il montre le ridicule d'une mode, l'odieux d'un vice, l'injustice d'une opinion, et, comme il le dit lui-même, la vanité de tous les attachements de l'homme. Mais ces vues éparses ne le conduisent pas à une idée unique; il tente mille sentiers et ne fraye pas de route; de tant de remarques vraies, il ne forme pas un ensemble. Il donne des conseils à chaque âge, à chaque condition, à chaque passion, mais non à l'humanité; et lorsque enfin, dans son dernier chapitre, il réunit les preuves de Dieu, il ne fait qu'exposer en style impérieux et bref les raisonnements de l'école et de Descartes.

Son talent consiste principalement dans *l'art d'attirer l'attention*. Il invente peu, mais il marque ce qu'il touche d'une empreinte ineffaçable. Il ne dit que des vérités ordinaires, mais une fois qu'il les a dites, on ne les oublie plus. Il ressemble à un homme qui viendrait arrêter les passants dans la rue, les saisirait au collet, leur ferait oublier leurs affaires et leurs plaisirs, les forcerait à regarder à leurs pieds, à voir ce qu'ils ne voyaient pas ou ne

voulaient pas voir, et qui ne leur permettrait d'avancer qu'après avoir gravé l'objet d'une manière ineffaçable dans leur mémoire étonnée. Aussi rencontre-t-on chez lui tous les artifices du style ; jamais la forme n'a été si savante, ni si capable de faire valoir une pensée. Il introduit des personnages fictifs, leur prête des dialogues, et transforme la leçon de morale en scène dramatique. Il fait parler un personnage ancien, Héraclite, puis Démocrite, et réveille le lecteur par l'étrangeté de leurs discours. Il imite le style de Montaigne, et surprend l'attention par le contraste du langage suranné et du langage moderne. Il apostrophe le lecteur, et se fait écouter en le prenant à partie. Quelquefois il pique la curiosité par des énigmes ou par des naïvetés apparentes. Il grossit les objets, il charge les traits, il accumule les couleurs, et la figure qu'il peint devient si expressive qu'on ne peut plus en détacher les yeux. « Il y a, dit-il, des âmes sales,
« pétries de boue et d'ordures, éprises du gain et
« de l'intérêt, comme les belles âmes le sont de la
« gloire et de la vertu, capables d'une seule volupté
« qui est celle d'acquérir ou de ne point perdre ;
« curieuses et avides du denier dix ; uniquement
« occupées de leurs débiteurs ; toujours inquiètes
« sur le rabais ou sur le décri des monnaies ; en-
« foncées et comme abîmées dans les contrats, les
« titres et les parchemins : de telles gens ne sont

« ni parents, ni amis, ni citoyens, ni chrétiens, ni
« peut-être des hommes; ils ont de l'argent. » Là où
les faits ne suffisent pas, des métaphores passionnées poussent l'hyperbole jusqu'aux plus extrêmes
limites. « Vient-on, dit-il, de placer quelqu'un dans
« un nouveau poste, c'est un nouveau débordement
« de louanges en sa faveur qui inonde les cours de
« la chapelle, qui gagne l'escalier, les salles, la
« galerie, tout l'appartement; on en a par-dessus
« les yeux, on n'y tient plus. » Les paradoxes
simulés, les alliances de mots frappantes, les contrastes calculés et saisissants, les petites phrases
concises et entassées, qui partent et blessent
comme une grêle de flèches, l'art de mettre un
mot en relief, de résumer toute la pensée d'un
morceau dans un trait saillant, les expressions
inattendues et inventées, les phrases heurtées, à
angles brusques, à facettes étincelantes, les allé-
gories soutenues et ingénieuses, l'imagination,
l'esprit jetés à profusion et ornés par le travail le
plus assidu et le plus habile, tel est le style de la
Bruyère, et l'on voit combien il s'écarte de la simplicité et de l'aisance que conservent les autres
écrivains du siècle. Il touche au nôtre, et il ne serait pas difficile de montrer dans Balzac et dans
Victor Hugo beaucoup de façons d'écrire semblables
aux siennes; car dans un temps comme celui-ci,
parmi des gens rassasiés de littérature et occupés

d'affaires, la première règle du style est aussi d'attirer l'attention. Nous voulons comme lui contraindre le lecteur à nous lire, et la même cause produit en nous et en lui les mêmes effets. Si l'on en veut une preuve, il suffit de remarquer que la Bruyère emploie perpétuellement le mot propre et les traits particuliers, tandis que le goût classique et les habitudes littéraires du dix-septième siècle ne s'accommodent que des traits généraux et des expressions nobles. Nommer les choses par leur nom, parler de peintres, de vitriers, de titres, de contrats, des objets les plus bas et les plus populaires, ne rien déguiser, et tout au contraire mettre en relief et en lumière les détails les plus choquants, c'est là un prodige dans un siècle où les convenances étaient si impérieuses, où les raffinements d'élégance et de bon ton imposaient aux écrivains un style tempéré et contenu. A-t-on de nos jours écrit quelque chose de plus cru que le portrait suivant ? « Gnathon ne se sert à table que
« de ses mains ; il manie les viandes, les remanie,
« démembre, déchire, et en use de manière que les
« conviés, s'ils veulent manger, mangent ses restes.
« Il ne leur épargne aucune des malpropretés dé-
« goûtantes, capables d'ôter l'appétit aux plus af-
« famés. Le jus et les sauces lui dégouttent du men-
« ton et de la barbe. S'il enlève un ragoût de dessus
« un plat, il le répand en chemin dans un autre

« plat et sur la nappe ; on le suit à la trace. Il mange
« haut et avec grand bruit ; il roule les yeux en
« mangeant. La table est pour lui un râtelier ; il
« écure ses dents et continue à manger. » Balzac
a-t-il jamais donné des détails de médecine et de
menuiserie plus précis que ceux-ci ? « M*** est moins
« affaibli par l'âge que par la maladie ; car il ne
« passe pas soixante-huit ans. Mais il a la goutte,
« il est sujet à une colique néphrétique, il a le
« visage décharné, le *teint verdâtre* et qui menace
« ruine. Il fait marner sa terre, et compte que de
« quinze ans entiers il ne sera obligé de la fumer.
« Il fait bâtir dans la rue*** une maison en pierres
« de taille, raffermie dans les encoignures par des
« mains en fer, » etc. Pourquoi ce choix de détails
familiers et de petits faits exacts tels qu'on en rencontre journellement autour de soi ? Parce qu'ils
sont les seuls qui soient frappants. Les traits généraux sont vagues, et pour maîtriser l'attention
du lecteur, la Bruyère, comme Balzac, est obligé
de le toucher au vif par des traits particuliers, tirés
de la vie réelle et des circonstances vulgaires. Ce
genre s'appelle aujourd'hui *réalisme*. Tout à l'heure
nous avons vu dans la Bruyère un éloge du peuple,
des réclamations en faveur des pauvres, une satire
amère contre l'inégalité des conditions et des fortunes, bref les sentiments qu'on appelle aujourd'hui démocratiques. N'est-il pas curieux de trou-

ver ce goût littéraire dans un ami de Boileau, et ces inclinations politiques dans un professeur de M. le duc?

Ce style énergique, cette imagination ardente et féconde indiquent un cœur passionné, et achèvent le portrait. Si on essaye de se figurer la Bruyère, on voit un homme capable de sentir et de souffrir, qui a senti, et qui a souffert, attristé par l'expérience, résigné sans être calmé, qui méritait beaucoup, et s'est contenté de peu, dont l'âme aurait pu se prendre à quelque grande occupation, et qui s'est rabattu sur l'art d'écrire, sans que la littérature ouvrît à sa passion et à ses idées une issue assez large. « Un homme, dit-il quelque part, né « chrétien et Français, se trouve contraint dans la « satire; les grands sujets lui sont défendus. Il les « entame quelquefois, et se détourne ensuite sur « de petites choses qu'il relève par la beauté de son « génie et de son style. » Là est sa dernière tristesse et son dernier mot.

# BALZAC.

## § I.

### Sa vie et son caractère.

Les œuvres d'esprit n'ont pas l'esprit seul pour père. L'homme entier contribue à les produire; son caractère, son éducation et sa vie, son passé et son présent, ses passions et ses facultés, ses vertus et ses vices, toutes les parties de son âme et de son action laissent leur trace dans ce qu'il pense et dans ce qu'il écrit. Pour comprendre et juger Balzac, il faut connaître son humeur et sa vie. L'une et l'autre ont nourri ses romans; comme deux courants de séve, elles ont fourni des couleurs à la fleur maladive, étrange et magnifique que l'on va décrire ici.

## I

Balzac fut un homme d'affaires, et un homme d'affaires endetté. De vingt et un ans à vingt-cinq, il avait vécu dans un grenier, occupé à faire des tragédies ou des romans qu'il trouvait mauvais lui-même, contredit par sa famille, recevant d'elle fort peu d'argent, n'en gagnant guère, menacé à chaque instant d'être jeté dans quelque profession machinale, déclaré incapable, dévoré par le désir de la gloire et par la conscience de son talent. Pour devenir indépendant, il se fit spéculateur, éditeur d'abord, puis imprimeur, puis fondeur de caractères. Tout manqua; il vit approcher la faillite. Après quatre ans d'angoisses, il liquida, resta chargé de dettes, et écrivit des romans pour les payer. Ce fut un poids horrible et qu'il traîna toute sa vie. De 1827 à 1836[1], il ne put se soutenir qu'en faisant des billets que les usuriers escomptaient et renouvelaient avec grand'peine. Il fallait les amuser, les fléchir, les séduire, les fasciner. Le malheureux grand homme dut jouer bien des fois sa comédie de *Mercadet* avant de l'écrire. Rien ne servait. La dette, accrue par les intérêts, grossissait toujours. Jusqu'à la fin sa vie fut précaire et pleine de craintes. En 1848, il disait à Champfleury, qui le trouvait dans une maison élégante : « Rien de tout cela ne m'appartient; ce sont des amis qui me logent; je suis leur portier. » Toujours assiégé

---

1. *Balzac, d'après sa Correspondance,* par Mme Surville, sa sœur.

et harcelé, il fit des prodiges de travail. Il se levait à minuit, buvait du café et travaillait d'un trait *douze heures* de suite[1]; après quoi il courait à l'imprimerie et corrigeait ses épreuves en songeant à de nouveaux plans. Il fonda deux revues et rédigea l'une d'elles presque seul. Il essaya trois ou quatre fois du théâtre. Il conçut vingt projets de spéculation et courut une fois en Sardaigne pour voir si les scories des mines exploitées par les Romains ne contenaient pas d'argent. Une autre fois il crut avoir découvert une substance propre à la fabrication d'un nouveau papier, et fit là-dessus des expériences. Comment payer? comment devenir riche? Excédé de tracas et de misères, il imaginait un banquier généreux, ami des lettres, qui lui disait : « Puisez dans ma caisse, acquittez-vous, soyez libre. J'ai foi en votre talent; je veux sauver un grand homme. » Il s'exaltait, finissait par croire à son rêve, et devenait le premier homme du monde : académicien, député, ministre. Un instant après, retombé sur terre, il courait à son bureau ou chez le prote et abattait de l'ouvrage comme un bûcheron et comme un géant. D'autres fois, au

---

1. Il s'enfermait ordinairement pour six semaines ou deux mois, volets et rideaux fermés, ne lisant aucune lettre, travaillant parfois dix-huit heures par jour à la clarté de quatre bougies, en robe blanche de dominicain. (*Balzac*, par Werdet, son éditeur, p. 275.)

milieu d'une conversation, il s'arrêtait brusquement et s'injuriait lui-même : « Monstre, infâme, tu aurais dû faire de la copie au lieu de parler. » Puis il comptait l'argent que lui auraient gagné les heures perdues; tant de lignes à tant la ligne, tant au journal, tant chez le libraire, tant pour l'impression, tant pour les réimpressions; la somme ainsi multipliée devenait énorme. L'argent, partout l'argent, l'argent toujours : ce fut le persécuteur et le tyran de sa vie; il en fut la proie et l'esclave, par besoin, par honneur, par imagination, par espérance; ce dominateur et ce bourreau le courba sur son travail, l'y enchaîna, l'y inspira, le poursuivit dans son loisir, dans ses réflexions, dans ses rêves, dirigea ses yeux, maîtrisa sa main, forgea sa poésie, anima ses caractères et répandit sur toute son œuvre le ruissellement de ses splendeurs. Ainsi poursuivi et ainsi instruit, il comprit que l'argent est le grand ressort de la vie moderne. Il compta la fortune de ses personnages, en expliqua l'origine, les accroissements et l'emploi, balança les recettes et les dépenses, et porta dans le roman les habitudes du budget. Il exposa les spéculations, l'économie, les achats, les ventes, les contrats, les aventures du commerce, les inventions de l'industrie, les combinaisons de l'agiotage. Il peignit les avoués, les recors, les banquiers ; il fit entrer partout le Code civil et la lettre de change. Il rendit

les affaires poétiques. Il institua des combats comme
ceux des héros antiques, mais cette fois autour
d'une succession et d'une dot, avec les gens de loi
pour soldats et le Code pour arsenal. Sous sa
plume, les millions s'accumulèrent. On vit les
fortunes qu'il maniait s'enfler, engloutir leurs voisines, s'étaler en grosseurs monstrueuses, puis
déborder en luxe et en puissance. Les lecteurs se
sentaient glisser sur une nappe d'or. De là une
partie de sa gloire. Il nous représente la vie que
nous menons, il nous parle des intérêts qui nous
agitent, il assouvit les convoitises dont nous souffrons.

## II

Il fut Parisien de mœurs, d'esprit, d'inclination :
c'est le second trait. Dans cette noire fourmilière,
la vie est trop active. La démocratie instituée et le
gouvernement centralisé y ont appelé tous les ambitieux et enflammé toutes les ambitions. L'argent,
la gloire, le plaisir, préparés et amoncelés, y sont
une curée après laquelle s'acharne une meute de
désirs insatiables, exaspérés par l'attente et la riva-
lité. Parvenir! Ce mot, inconnu il y a un siècle, est
aujourd'hui le souverain maître de toutes les vies.
Paris est une arène ; involontairement, comme dans
un cirque ou dans une école, on est entraîné ; tout

disparaît devant l'idée du but et des rivaux; le coureur sent leur haleine sur ses épaules; toutes ses forces se tendent; dans cet accès de volonté, il double son élan et contracte la fièvre qui l'use et le soutient. De là des prodiges de travail, et non-seulement le travail du savant qui apprend jusqu'à s'accabler, ou de l'artiste qui invente jusqu'à s'hébéter, mais le labeur de l'homme spécial qui court, intrigue, calcule ses mots, mesure ses amitiés, entre-croise les mille filets de ses espérances pour pêcher une clientèle, une place ou un nom. Que nous sommes loin de nos pères et de ces salons où une jolie lettre, un madrigal leste, un bon mot étaient l'intérêt de toute une soirée et la source de toute une fortune! — Ceci n'est rien; la fièvre du cerveau y est pire que celle de la volonté. Toutes les professions ont reçu le droit de cité par l'avénement de la bourgeoisie; avec les hommes spéciaux, les idées spéciales sont entrées dans le monde; le courant des pensées n'est plus un joli ruisseau de médisance mondaine, de galanterie ou de philosophie amusante, mais un large fleuve que la banque, le négoce, la chicane, l'érudition ont enflé de leurs eaux bourbeuses; c'est ce torrent qui, tombant chaque matin dans chaque cervelle, vient la nourrir et la noyer. Multipliez-le en songeant que l'approfondissement des sciences y a jeté par millions des faits nouveaux, que l'élargissement de l'intelligence

y a fait entrer les littératures et les philosophies
des autres peuples, que toutes les idées du monde
y affluent comme en un réceptacle universel ; et jugez de sa force, puisque ceux qui l'alimentent sont
des talents éprouvés par la lutte, prouvés par le
succès, les plus sagaces, les plus puissants, les
mieux munis d'idées, les mieux fournis de force
inventive, les plus obstinés à penser. Quiconque
pense est ici. Les académies, les bibliothèques, les
journaux, la société des gens d'esprit, le droit de
vivre inconnu y attirent tous les esprits originaux
et libres. Sur un banc du Luxembourg vous écoutez une discussion de médecine. Au coin de ce trot-
toir, un géologue vous conte les découvertes des
dernières fouilles. Ce long musée vous fait traverser
en une demi-heure toute l'histoire. Cet opéra qu'on
reprend vous jette au milieu des pensées éteintes
depuis un demi-siècle. En deux heures, dans un
salon, vous passerez en revue toutes les opinions
humaines ; il y a ici des mystiques, des athées, des
communistes, des absolutistes, tous les extrêmes,
tous les intermédiaires, toutes les nuances. Point
de pensée si bizarre, si large ou si étroite qui n'ait
accaparé un homme, n'ait fructifié en lui, ne se
soit munie de toutes les forces de la folie et de la
raison ; les spécialités pullulent, et avec elle les
monomanies. De tous ces cerveaux qui fument, la
pensée sort comme une vapeur ; involontairement

on l'aspire; elle petille dans tous ces yeux inquiets ou fixes, sur ces visages flétris et plissés, dans ces gestes précipités et précis; ceux qui arrivent ici pour la première fois ont le vertige; ces rues parlent trop, cette foule pressée court trop vite; il y a tant d'idées pendues aux vitres, entassées aux étalages, imprimées dans les monuments, attachées aux affiches, glissantes sur les physionomies, qu'ils en sont encombrés et oppressés; ils sortaient d'une eau calme et froide; ils tombent dans une chaudière où bouillonne la vapeur sifflante, où tourbillonne la tempête des flots froissés tumultueusement les uns contre les autres et repoussés par la paroi frissonnante du métal brûlant.—Contre cette fièvre de la volonté et de la pensée, quel est le repos? Une autre fièvre, celle des sens. En province, l'homme fatigué se couche à neuf heures, ou tisonne au coin du feu avec sa femme, ou va se promener sur la route vide, pacifiquement, à petits pas, regardant la plaine uniforme, et songeant au temps qu'il fera demain. Contemplez Paris à cette heure: le gaz s'allume, le boulevard s'emplit, les théâtres regorgent, la foule veut jouir; partout où la bouche, l'oreille, les yeux soupçonnent un plaisir, elle se rue; plaisir raffiné, artificiel, sorte de cuisine malsaine faite pour exciter, non pour nourrir, offerte par le calcul et la débauche à la satiété et à la corruption. Jusqu'aux jouissances de l'esprit, tout y est excessif et âcre ; le goût blasé veut être réveillé ; il faut des paradoxes de style, des expressions monstrueuses, des idées dévergondées, des anecdotes crues ; le reste languit ; la raison y doit prendre des habits de folle ; l'imprévu, le bizarre, le tourmenté, l'exagéré n'y sont que le costume ordinaire. On y fouille toutes les plaies secrètes de l'âme et de l'histoire ; des quatre coins du monde, de tous les bas-fonds de la vie, de toutes les hauteurs de la philosophie et de l'art, arrivent les images, les idées, la vérité, le paradoxe ; tout cela bout ensemble, et l'étrange liqueur qui s'en distille pénètre tous les nerfs d'un plaisir maladif et vénéneux. Balzac disait en parlant de Paris : « Ce grand chancre fumeux, étalé sur les deux bords de la Seine. » Quel homme plus que lui en a aspiré les émanations ? Qui a plus lutté, pensé et joui ? Quel esprit et quel sang ont plus brûlé de toutes les fièvres ? Celle de la volonté d'abord. On a vu l'horrible travail sous lequel il demeura enchaîné, les nuits passées par centaines, la dépense inouïe d'invention et de science, la lutte contre les créanciers, la persécution des affaires, le désir effréné de gloire, l'ambition universelle, les exaltations, les épuisements, et tous les gouffres de désespoir dans lesquels il a roulé. Que dirai-je de ses débauches de pensée, de toutes ces sciences feuilletées, de tous ces métiers étudiés, de cette philoso-

phie inventée, de cet art fouillé jusqu'au fond ?
Paris nous excite trop, nous autres gens ordinaires ; quelles fourmilières d'idées devaient pulluler dans cet esprit, qui, multiplié par l'inspiration et par la science, apercevait dans un geste, dans un vêtement un caractère et une vie entière, les reliait à leur siècle, prévoyait leur avenir, les pénétrait en peintre, en médecin, en philosophe, et étendait le réseau infini de ses divinations involontaires à travers toutes les idées et tous les faits ! Faut-il ajouter qu'il a eu des sens d'artiste, qu'un romancier invente en plaisir comme en autre chose, qu'il fut gourmand et gourmet en matière de luxe et de volupté ? Permettez à la vie privée, même après la mort, de rester close ; d'ailleurs son goût pour les meubles précieux servira d'indice [1]. Il était collectionneur, presque monomane ; il avait besoin de livres splendides, de fauteuils antiques, de cadres sculptés, de tableaux de choix ; la galerie qu'il décrit dans le *Cousin Pons* avec une minutie amoureuse était, dit-on, la sienne. Il s'est mis souvent dans de cruels embarras pour avoir des porcelaines de Saxe, des tentures et autres babioles. Au plus

1. Voyez la description de ses deux appartements dans le livre de M. Werdet. Quand il travaillait dans sa robe blanche de dominicain, il avait des pantoufles de maroquin rouge brodées d'or ; son corps était serré par une longue chaîne d'or de Venise, à laquelle était suspendu un plioir d'or, un canif d'or et des ciseaux d'or.

fort de sa première misère, il écrivait à sa sœur :
« Ah! Laure, si tu savais comme je raffole (mais
*motus*) de deux écrans bleus brodés de noir (toujours *motus!*) » Harcelé, accablé, il ne s'en détache
point ; c'est une idée fixe : « Toujours mes écrans ! »
Sa passion pour les belles choses ressemble à une
sorte de démangeaison physique ; c'est une concupiscence sensuelle plutôt qu'un noble goût de l'esprit. Voilà ses alentours et sa vie ; vous prévoyez
quelles plantes ont dû pousser sur ce terreau artificiel et concentré de substances âcres. Il en fallait
un pareil pour faire végéter cette forêt énorme, pour
y empourprer les fleurs de ce sombre éclat métallique, pour y emplir les fruits de ce suc mordant et
trop fort. Beaucoup de gens souffrent de le lire. Le
style est pénible, surchargé ; les idées s'encombrent
et s'étouffent ; les intrigues compliquées saisissent
l'esprit de leur pince de fer ; les passions accumulées, grondantes, flamboient comme une fournaise.
Sous cette lueur fauve se détache avec un relief
violent une multitude de figures grimaçantes, tourmentées, plus expressives, plus puissantes, plus
vivantes que les physionomies réelles ; parmi elles
une vermine sale d'insectes humains, cloportes
rampants, scolopendres hideux, araignées venimeuses nées dans la pourriture, acharnées à fouir,
à déchirer, à entasser et à mordre ; par-dessus tout
des féeries éblouissantes, et le cauchemar doulou-

reux et gigantesque de tous les rêves auxquels l'or, la science, l'art, la gloire et la puissance peuvent fournir.

## III

Il en est mort à cinquante ans, le sang enflammé par le travail des nuits et l'abus du café auquel ses veilles forcées le condamnaient. Pour publier en vingt ans quatre-vingt-dix-sept ouvrages si obstinément remaniés qu'il raturait chaque fois dix ou douze épreuves, il fallait un tempérament aussi puissant que son génie. Ses portraits montrent un homme robuste, trapu, aux épaules larges, aux cheveux abondants, le regard audacieux, la bouche sensuelle, « le rire fréquent et bruyant, les dents solides, comme des crocs. » Il avait l'air, dit Champfleury, « d'un sanglier joyeux. » La vie animale surabondait en lui. On l'a trop vu dans ses romans. Il y hasarde maint détail d'histoire secrète, non pas avec le sang-froid d'un physiologiste, mais avec les yeux allumés d'un gourmet et d'un gourmand qui, par une porte entre-bâillée, savoure des yeux quelque lippée franche et friande. La liberté fort grande du style contemporain et parisien ne lui suffisait pas. Il prit celui de Rabelais et de Brantôme pour peindre avec la minutie du seizième siècle les cru-

dités du seizième siècle, et composa ses *Contes drô-
latiques*, contes admirables, mais beaucoup plus que
lestes, où toutes les convoitises physiques, déchaînées et satisfaites, se démènent comme une bacchá-
nale de Priapes enluminés. George Sand, ayant lu
l'ouvrage, le trouva indécent. Il appela George
Sand prude, de très-bonne foi, semblable à la Fontaine, qui ne voyait point de mal à ses gaudrioles
et ne pouvait comprendre les reproches de son
confesseur. C'était leur air natal ; ni l'un ni l'autre
ne supposaient que des étrangers pussent s'y trouver mal à l'aise. Quand un oiseau tombe à l'eau,
les poissons s'étonnent probablement qu'il n'y
puisse pas respirer. Vous voyez que cette force
approchait parfois de la grossièreté. Il y tombait
facilement ; sa joie, un peu physique, était celle
d'un commis voyageur. Le jour où il invente de
relier tous ses romans entre eux pour en faire la
*Comédie humaine*, il accourt rue Poissonnière, chez
sa sœur, tout épanoui. « Il entre en faisant des
gestes de tambour-major avec sa grosse canne de
roseau à pomme de cornaline, sur laquelle il avait
fait graver en turc cette devise d'un sultan : *Je suis
briseur d'obstacles*, et après avoir imité les *boum-
boum* de la musique militaire et les roulements du
tambour : Saluez-moi, nous dit-il joyeusement,
car je suis tout bonnement en train de devenir un
génie. » Ses lettres, si affectueuses, ont quelque

chose de trivial ; sa plaisanterie est lourde[1]. Il gesticule, il chantonne, il tape sur le ventre des gens, il fait le bouffon. Sa verve est celle d'un opérateur. Il lui a suffi d'en grossir les traits pour trouver celle de Bixiou et de Vautrin. Tout cela partait d'une nature trop pleine, séve exubérante, qui débordait en mouvements, en plaisirs, en inventions, en travail, point délicate, parfois même brutale[2], et toujours impuissante à se contenir. Il contait à tout venant ses projets de romans, ses plans, jusqu'aux détails, bien pis, ses projets de fortune, par exemple, son idée d'exploiter les vieilles mines de Sar-

---

1. « J'ai de bonnes nouvelles à t'annoncer, sœurette ; les revues me payent plus cher mes feuilles. Hé ! hé ! — Werdet m'annonce que mon *Médecin de campagne* a été vendu en huit jours. Ha ! ha ! — J'ai de quoi faire face aux grosses échéances de novembre et de décembre qui t'inquiétaient. Ho ! ho ! — Ah ! il y a trop de millions dans *Eugénie Grandet !* Mais bête, puisque l'histoire est vraie, veux-tu que je fasse mieux que la vérité ? — J'essayerai du théâtre ; je commencerai par *Marie Touchet*, une fière pièce, où je dresserai en pied de fiers personnages. — Halte là ! madame la mort ; si vous venez, que ce soit pour m'aider à recharger mon fardeau, je n'ai pas encore fini ma tâche. »

2. Voir, dans la *Revue parisienne*, ses articles sur le Port-Royal de M. Sainte-Beuve. — « Un jour dans un dîner un jeune écrivain ayant dit devant lui : « Nous autres gens de lettres.... » Balzac pousse un formidable éclat de rire et lui crie : « Vous, « monsieur, vous homme de lettres! quelle prétention, quelle « folle outrecuidance ! vous, vous comparer à nous ! allons donc ! « oubliez-vous, monsieur, avec qui vous avez l'honneur de siéger? « avec les maréchaux de la littérature moderne. » (Werdet, p. 343.)

daigne; naturellement, on la lui prit. Il s'admirait naïvement et publiquement : « Vous me ressemblez, disait-il à Champfleury ; je suis content pour vous de cette ressemblance. » Puis, il ajoutait : « Il n'y a que trois hommes à Paris qui sachent leur langue : Hugo, Gautier et moi. » A quatorze ans, il annonçait déjà sa célébrité future. Quand, dans ses lettres ou dans sa conversation, il parle de ses romans, le mot *chef-d'œuvre* revient naturellement et perpétuellement se poser sous sa plume ou sur ses lèvres. Il se croit universel ; n'a-t-il pas trouvé dans Louis Lambert le dernier mot de la philosophie et des sciences? Il rêve une place à l'Institut, à la Chambre des pairs, un ministère. « Est-ce que ce ne sont pas les gens qui ont fait le tour des idées qui sont les plus propres à gouverner les hommes? Je voudrais bien voir qu'on s'étonnât de mon portefeuille! » Cette jactance [1], qui, dans toutes ses préfaces, éclate en traits énormes, n'est que maladroite ; chacun a la sienne ; seulement, par prudence et bon goût, chacun cache la sienne ; chacun se glisse poliment et doucement dans ce salon plein qu'on appelle le monde ; Balzac, en homme gros et fort, se pousse bruyamment, marchant sur les pieds des

---

1. Il avait une statuette de Napoléon dans sa chambre, et sur le fourreau de l'épée on lisait ces mots : « Ce qu'il n'a pu achever par l'épée, je l'accomplirai par la plume. » Signé, Honoré de Balzac. (Werdet, 331.)

gens, bousculant les groupes. Ce n'était point insolence, mais abandon. Au besoin, il se laissait contredire, il supportait le blâme, il remerciait les conseillers sincères. Il riait lui-même de ses vanteries, et, après un peu de réflexion, on les tolère ; le seul orgueil odieux est l'orgueil tyrannique : et il était bon, enfant même, partant bon enfant, aussi éloigné que possible de la morgue et de la roideur, écolier dans ses délassements, badaud à l'occasion, naïf, capable de jouer aux petits jeux et de s'y amuser de tout son cœur. Ses lettres de famille sont vraiment touchantes ; il n'y a pas d'affection plus belle et plus franche que son attachement pour sa sœur ; l'épanchement est entier et profond[1]. Sensualité, rudesse, trivialité, gaieté joviale, jactance, bonté, voilà plusieurs effets du naturel expansif; il en reste un qui mit à son service tous les autres, la fougue inventive, l'imagination enthousiaste et inépuisable. Sa tête a été un volcan de projets, songes dont il s'éprenait et qu'il quittait pour de plus beaux, rêves de fortune et de gloire, combinaisons d'affaires, réformes de l'État, de la langue et de la science, systèmes d'ad-

1. « Dis à ma mère que je l'aime comme lorsque j'étais enfant; des larmes me gagnent en t'écrivant ces lignes, larmes de tendresse et de désespoir, car je sens l'avenir, et il me faut cette mère dévouée au jour du triomphe. Soigne bien notre mère, Laure pour le présent et pour l'avenir ! »

ministration et d'aventures, erreurs et vérités sur toutes choses, enchevêtrement de fusées étranges et splendides qui illuminent et révèlent un siècle et un monde. Sa vie, ses alentours et son caractère le conduisaient au roman. Il s'y installe, comme dans son royaume, par droit de nature et par droit de volonté.

## § II.

#### L'esprit de Balzac.

Ce qu'on appelle l'esprit d'un homme, c'est sa façon ordinaire de penser. Il y a en chacun de nous une certaine habitude qui le mène, le forçant de regarder d'abord là, puis ici, longtemps ou peu de temps, lentement ou vite, suggérant ici les images, là-bas la philosophie, plus loin la raillerie, tellement qu'il y tombe toujours, quelque ouvrage qu'il fasse, infailliblement, parce que cette nécessité est devenue sa nature, sa volonté et son goût. Les savants appellent cela une méthode; les artistes, un talent. On va voir celui de Balzac.

### I

Il commençait à la façon non des artistes, mais des savants. Au lieu de peindre, il disséquait. Il n'entrait point du premier saut, et violemment, comme Shakspeare ou Saint-Simon, dans l'âme de ses personnages; il tournait autour d'eux, patiemment, pesamment, en anatomiste, levant un muscle, puis un os, puis une veine, puis un nerf, n'arrivant au cerveau et au cœur qu'après avoir parcouru le cercle entier des organes et des fonctions. Il décrivait la ville, ensuite la rue et la maison. Il expliquait la devanture, les trous de la pierre, la structure et les matériaux de la porte, la saillie des plinthes, la couleur des mousses, la rouille des barreaux, les cassures des vitres. Il disait la distribution des appartements, la forme des cheminées, la date des tentures, l'espèce et la place des meubles, puis il s'étendait sur les vêtements. Arrivé au personnage, il montrait la structure des mains, la cambrure de l'échine, la courbure du nez, l'épaisseur des os, la longueur du menton, la largeur des lèvres. Il comptait ses gestes, ses clignements d'yeux, ses verrues. Il savait ses origines, son éducation, son histoire, combien il avait en terres et en rentes, à quel cercle il allait, quels gens il voyait, ce qu'il dépensait, quels mets il mangeait, de quel cru étaient ses vins, qui avait formé sa cuisinière, bref, la multitude innombrable de toutes les circonstances infiniment ramifiées et entre-croisées qui viennent façonner et nuancer la surface et le fond de la nature et de la vie humaine. Il y avait en lui un archéologue, un architecte, un tapissier, un tailleur, une marchande à la toilette, un commissaire-priseur, un physiologiste et un notaire : ces gens arrivaient tour à tour, chacun lisant son rapport, le plus détaillé du monde et le plus exact; l'artiste écoutait scrupuleusement, laborieusement, et son imagination ne prenait feu que lorsqu'il avait amoncelé en façon de foyer cet échafaudage infini de paperasses. Il le savait et le voulait : « Je suis, disait-il, un docteur des sciences sociales. » Élève de Geoffroy Saint-Hilaire, il annonçait[1] le projet d'écrire une histoire naturelle de l'homme; on a composé le catalogue des animaux : il voulait faire l'inventaire des mœurs. Il l'a fait; l'histoire de l'art n'a point encore offert une idée aussi étrangère à l'art, ni une œuvre d'art aussi grande; il a presque égalé l'immensité de son sujet par l'immensité de son érudition.

De là plusieurs défauts et plusieurs mérites : en beaucoup d'endroits, il ennuie beaucoup de gens. Je disais tout à l'heure qu'il y a dans son antichambre une cohue d'industriels et d'huissiers; nous y sommes avec eux, et il est désagréable de faire antichambre. L'artiste se fait trop attendre; on le maudit lorsqu'on s'est morfondu une heure dans l'escouade de ses employés. Cette cohorte, d'ailleurs, n'est rien moins que divertissante. Ces mémoires de menuisiers, ces comptes d'avoués finissent par casser la tête; on est vite suffoqué par une odeur de greffe, d'amphithéâtre et d'échoppe.

---

1. Préface de *la Comédie humaine*.

Il faut être observateur de profession, critique par exemple, ou bien encore homme d'affaires pour s'y trouver bien. Si nous n'étions pas tous des plébéiens amateurs de science, nous aurions planté là M. Goriot au commencement de son apoplexie séreuse, et jeté César Birotteau au feu dès le premier déficit de son bilan ; l'auteur verrait fuir la moitié de son public si le dix-neuvième siècle n'avait pas mis de la poésie dans les cataplasmes et les protêts. Ce qui est pis, c'est que le livre en devient obscur. Une description n'est pas une peinture, et Balzac souvent croit faire une peinture quand il n'a fait qu'une description. Ces compilations ne font rien voir ; elles ne sont qu'un catalogue ; l'énumération de toutes les étamines d'une fleur ne nous mettra jamais dans les yeux l'image de la fleur. Il faut le souffle poétique de George Sand et de Michelet ou la vision violente de Victor Hugo et de Dickens pour susciter en nous la figure des objets corporels ; nous sommes alors jetés hors de nous-mêmes et l'émotion nous conduit à la lucidité. La minutieuse explication de Balzac nous laisse dans le repos et dans les ténèbres : il a beau décrire copieusement les croisillons de l'hôtel du Guénic ou le nez du chevalier de Valois, ces croisillons et ce nez restent dans l'ombre ; un physionomiste ou un archéologue y devinent seuls quelque chose ; le commun des lecteurs demeure respectueusement

la bouche béante, implorant tout bas le secours d'une vignette ou d'un portrait. Un dernier malheur, c'est que la description trop longue fausse l'impression. Quand l'imagination aperçoit un personnage absent, c'est dans un éclair; si vous la traînez sur un trait ou sur une couleur pendant douze lignes, elle n'aperçoit plus rien du tout. On ne sait plus si la figure est douce, grandiose et fine. Sa physionomie a disparu ; il n'en reste qu'un paquet de chairs et d'os. Est-ce une femme que vous voyez ici, ou bien un monceau de pièces anatomiques : « L'arc des sourcils tracé vigoureu-
« sement s'étend sur deux yeux dont la flamme
« scintille par moment comme celle d'une étoile
« fixe ; le blanc de l'œil n'est ni bleuâtre, ni semé
« de fils rouges, ni d'un blanc pur; il a *la consis-*
« *tance de la corne*, mais il est d'un ton chaud. La
« prunelle est bordée d'un cercle orange; c'est du
« *bronze entouré d'or*, mais de l'or vivant, du bronze
« animé. Cette prunelle a de la profondeur ; elle n'est
« pas doublée, comme dans certains yeux, par une
« *espèce de tain* qui renvoie la lumière et les fait res-
« sembler aux yeux des tigres ou des chats. Mais
« cette profondeur a son infini, de même que l'éclat
« des *yeux à miroir* a son absolu. » Le portrait continue ainsi pendant deux cents lignes. Un de mes amis, naturaliste, me pria un jour de venir voir un papillon magnifique, qu'il venait de *préparer*.

Je trouvai une trentaine d'épingles qui tenaient
fichées sur le papier une trentaine de petites ordures. Ces petites ordures faisaient ensemble le
magnifique papillon.

Mais aussi quelle puissance! Quelle saillie et quel
relief l'interminable énumération donne au personnage! comme on le connaît dans toutes ses actions et toutes ses parties? comme il devient réel!
avec quelle précision et quelle énergie il s'implante
dans le souvenir et dans la croyance! comme il
ressemble à la nature, et comme il fait illusion !
Car telle est la nature; les détails y sont infinis et
infiniment déliés; l'homme intérieur laisse son
empreinte dans sa vie extérieure, dans sa maison,
dans ses meubles, dans ses affaires, dans ses gestes,
dans son langage; il faut expliquer cette multitude
d'effets pour l'exprimer tout entier. Et, d'autre
part, il faut assembler cette multitude de causes
pour le composer tout entier. Les mets qui vous
nourrissent, l'air que vous respirez, les maisons
qui vous entourent, les livres que vous lisez, les
plus minces habitudes où vous vous laissez glisser,
les plus insensibles circonstances dont vous vous
laissez presser, tout contribue à faire l'homme que
vous êtes ; une infinité d'efforts se sont concentrés
pour former votre caractère, et votre caractère va
se déployer par une infinité d'efforts ; votre âme
est une lentille de cristal qui rassemble à son foyer

tous les rayons lumineux élancés de l'univers sans bornes, et les renvoie dans l'espace sans bornes, étalés comme un éventail. C'est pour cela que chaque homme est un être à part, absolument distinct, immensément multiple, sorte d'abîme dont le génie visionnaire ou l'érudition énorme peuvent seuls égaler la profondeur. J'ose dire qu'ici Balzac est monté au niveau de Shakspeare. Ses personnages vivent ; ils sont entrés dans la conversation familière ; Nucingen, Rastignac, Philippe Bridau, Phellion, Bixiou et cent autres sont des hommes qu'on a vus, qu'on cite pour donner l'idée de telle personne réelle, qu'on reconnaîtrait dans la rue. Comme il le disait des artistes créateurs, il a fait « concurrence à l'état civil. »

S'il est si fort, c'est qu'il est systématique ; ceci est un second trait qui complète le savant ; le philosophe en lui s'ajoute à l'observateur. Il voit avec les détails les lois qui les enchaînent. Ses maisons et ses physionomies sont des coquilles sur lesquelles se moule l'âme de ses personnages. Tout se tient en eux ; il y a toujours quelque passion ou situation qui les fonde et ordonne tout le reste. C'est pour cela qu'ils laissent une empreinte si forte ; chacune de leurs actions et de leurs parties concourt à l'enfoncer ; quoique innombrables, elles s'assemblent pour un effet unique. Nous les sentons toutes en une seule sensation ; la figure est plus expressive que celle des vivants eux-mêmes ; elle concentre ce que la nature a dispersé. — Cela est plus visible encore dans les plans. L'ordonnance y est supérieure ; il a fallu une puissance de compréhension extraordinaire pour lier tous ces événements, manœuvrer cette armée de personnages, combiner ces longues chaînes de machinations et d'intrigues. Il est comme un cocher de cirque qui tient en sa main cinquante chevaux vigoureux ou terribles, leur imposant leur route, sans diminuer leur fougue. Plusieurs de ses plans sont si savants qu'on s'y perd ; il faut être presque négociant pour comprendre *César Birotteau*, presque magistrat pour suivre *Une ténébreuse Affaire*; cela dépasse la portée des organes ordinaires; c'est un concert si riche, composé de tant d'instruments nouveaux, de tant d'idées diverses et diversement attachées les unes aux autres, que nos oreilles, accoutumées à la simplicité des classiques, peuvent à peine saisir l'ensemble et la pensée du compositeur. — Bien plus et bien mieux, il y a toujours quelque grande idée qui sert de centre à sa fable. Il a le tort de l'annoncer, mais il ne trompe point en l'annonçant. Non-seulement il décrit, mais il pense. Il n'a pas assez de voir la vie, il la comprend. Le célibat, le mariage, l'administration, la finance, la luxure, l'ambition, toutes les situations principales, toutes les passions profondes, voilà le fond de son œuvre ;

il a philosophé sur l'homme. Qu'on prenne le *Père Goriot*, par exemple : rien de plus particulier que chaque caractère ; rien de plus éloigné de ces êtres généraux, pures abstractions que les romanciers métaphysiciens affublent d'un nom et d'une condition d'homme. Mais qui ne voit, à travers les détails qui constituent l'individu et font la vie, l'histoire abrégée du dix-neuvième siècle, les combats d'un homme jeune, pauvre, ambitieux, capable, placé entre l'obéissance et la révolte, voyant d'un côté un père, « le Christ de la paternité, » qui meurt sur un grabat infâme, trahi par ses filles et abandonné de tous; de l'autre, un bandit grandiose, « le Cromwell du bagne, » muni de toutes les séductions que le génie, l'occasion et l'expérience peuvent amasser? Et qui ne retrouve sous cette histoire particulière de notre siècle l'histoire éternelle du cœur, l'Hamlet de Shakspeare, l'adolescent généreux ennobli par les caresses de la famille et les illusions de la jeunesse, qui tout d'un coup, tombé dans le bourbier de la vie, suffoque, se débat, sanglote, et finit par s'y installer ou s'y noyer?—Mais ce qui véritablement achève en lui le philosophe et le met au niveau des plus grands artistes, c'est la réunion de toutes ses œuvres en une œuvre unique. Chaque roman tient aux autres : les mêmes personnages reparaissent; tout s'enchaîne ; c'est un drame à cent tableaux ; chacun d'eux rappelle le reste ; jugez de l'effet par ce seul mot. A chaque page vous embrassez toute la comédie humaine. C'est un paysage disposé de manière à être aperçu entier à chaque détour. Les personnages se lèvent dans votre imagination avec le cortége innombrable des circonstances où vous les avez connus ; vous revoyez d'un coup d'œil leur parenté, leur pays, les origines de leur caractère et de leur fortune ; jamais artiste n'a concentré tant de lumière sur le visage qu'il voulait peindre ; jamais artiste n'a mieux paré à l'imperfection originelle de son art. Car le drame ou le roman isolé, ne comprenant qu'une histoire isolée, exprime mal la nature. Il ne découpe qu'un événement dans le vaste tissu des choses et supprime ainsi les attaches et les prolongements par lesquels cet événement se continue dans ses voisins ; parce qu'il choisit, il mutile, et il altère son modèle en le réduisant. C'est donc être exact que d'être grand : Balzac a saisi la vérité parce qu'il a saisi les ensembles ; sa puissance systématique a donné à ses peintures l'unité avec la force, avec l'intérêt la fidélité.

Elle y jette aussi plus d'un ridicule. On traversait une jolie scène ; tout à coup tombe une averse de métaphysique ; on s'essuie en grondant, et on saute deux pages au plus vite. On suivait un bon raisonnement ; tout à coup survient une de ces lois fantastiques improvisées par l'imagination et im-

posées au nom de la science[1]. On achevait une comédie piquante et touchante, la vie d'un pauvre chanoine chassé de sa pension bourgeoise ; tout d'un coup on se trouve plongé dans le galimatias emphatique que voici : « Nul doute que Troubert
« n'eût été en d'autres temps Hildebrand ou Alexan-
« dre VI. Nous vivons à une époque où le défaut
« des gouvernements est d'avoir moins fait la société
« pour l'homme que l'homme pour la société. Il
« existe un combat perpétuel entre l'individu et le
« système qui veut l'exploiter et qu'il tâche d'exploi-
« ter à son profit ; tandis que jadis l'homme réel-
« lement plus libre se montrait plus généreux pour
« la chose publique. Le cercle au milieu duquel
« s'agitent les hommes s'est insensiblement élargi ;
« l'âme qui peut en embrasser la synthèse ne sera
« jamais qu'une magnifique exception, car habi-
« tuellement, en morale comme en physique, le
« mouvement perd en intensité ce qu'il gagne en
« étendue. La société ne doit pas se baser sur des
« exceptions. D'abord l'homme fut purement et
« simplement père, et son cœur battit chaude-
« ment, concentré dans le rayon de sa famille. Plus

---

1. « Nathalie avait la taille ronde, signe de force, mais indice immanquable d'une volonté qui souvent arrive à l'entêtement chez les personnes dont l'esprit n'est ni vif ni étendu. Ses mains de statue grecque confirmaient les prédictions du visage et de la taille, en annonçant un esprit de domination illogique, le vouloir pour le vouloir. »

« tard, il vécut pour un clan ou pour une petite répu-
« blique. » Tout cela à propos d'un procès entre
deux chanoines et d'un bonhomme désolé, parce
qu'il ne trouve plus ses pantoufles. Si Balzac est philosophe, il est nébuleux, et s'il est savant, il est pédant.

## II

Voilà les matériaux de l'œuvre. Quand l'observateur et le philosophe avaient amassé ainsi les idées et les faits, l'artiste arrivait; peu à peu il s'animait; ses personnages prenaient une couleur ou une forme, ils commençaient à vivre; après avoir raisonné, il sentait; il voyait involontairement leurs gestes; leurs discours, leurs actions se formaient d'eux-mêmes dans son cerveau. La chaleur entrait dans cette lourde masse de métal péniblement accumulé de si loin et par tant de soins : il se fondait, il descendait dans le moule, et la statue nouvelle et toute brillante apparaissait. Mais par quels efforts et après quel travail ! Balzac n'a point la fougue, l'inspiration subite et heureuse, la divination facile et abondante du vrai et du beau. Naturellement il est obscur; ses expressions sont contournées; son premier jet est trouble, interrompu, incertain; il bouillonne comme l'eau dans un vase fermé, étouffé par un pesant couvercle qu'il soulève par saccades et ne peut briser. Sa lourde nature corporelle semble opprimer son invention native ; il a lutté contre lui-même autant que contre les événements. Il a écrit quarante volumes de mauvais romans, qu'il savait mauvais, avant d'aborder sa *Comédie humaine.* On vient de voir les amas d'études, sortes de constructions souterraines qui supportent chacune de ses œuvres, et on se souvient qu'il corrigeait, regrattait, refondait jusqu'à les rendre illisibles dix à douze épreuves de chaque roman. Et pourtant parfois c'était trop peu. Tous ses personnages ne vivent pas ; quelquefois, dans les plus vivants, une phrase ou une action fausse indique que l'inspiration a manqué ; la flamme de sa fournaise n'était pas assez intense ; des morceaux d'airain ont résisté et bossellent comme des difformités plusieurs de ses corps les plus musculeux et les plus grands. Il ne se transformait pas d'abord et de lui-même en son personnage ; il n'y arrivait que par degrés ; parfois il s'arrêtait en chemin, et sous le personnage, on aperçoit Balzac lui-même. Les *Mémoires de deux jeunes mariées,* Farrabesche dans *le Curé du village,* le père Fourchon dans *les Paysans,* presque tous ses grands hommes, presque toutes ses femmes honnêtes ou amoureuses, sont des statues à demi coulées qu'il faudrait remettre à la fonte. Le Parisien viveur, l'observateur raffiné et encyclopédiste, le physiologiste amateur de maladies morales, le philosophe nébuleux, matérialiste et mystique percent sous ces divers masques. Les tirades de Mme de Mortsauf sont presque aussi désagréables que les cencetti de Shakspeare. La comtesse Honorine, qui meurt par un excès de pudeur, écrit en mourant la lettre la plus indécente. Mme Claës, au lit de mort, laisse échapper des allusions physiologiques et des axiomes métaphysiques dont heureusement elle était incapable. La pauvre Eugénie Grandet, provinciale, naïve, presque cloîtrée, si réservée, si pieuse, si fière, écrit à son cousin, qui la plante là subitement et grossièrement, ce mot incroyable : « Soyez heureux selon les conventions sociales auxquelles vous sacrifiez nos premières amours. » Elle aurait usé son écritoire avant de trouver la première moitié de cette phrase; elle aurait brisé son écritoire plutôt que d'écrire les trois derniers mots.

Mais le plus souvent il sort de lui-même et devient son personnage. Sa fureur de travail surmonte tout; l'artiste opprimé sous le savant se dégage. Levé à minuit, assis douze heures de suite, enfermé chez lui pendant deux mois, perdant le sens des objets extérieurs, jusqu'à ne plus reconnaître les rues, il s'enivre de son œuvre[1], il en

[1] « Je n'ai pas une idée, je ne fais pas un pas qui ne soit la *Physiologie*. J'en rêve, je ne fais que cela. »

comble son imagination, il est hanté de ses personnages, il en est obsédé, il en a la vision; ils agissent et souffrent en lui, si présents, si puissants que désormais ils se développent d'eux-mêmes avec l'indépendance et la nécessité des êtres réels. Réveillé, il reste à demi plongé dans son rêve. Il croit presque aux événements qu'il raconte : « Je pars pour Alençon, pour Grenoble, où demeurent Mlle Cormon, M. Bénassis. » Il vient donner à ses amis des nouvelles de son monde imaginaire comme on en donne du monde véritable. « Savez-vous qui Félix de Vandenesse épouse? Une demoiselle de Grandville. C'est un excellent mariage qu'il fait là; les Grandville sont riches, malgré ce que Mlle de Bellefeuille a coûté à cette famille. » Il faut avoir cette puissance d'illusion pour créer des âmes [1]. Les êtres imaginaires ne naissent, n'existent et n'agissent qu'aux mêmes conditions que les êtres réels. Ils naissent de l'agglomération systématique d'une infinité d'idées, comme les autres de l'agglomération systématique d'une infinité de causes. Ils existent par la présence simultanée et la concen-

---

1. Un jour Jules Sandeau revenant d'un voyage parlait de sa sœur malade; Balzac l'écoute quelque temps, puis lui dit: « Tout cela est bien, mon ami, mais *Revenons à la réalité*; parlons d'Eugénie Grandet. » — Une autre fois Balzac décrit chez Mme Sophie Gay, un superbe cheval blanc qu'il veut donner à Sandeau, finit par croire qu'il l'a donné à Sandeau, en demande des nouvelles à Sandeau, etc. (Werdet).

tration involontaire des idées, comme les autres
par l'action simultanée et la concentration naturelle des causes. Ils agissent par l'impulsion indépendante et irréfléchie des idées composantes,
comme les autres par l'effort spontané et personnel
des causes génératrices. Le personnage alors se détache de l'artiste, s'impose à lui, le mène, et l'intensité de l'hallucination est la source unique de la vérité. Je crois que cette espèce d'esprit est le premier
de tous. Il n'y en a pas qui rassemble plus de choses
en moins d'espace. Telle action, tel mot de Vautrin,
de Bixiou, de Grandet, de Hulot, de Mme Marneffe,
exige et rappelle tous les traits de leur naturel et
toutes les circonstances de leur vie ; vous y apercevez, en un éclair, les vérités les plus inattendues
et les plus vastes, la psychologie des tempéraments, des sexes, des passions, l'homme entier et
l'humanité avec l'homme ; ce sont des raccourcis
d'abîmes. J'en citerai plus tard de longues suites ;
en voici deux seulement ; il s'agit de ce philosophe
de bagne, sorte d'Iago, moins méchant et plus dangereux que l'autre, qui a érigé la perversité en
principe et la prêche avec toute la verve du génie
et de la corruption. Il fait à Rastignac le budget
d'un intrigant du grand monde : « Votre blanchis-
sage vous coûtera mille francs ; *l'amour et l'église
veulent de belles nappes sur leurs autels.* » — Un peu
après, l'ayant presque embauché dans un assassi-

nat, il va lui prendre la main. « Rastignac retira vivement la sienne et tomba sur une chaise en pâlissant. Il croyait voir une mare de sang devant lui. — *Ah! nous avons encore quelques petits langes tachés de vertu*, dit Vautrin à voix basse. Papa d'Oliban a trois millions, je sais sa fortune. La dot vous rendra blanc comme une robe de mariée et à vos propres yeux. » Je ne crois pas que le cynisme et la misanthropie aient jamais inventé des mots plus poignants. — En voici un autre : Balthazar Claës, riche Flamand, devient chimiste, presque alchimiste, athée ; sa femme un jour pénètre dans son laboratoire, au milieu d'une expérience dangereuse ; il se jette sur elle, l'enlève comme une plume, atteint l'escalier parmi les éclats de verre brisé, et s'assied sur une marche, anéanti. « Ma chère, dit-il, je t'avais défendu de venir ici ; *les saints t'ont préservée de la mort.* » Dans cette prostration vous voyez que l'homme fait a disparu ; les superstitions enfantines seules ont subsisté ; il parle comme s'il avait douze ans. Il y a en effet plusieurs exemples de commotions cérébrales qui, supprimant la connaissance des langues apprises, ne laissaient dans le souvenir que la langue nationale ; les idées superposées s'écroulent ; il ne reste que les vieux fondements. Apparemment Balzac ici ne songeait guère à ce détail de pathologie ; mais l'inspiration est une divination.

Vous avez vu parfois une lourde chenille aux pattes multipliées, aux dents infatigables, s'endormir et se transformer dans l'épais réseau qu'elle s'est tissé; il en sort péniblement un papillon pesant, empêtré et nourri par les débris de sa chrysalide, et que ses ailes magnifiques et énormes emportent au plus haut de l'air. Tel est Balzac, soutenu et alourdi par la vigueur grossière de son tempérament, par l'entassement de sa science, et dont le génie ne se dégage qu'à force de patience, après mille retards, avec des imperfections visibles, par l'accumulation et le triomphe de la volonté.

## § III.

#### Style de Balzac.

### I

Lorsqu'on présente Balzac à un homme de goût qui sait bien le français et qui a été nourri dans les classiques, on assiste à la petite comédie que voici :

Notre homme manie avec un peu de crainte ces seize gros volumes. Voilà bien des choses à lire, et nouvelles ; les modernes écrivent trop. La Bruyère se plaignait déjà qu'on eût tout dit ; qu'est-ce que ce nouveau venu a pu trouver pour en dire si long?

Il se hasarde pourtant, avec précaution, et feuillette par essai, au hasard, quelques pages ; il tombe sur ce mot : « La matérialité la plus exquise est empreinte dans toutes les habitudes flamandes. »

Il ouvre de grands yeux, n'ayant jamais vu les empreintes de cet être rébarbatif, la matérialité. Il réfléchit un peu et se traduit tout bas la chose ; cela signifie sans doute : « Les Flamands sont raffinés dans leurs habitudes de bien-être. »

Un peu effarouché, il ouvre un autre volume et lit : « Il est impossible d'échapper au dilemme matériel et social qui résulte de ce bilan de la vertu publique en fait de mariage. » Cela est rude. Peut-être M. de Balzac eût mieux fait de dire simplement : « Les femmes mariées ne sont pas toutes honnêtes, c'est un mal, mais c'est un bien ; sans cela les hommes s'adresseraient trop bas. »

Pour se délasser (ces traductions sont pénibles), il demande une petite peinture simple ; on lui indique le curé de Tours ; il y a là une vieille fille tracassière et dévote : probablement M. de Balzac en parlera gaiement. Il rencontre ce début : « Nulle créature du genre féminin n'était plus capable que Mlle Sophie Gamard de formuler la nature élégiaque de la vieille fille. » *Créature, genre féminin, nature élégiaque*, suis-je au muséum d'anthropologie ? Il tourne la page, ses yeux s'arrêtent sur cette jolie phrase : « Telle était la substance des plantes jetées en avant par les *tuyaux capillaires* du grand conciliabule femelle. » Effectivement c'est un cours de botanique ; dans quel guêpier me suis-je fourré ? — Il saute vingt feuillets et lit trois fois avec un étonnement croissant la dernière page : « L'égoïsme apparent des hommes qui portent une science, une nation ou des lois dans leur sein, n'est-il pas la plus noble des passions et en quelque sorte la maternité des masses ? Pour enfanter des peuples neufs ou pour produire des idées nouvelles, ne doivent-ils pas unir dans leurs puissantes têtes les mamelles de la femme à la force de Dieu ? » — Jamais il n'a vu d'hommes ayant des mamelles dans la tête. Il frappe la sienne ; ses bras tombent, et il regarde en souriant le malheureux ami qui trouve cela beau.

Il prend haleine, et au bout d'une demi-heure se remet à la tâche. Il rencontre des « convictions immarcessibles », « les douleurs lancinantes d'un cancer » qui ronge l'âme, « un télégraphe labial. » Il trouve que le commis voyageur est un « pyrophore humain, un prêtre incrédule qui n'en parle que mieux de ses mystères et de ses dogmes. » Il apprend, entre la vente de deux chapeaux « qu'une nation qui a deux Chambres, qu'une femme qui prête ses deux oreilles sont également perdues, qu'Ève et son serpent forment le mythe éternel d'un fait quotidien qui a commencé, qui finira peut-être avec le monde. » Il juge que l'histoire d'un commis voyageur donne lieu à bien de belles morales ; il pose en principe que M. de Balzac est un encyclopédiste pédant ; s'il tolère ses grands mots, son argot scientifique, son fatras philosophique, c'est comme on supporte la pluie en novembre. Il lui reste deux choses à supporter.

Il ouvre *Eugénie Grandet*. Tout le monde lui a dit que c'est un chef-d'œuvre dans le genre simple ; certainement la première phrase sera simple ; un début l'est toujours ; voyons celui-ci : « Il se trouve dans certaines provinces des maisons dont la vue inspire une mélancolie égale à celle des cloîtres les plus sombres, les landes les plus ternes et les ruines les plus tristes. Peut-être y a-t-il en effet dans ces maisons et le silence du cloître, et l'aridité des landes et les ossements des ruines. » Quel début! M. de Balzac fait la grosse voix et annonce sa pièce avec la solennité empesée et formidable d'un montreur de marionnettes.

Le pauvre lecteur prend patience; il entame d'un air résigné un autre roman presque aussi célèbre, *le Lis dans la vallée*, un des favoris de l'auteur : « A quel talent nourri de larmes devrons-nous un jour la plus émouvante élégie, la peinture des tourments subis en silence par les âmes dont les racines tendres encore ne rencontrent que de durs cailloux sur le sol domestique, dont les premières frondaisons sont déchirées par des mains haineuses, dont les fleurs sont atteintes par la gelée au moment qu'elles s'ouvrent! » Tant de figures dès la première ligne! Ces métaphores se sont levées de bien grand matin! M. de Balzac ressemble à un peintre qui avant de peindre verserait un pot de rouge sur son tableau. Le mal de tête commence; le lecteur juge que ce style est plaqué, qu'il indique un écrivain laborieux et malheureux, coloriste en dépit de lui-même et par ordre. En effet, regardez plutôt ces passages pris entre vingt autres semblables. « Toutes les fabriques de produits intellectuels ont découvert un piment, un gingembre spécial, leur réjouissance. De là les primes, les dividendes anticipés ; de là ce rapt des idées que, semblables aux marchands d'esclaves en Asie, les entrepreneurs d'esprit public arrachent au cerveau paternel à peine écloses, et déshabillent, et traînent aux pieds de leur sultan hébété, leur *Shahabaham*, ce terrible public qui, s'il ne s'amuse pas, leur tranche la tête en leur retranchant leur picotin d'or. » M. de Balzac veut être poëte ; il le veut tant, qu'il le veut trop, il aboutit aux énigmes : « Caroline est une seconde édition de Nabuchodonosor ; car un jour, de même que la chrysalide royale, elle passera du velu de la bête à la férocité de la pourpre impériale. » Cela signifie qu'une femme bête peut devenir méchante. Les filles de Gorgibus parlaient ainsi.

Encore un effort ; qu'il en coûte d'aborder les grands écrivains modernes ! Jadis on entrait de plain-pied dans un beau livre ; aujourd'hui les abstractions et les métaphores obstruent la porte, aussi jolies et aussi commodes qu'une broussaille de houx. Voici le commencement du *Ménage de garçon.* « En 1790, la bourgeoisie d'Issoudun jouissait d'un médecin nommé Rouget, qui passait pour un homme profondément malicieux. » *Jouissait!* les portiers seuls disent encore. « Vous jouissez d'une mauvaise santé. » Je ne suis pas un portier, je n'aime pas qu'on me parle de ce style. — Notre lecteur continue par grâce, et trouve, en feuilletant çà et là, des phrases comme celle-ci (il s'agit d'un vieux colonel qui, dans un mouvement généreux, casse sa pipe) : « Les anges eussent peut-être ramassé les morceaux de la pipe. » — Ou bien : « Elle laissa échapper ce sourire des femmes résignées qui fendrait le granit. » Les mots *sublimes*, *délicieux*, *éblouissant*, *surhumain*, reviennent à chaque page. — Décidément M. de Balzac a de mauvaises manières ; il est grossier et charlatan ; il a le gros rire et la voix criarde des gens du peuple. Son style choque ou étourdit ; afin d'être fort, il le force ; pour s'échauffer, il se chauffe ; cela est malsain et je m'arrête là.

Là-dessus il vous rend les seize volumes et dit : « Quand je lis quelqu'un, c'est comme si j'admettais chez moi un homme bien élevé et sachant causer. M. de Balzac parle comme un dictionnaire des arts et métiers, comme un manuel de philosophie allemande et comme une encyclopédie des sciences naturelles. Si par hasard il oublie ces jargons, il reste de lui un ouvrier gouailleur qui polissonne et crie à la barrière. Si l'artiste enfin se dégage, je vois un homme sanguin, violent, malade, hors de qui les idées font péniblement explosion en style chargé, tourmenté, excessif. Pas un de ces gens ne sait causer, et je n'en admets pas un dans mon salon. »

## II

Ce jugement, tout français et classique, dérive des habitudes de vie et d'esprit du dix-septième siècle ; il suppose deux choses, l'une qu'on parle à des hommes du monde, l'autre que ces hommes forment leurs idées par analyse.

En effet, regardez tour à tour les habitudes d'analyse et de salon. Dans un salon, le premier devoir est de ne point déplaire ; le second, de plaire. Vous devez éviter aux gens, surtout aux femmes, tout langage spécial, ils ne l'entendraient pas ; les termes de chimie, de zoologie ou de banque feraient là le même effet que des cornues, des squelettes ou des registres étalés auprès des jardinières et sur les divans ; l'amour-propre souffrirait de ne point les comprendre ; le bon goût serait choqué de ces disparates ; la délicatesse répugnerait à ces souvenirs de travail et d'argent. Vous devez encore éviter tout jargon métaphysique ; vous auriez l'air de professer ; une soirée n'est pas une école ; d'ailleurs on s'y amuse, et jamais la métaphysique n'a diverti. Vous devez surtout éviter les mauvais gestes et les cris trop forts. Les gens ici sont riches, tout au moins oisifs, lettrés ; ils forment une sorte d'aristocratie; et l'aristocratie, par orgueil, par pruderie, par finesse de goût, rejette avec horreur tout ce qui sent le cabaret. Vous devez enfin être poli ; et tout homme poli évite les airs de grand homme, le ton prétentieux, les attitudes extraordinaires, impérieuses, qui recherchent l'attention et qui commandent les respects.

D'autre part, quand les hommes forment leurs idées par analyse, ils ne pensent que pas à pas ; un saut brusque les déroute ; ils exigent et mettent des transitions partout[1]. Ils ne veulent point que de la banque on les jette tout d'un coup dans l'astronomie, ni que d'un palais on tombe à l'instant dans une échoppe. Ils demandent que la seconde idée suive naturellement la première, que la page se développe en pensées de la même espèce et du même ordre, que pour arriver aux vérités très-générales l'auteur dresse l'échelle de toutes les vérités subordonnées et secondaires, qu'il expose d'abord des choses familières et des événements quotidiens, et que par degrés, insensiblement, il emmène le lecteur jusqu'aux réflexions élevées et inattendues. Ils lui prescrivent de comparer les choses nobles aux choses nobles et les objets vils aux objets vils, de trouver en des sujets religieux

---

1. Voyez, par exemple, les transitions de Boileau dans la *Satire des femmes*. Il en souffrait, mais s'y croyait astreint.

des figures pieuses, et des images joviales en des
sujets gais. Ils choisissent les mots d'après leur
racine et leur usage, n'emploient que les plus simples, imitent partout le style latin et antique, poursuivent sans cesse l'exactitude et la clarté. Ils ont
horreur des comparaisons extraordinaires, des expressions violentes, des accouplements de mots
disparates, des paradoxes de style, des bizarreries,
des raffinements, des coups d'imagination. Ils veulent qu'on leur parle une sorte d'algèbre élégante,
et que l'esprit, coulant d'une idée dans l'idée voisine, avance incessamment, uniformément, de
lui-même, sans déviation, sans effort et sans heurt.

Certes Balzac doit déplaire aux personnes qui
ont cet esprit et qui mènent cette vie. Mais on peut
répondre que tous les hommes ne mènent pas cette
vie et n'ont pas cet esprit. Changez les habitudes
de conduite et de pensée : à l'instant toutes les
règles de style se trouvent changées. Au lieu d'un
salon, mettez un club d'affaires politiques ; l'âpre
ironie, la polémique acharnée, les passions concentrées et haineuses, la solidité et la vulgarité de
l'esprit pratique remplaceront l'élégance et la
finesse. Pareillement, au lieu de causeurs qui analysent, mettez des peintres qui imaginent : les
images prodiguées, les bonds d'esprit brusques et
énormes, les figures triviales, décousues, éclatantes,
remplaceront les développements mesurés et régu-

liers. Bien plus, si vous portez dans le club le langage du salon, vous paraîtrez raffiné et fade ; on vous appellera freluquet et danseur. Si vous parlez aux peintres en style d'analyste, vous paraîtrez ennuyeux et terne ; on vous appellera académicien et bavard. Le bon style est l'art de se faire écouter et de se faire entendre ; cet art varie quand l'auditoire varie ; il déplaît à celui-ci parce qu'il plaît à celui-là ; ce qui est obscurité et ennui pour l'un devient clarté et attrait pour l'autre. Aucun n'a le droit d'imposer à autrui son plaisir et sa nature ; aucun n'a le droit d'emprunter à autrui sa nature et son plaisir. Il y a donc un nombre infini de bons styles ; il y en a autant que de siècles, de nations et de grands esprits. Tous diffèrent. Si vous écriviez aujourd'hui à la façon d'Hérodote et d'Homère, on vous traiterait d'enfant ; si vous parliez aujourd'hui à la façon d'Isaïe ou de Job, on vous fuirait comme un fou. Il y a entre les siècles et les esprits des barrières aussi fortes qu'entre les espèces et les instincts. La diversité de nature fonde chez les uns la diversité des instincts comme chez les autres la diversité des littératures ; l'histoire sociale n'est que le prolongement de l'histoire naturelle ; et la prétention de juger tous les styles par une seule règle est aussi énorme que le dessein de réduire tous les esprits à un seul moule et de reconstruire tous les siècles sur un seul plan.

Considérez donc l'auditoire de Balzac et sa structure d'esprit. Vous lui imposiez des habitudes de salon; est-ce qu'il y a aujourd'hui des salons ? Je vois bien encore une grande salle avec des fleurs, un piano, des bougies; mais c'est là tout. Les hommes après le dîner vont au fumoir; s'ils restent, vous les trouvez entassés dans un coin, ou par petits groupes. Ils parlent de politique, de chemins de fer, un peu de littérature, beaucoup d'affaires; ils sont venus pour « se mettre au courant, pour entretenir leurs relations. » De temps en temps l'un d'eux se détache, va saluer les dames qui font cercle, seules autour du feu ; l'abolition de la galanterie et de la cour les a mises là ; elles ne causent plus que de robes et de musique. Au bal, combien d'hommes dansent après vingt-cinq ans ? Et en vérité ils ont raison. Il faut les jolies joues du chevalier de Grammont, son habit rose ou vert pomme, ses dorures, ses rubans, ses dentelles pour un tel office; leur funèbre habit noir, leur air soucieux, leur sourire obligé y répugnent; en somme, ils ne sont bien qu'entre eux; leur vrai salon c'est un cercle; las d'affaires, de chiffres, de science et de travail, ils y vont lire les journaux. Presque tous hommes spéciaux, ils se sont frottés aux hommes spéciaux de toute espèce, et les jargons des métiers ou des sciences ne les offensent plus. Toutes les philosophies et toutes les littératures ont coulé sur eux, distillées par les gazettes, la conversation et les mille machines de vulgarisation qui alimentent la vie parisienne. Paris est à la fois un réservoir et un alambic où s'engorgent et se raffinent toutes les idées de l'univers. Ainsi dégoûtés et nourris, ils peuvent trouver du plaisir dans tout ordre de pensées, et ils ne souffrent de pensée que sous une forme frappante. Ils veulent être distraits, émus; ils ont besoin de nouveauté, de singularité et de surprise. Il leur reste, je le sais, un fond de modération, de politesse et d'élégance; Balzac, je l'accorde, par sa bizarrerie, sa pédanterie, son obscurité et son exagération, dépasse souvent ce que leur goût demande. Il n'importe, c'est là un auditoire original, complet, distinct des autres, ayant les droits des autres; s'il a ses défauts, il a ses mérites; s'il est moins poli et moins aimable que l'ancien, il est plus savant, il a l'esprit plus ouvert, il est plus expert en littérature. Vous voyez bien que Balzac a le droit d'être encyclopédiste, philosophe, violent et étrange, que ses habitudes de style conviennent à nos habitudes de vie, et que l'écrivain est autorisé par le public.

Regardons maintenant l'écrivain; vous lui imposez vos habitudes d'analyse : il en a d'autres, puisqu'il est artiste; et les siennes valent les vôtres, puisque comme vous il se fait entendre de ses pareils. Votre esprit ressemble à la table d'un bon livre de zoologie ou de physique ; les idées s'y ordonnent d'elles-mêmes en séries continues, progressives. Elles naissent divisées et classées : leur départ se fait naturellement et d'abord. Elles trouvent des cases préparées d'avance, et chaque famille entre dans la sienne sans perdre un seul de ses membres, sans recevoir un seul membre étranger. Ce n'est pas ainsi que l'artiste crée. Toutes ses facultés s'émeuvent à la fois ; chez lui, le philosophe, l'encyclopédiste, le médecin, l'observateur se lèvent ensemble. Et il le faut bien, puisque les matériaux fournis par toutes ces facultés concourent ensemble à fournir les actions et les paroles du personnage qu'il fait agir et parler. Si elles s'y employaient tour à tour et isolées, elles ne produiraient que des créatures mutilées et des êtres abstraits. Chez lui les idées s'amassent et se cristallisent par blocs, dans tous les coins du creuset, selon tous les hasards et les inégalités de l'inspiration, sans cadres symétriques et faits d'avance, pêle-mêle ; ici un mot éblouissant qui peint en raccourci un caractère, près de lui une maxime générale, au même endroit une pointe de raillerie, tout le chaos bouillonnant des images, des réflexions et des sentiments. Vos mots sont des notations, ayant chacun sa valeur exacte, fixée par la racine et ses alliances ; les siens sont des symboles dont la rêverie capricieuse invente le sens et l'emploi. Il a été sept ans,

dit-il, à comprendre ce qu'est la langue française.
La vérité est qu'il l'a étudiée profondément[1], mais
à sa façon, comme d'autres qu'on accuse aussi
d'être des barbares. Pour eux, chaque mot est, non
un chiffre, mais un éveil d'images; ils le pèsent,
le retournent, le scandent : pendant ce temps, un
nuage d'émotions et de figures fugitives traverse
leur cerveau; mille nuances de sentiments, mille
souvenirs confus, mille aperçus brouillés, un bout
de mélodie, un fragment de paysage, se sont en-
tre-croisés dans leur tête ; le mot, est pour eux l'ap-
pel soudain de ce monde vague d'apparitions éva-
nouies. Quelle distance entre ce sens et celui des
grammairiens! Mais c'est un sens; vous ne devez
pas le nier parce qu'il vous échappe. Il y a là une
espèce d'architecture, nouvelle, il est vrai, mais
aussi vaste que l'ancienne, qui ne doit ni imposer
ses règles à l'autre, ni subir les règles de l'autre,
et qui, comme sa rivale, a ses beautés.

D'abord la grandeur, la richesse et la nouveauté.
Ce style est un chaos gigantesque; tout y est : les
arts, les sciences, les métiers, l'histoire entière,
les philosophes, les religions, il n'est rien qui n'y
ait fourni des mots. On parcourt, en dix lignes, les
quatre coins de la pensée et du monde. Il y a ici

---

1. Voyez pour preuve le style admirable et original des *Contes
drolatiques*, tout semblable aux carnations de Jordaëns.

une idée swedenborgienne, à côté une métaphore
de boucher ou de chimiste, deux lignes après un
bout de tirade philosophique, puis une gaudriole,
une nuance d'attendrissement, une demi-vision de
peintre, une période musicale. C'est un carnaval
extraordinaire de métaphysiciens grimauds, de
silènes paillards, de savants blêmes, d'artistes dé-
gingandés, d'ouvriers en sarrau, chamarrés et ca-
paraçonnés de toutes les magnificences et de toutes
les friperies, coudoyant les costumes et les défro-
ques de tous les siècles, ici un haillon, là-bas une
robe d'or, la pourpre cousue aux loques, les diamants brodant les guenilles, toute cette foule tour-
billonnant et suant dans la poussière et dans la
lumière, sous les flamboiements du gaz dont l'âpre
éclat ruisselle et éblouit. Vous êtes choqué d'abord;
puis l'habitude vient, bientôt la sympathie et le
plaisir. Vous êtes remué par cette irruption de figures étranges, par cette largeur des perspectives,
par cette immense et soudaine ouverture de tous
les horizons. Bientôt ces bizarreries vous piquent;
vous vous complaisez dans une métaphore inattendue; votre esprit aperçoit entre des objets infiniment distants un lien inconnu. Les mille filets par
lesquels toutes les choses se rejoignent et se tiennent d'un bout de l'univers à l'autre entrelacent
sous vos yeux leur réseau inextricable. La chimie
explique l'amour; la cuisine touche à la politique;

la musique ou l'épicerie sont parentes de la philosophie. Vous voyez plus de choses et plus d'attaches entre les choses; au lieu d'un jardin commode et bien planté, c'est le fouillis obscur et énorme d'une grande forêt.

Avec l'esprit, bientôt le cœur s'émeut; sous le fourmillement tumultueux de ces idées regorgeantes, on sent une chaleur qui croît. Ces expressions violentes, ces images ramassées dans l'hôpital et dans le bagne, ces accouplements d'expressions inouïes, cette ardeur du style étouffé d'idées qu'il ne peut contenir annoncent un degré de souffrance, d'effort et de génie qu'on ne trouve point ailleurs. Il lutte contre la lourdeur de sa nature et l'encombrement de sa science; sa fournaise intérieure s'embrase plus ardente sous la masse qui l'écrase et qu'elle finit par soulever. On prend part à ce labeur et à cette victoire; on souffre de cet acharnement de l'inspiration obstruée, de ces exploits de la volonté fiévreuse; mais on est pénétré de cette passion qui grandit et de cette puissance qui triomphe. L'impression est maladive, mais si forte qu'on ne l'oublie plus. Ainsi troublé et emporté, on ne s'étonne plus de cette profusion d'images; elles percent la masse bouillonnante comme ces flammes de pourpre et de rose qui voltigent au-dessus d'un creuset. Il a des yeux de peintre; involontairement et volontairement il voit les couleurs et les

formes; il en a besoin; les abstractions aboutissent
chez lui aux tableaux; au détour d'un raisonnement, il tombe dans un paysage. Je copie la description d'une journée et d'un bouquet; voici ce que
l'imagination et la passion ont fait de la botanique :
« Avez-vous senti dans les prairies, au mois de
mai, ce parfum qui communique à tous les êtres
l'ivresse de la fécondation, qui fait qu'en bateau
vous trempez vos mains dans l'onde, que vous li-
vrez au vent votre chevelure, que vos pensées re-
verdissent comme les touffes forestières? Une petite
herbe, la flouve odorante, est le principe de cette
harmonie voilée. Aussi personne ne peut-il la garder impunément auprès de soi. Mettez dans un
bouquet ses lames luisantes et rayées comme une
robe à filets blancs et verts, d'inépuisables exhalai-
sons remueront au fond de votre cœur les roses
en bouton que la pudeur y écrase.... Au fond du col
évasé de la porcelaine, supposez une forte marge
uniquement composée de touffes blanches particulières au tédum des vignes en Touraine : vague
image des formes souhaitées, roulées comme celles
d'une esclave soumise. De cette assise sortent des
spirales de liserons à cloches blanches, les brin-
dilles de la bugrane rose, mêlées de quelques fou-
gères, de quelques jeunes pousses de chêne aux
feuilles magnifiquement colorées et lustrées; toutes
s'avancent prosternées, humbles comme des saules

pleureurs, timides et suppliantes comme des prières. Au-dessus, voyez les fibrilles déliées, fleuries, sans cesse agitées, de l'amourette purpurine, qui verse à flots ses anthères presque jaunes ; les pyramides neigeuses du paturin des champs et des eaux ; la verte chevelure des bromes stériles ; les panaches effilés de ces agrostis nommés les épis du vent : violâtres espérances dont se couronnent les premiers rêves, et qui se détachent sur le fond gris de lin où la lumière rayonne autour de ces herbes en fleur. Mais déjà plus haut quelques roses du Bengale clair-semées parmi les folles dentelles du glaucus, les plumes de la linaigrette, les marabouts de la reine-des-prés, les ombellules du cerfeuil sauvage, les blonds cheveux de la clématite en fruits, les mignons sautoirs de la croisette au blanc de lait, les corymbes des mille-feuilles, les tiges diffuses de la fumeterre aux fleurs roses et noires, les vrilles de la vigne, les brins tortueux des chèvrefeuilles ; enfin tout ce que ces naïves créatures ont de plus échevelé, de plus déchiré ; des flammes et de triples dards, des feuilles lancéolées, déchiquetées, des tiges tourmentées comme de vagues désirs entortillés au fond de l'âme. Du sein de ce prolixe torrent d'amour qui déborde, s'élance un magnifique double pavot rouge accompagné de ses glands prêts à s'ouvrir, déployant les flammèches de son incendie au-dessus des jasmins étoilés et dominant la pluie incessante du pollen, beau nuage qui papillote dans l'air en reflétant le jour dans ses mille parcelles luisantes. Quelle femme enivrée par la senteur d'aphrodise cachée dans la flouve ne comprendra ce luxe d'idées soumises, cette blanche tendresse troublée par des mouvements indomptés, et ce rouge désir de l'amour qui demande un bonheur refusé dans ces luttes cent fois recommencées de la passion contenue, infatigable, éternelle? Tout ce qu'on offre à Dieu n'était-il pas offert à l'amour dans ce poëme de fleurs lumineuses qui bourdonnait incessamment ses mélodies au cœur en y caressant des voluptés cachées, des espérances inavouées, des illusions qui s'enflamment et s'éteignent comme les fils de la Vierge dans une nuit chaude? »

La poésie orientale n'a rien de plus éblouissant ni de plus magnifique ; c'est un luxe et un enivrement ; on nage dans un ciel de parfums et de lumière, et toutes les voluptés des jours d'été entrent dans les sens et dans le cœur, tressaillantes et bourdonnantes comme un essaim tumultueux de papillons diaprés.

Évidemment cet homme, quoi qu'on ait dit et quoi qu'il ait fait, savait sa langue; même il la savait aussi bien que personne; seulement il l'employait à sa façon.

## § IV.

#### Le monde de Balzac.

Dans sa préface de la *Comédie humaine*, Balzac annonce le dessein d'écrire l'*histoire naturelle* de l'homme; son talent était d'accord avec son dessein; de là l'espèce et les traits de ses figures : tel père, tels enfants. Quand on sait de quelle manière un artiste invente, on peut prévoir ses inventions.

Aux yeux du naturaliste, l'homme n'est point une raison indépendante, supérieure, saine par elle-même, capable d'atteindre par son seul effort la vérité et la vertu, mais une simple force, du même ordre que les autres, recevant des circonstances son degré et sa direction. Il l'aime pour elle-même ; c'est pourquoi, à tous ses degrés, dans tous ses emplois, il l'aime; pourvu qu'il la voie agir, il est content. Il dissèque aussi volontiers le poulpe que l'éléphant ; il décomposera aussi volontiers le portier que le ministre. Pour lui, il n'y a pas d'ordures. Il comprend et manie des forces ; c'est là son plaisir, il n'en a pas d'autre ; il ne dit pas : Le beau spectacle ! mais : Le beau sujet !

Et les beaux sujets sont les êtres curieux, importants dans la science, capables de mettre en relief quelque type notable, quelque déformation singulière, propres à révéler des lois étendues et nouvelles. De pureté, de grâce, il ne s'en inquiète guère ; à ses yeux un crapaud vaut un papillon ; la chauve-souris l'intéresse plus que le rossignol. Si vous êtes délicat, n'ouvrez pas son livre ; il vous décrira les choses telles qu'elles sont, c'est-à-dire fort laides, crûment, sans rien ménager ni embellir ; s'il embellit, ce sera d'une façon étrange ; comme il aime les forces naturelles et n'aime qu'elles, il donne en spectacle les difformités, les maladies et les monstruosités grandioses qu'elles produisent lorsqu'on les agrandit.

L'idéal manque au naturaliste ; il manque encore plus au naturaliste Balzac. On a vu qu'il n'a point cette vive et agile imagination, par laquelle Shaskspeare effleure et manie les fils déliés qui unissent les êtres ; il est lourd, péniblement et obstinément enfoncé dans son fumier de science, occupé à compter toutes les fibres qu'il dissèque, avec un tel encombrement d'outils et de préparations repoussantes, que lorsqu'il sort de sa cave et revient à la lumière, il garde l'odeur du laboratoire où il s'est enfoui. La vraie noblesse lui manque ; les choses délicates lui échappent ; ses mains d'anatomiste souillent les créatures pudiques ; il enlaidit la laideur. Mais il triomphe quand il s'agit de peindre la bassesse. Il se trouve bien dans l'ignoble, il y habite sans répugnance; il suit avec un contentement intérieur les tracasseries de ménage et les tripotages d'argent. Avec un contentement égal, il développe les exploits de la force. Il est armé de brutalité et de calcul; la réflexion l'a muni de combinaisons savantes; sa rudesse lui ôte la crainte de choquer. Personne n'est plus capable de peindre les bêtes de proie, petites ou grandes. Telle est l'enceinte où le pousse et l'enferme sa nature; c'est un artiste puissant et pesant, ayant pour serviteurs et pour maîtres des goûts et des facultés de naturaliste. A ce titre, il copie le réel, il aime les monstres grandioses, il peint mieux que le reste la bassesse et la force. Ce sont ces matériaux qui vont composer ses personnages, rendre les uns imparfaits et les autres admirables selon que leur substance s'accommodera ou répugnera au moule dans lequel elle doit entrer.

I

Au plus bas sont les gens de métier et de province. Jadis ils n'étaient que des grotesques, exagérés pour faire rire ou négligemment esquissés dans un coin du tableau. Balzac les décrit sérieusement; il s'intéresse à eux ; ce sont ses favoris, et il a raison, car il est là dans son domaine. Ils sont l'objet propre du naturaliste. Ils sont les espèces de la société, pareilles aux espèces de la nature. Chacune d'elles a ses instincts, ses besoins, ses armes, sa figure distincte. Le métier crée des variétés dans l'homme, comme le climat crée des variétés dans l'animal; l'attitude qu'il impose à l'âme étant constante, devient définitive; les facultés et les penchants qu'il comprime s'atténuent; les facultés et les penchants qu'il exerce s'agrandissent ; l'homme naturel et primitif disparaît; il reste un être déjeté et fortifié, formé et déformé, enlaidi, mais capable de vivre. Cela est repoussant, peu importe; ces difformités acquises plaisent à l'esprit de Balzac. Il entre volontiers dans la cuisine, dans le comptoir et dans la friperie; il ne se rebute d'aucune odeur et d'aucune souillure; il a les sens grossiers. Bien mieux ou bien pis, il se trouve à son aise dans ces âmes; il y rencontre la sottise en pleine fleur, la vanité épineuse et basse, mais surtout l'intérêt. Rien ne l'en écarte, ou plutôt tout l'y ramène; il triomphe dans l'histoire de l'argent; c'est le grand moteur humain, surtout dans ces bas-fonds où l'homme doit calculer, amasser et ruser sous peine de vie. Balzac prend part à cette soif de gain, il lui gagne notre sympathie, il l'embellit, par l'habileté et la patience des combinaisons qu'il lui prête. Sa puissance systématique et son franc amour pour la laideur humaine ont construit l'épopée des affaires et de l'argent. De là ces salons de province, où les gens hébétés par le métier et par l'oisiveté viennent en habits fripés et en cravates roides causer des successions ouvertes et du temps qu'il fait; sortes d'étouffoirs où toute idée périt ou moisit, où les préjugés se hérissent, où les ridicules s'étalent, où la cupidité et l'amour-propre, aigris par l'attente, s'acharnent par cent vilenies et mille tracasseries à la conquête d'une préséance ou d'une place. De là ces bureaux de ministère où les employés s'irritent, s'abrutissent ou se résignent, les uns cantonnés dans une manie, faiseurs de calembours ou de collections, d'autres inertes et mâchant des plumes, d'autres inquiets comme des singes en cage, mystificateurs et bavards, d'autres installés dans leur niaiserie comme un escargot dans sa coque, heureux de minuter leurs paperasses en belle ronde irréprochable, la plupart faméliques et rampant par des souterrains fangeux pour empocher une gratification ou un avancement. De là ces boutiques éclaboussées par la fange de Paris, assourdies du tintamarre des voitures, obscurcies par la morne humidité du brouillard, où de petits merciers flasques et blêmes passent trente ans à ficeler des paquets, à persécuter leurs commis, à aligner des inventaires, à mentir et à sourire. De là surtout ces petits journaux, la plus cruelle peinture de Balzac, où l'on vend la vérité et surtout le mensonge, où l'on débite de l'esprit à telle heure et à tant la ligne, « absolument comme on allume un quinquet, » où l'écrivain harcelé de besoins, affamé d'argent, forcé d'écrire, se traite en machine, traite l'art en cuisine, méprise tout, se méprise lui-même, et ne trouve d'oubli que dans les rgies de l'esprit et des sens. De là ses prisons, ses tables d'hôte, son Paris, sa province, et ce tableau toujours le même, toujours varié, des difformités et des cupidités humaines. Au fond elles lui plaisent; ce sont ses héros, puisqu'il les couronne : Scapin, qu'il appelle Rastignac, est fait ministre d'État; Turcaret, qu'il nomme Nucingen, devient pair de France, trente fois millionnaire. La plupart de ses fripons se trouvent à la fin riches, titrés, puissants, députés, procureurs généraux, préfets, comtes. La dorure est une sorte d'auréole, la seule dont ils soient capables; à l'exemple de la société et de la nature, il la pose complaisamment sur leur habit.

## II

Ses gens d'esprit ont son esprit. Ne cherchez jamais en eux l'ironie mesurée et discrète, arme de la raison et du bon goût, la finesse délicate, la justesse de style, l'aisance tranquille et fière d'un homme bien élevé qui est sûr de sa pensée, de son rang et de ses façons. Ils ont une verve bourbeuse et violente qui jette à flots et qui entre-choque les trivialités et la poésie, l'argot de la banque et les figures de l'ode, sorte d'ivresse malsaine et puissante comme celle que donnerait un vin brûlant et frelaté. Ils parlent en artistes et en gamins, touchant tout et cassant tout, la philosophie et la politique, la vérité et la vertu. Paris a mis entre leurs mains toutes les idées; ils polissonnent avec elles à la façon des sceptiques et des enfants qui volontiers feraient des cocottes avec une Charte ou un Évangile. « Tu ferais pot-bouille avec une actrice qui te rendrait heureux, voilà ce qui s'appelle une question de cabinet. Mais vivre avec une femme mariée!... c'est tirer à vue sur le malheur. » Et ailleurs : « Reprochez-vous à ce pauvre Rastignac d'avoir vécu aux dépens de Mme de Nucingen? D'abord, abstraitement parlant, comme dit Royer-Collard, la question peut soutenir la *critique de la raison pure;* quant à celle de la raison impure.... » Cela continue ainsi pendant deux cents pages : calembours, idées étranges et profondes, allusions scabreuses, métaphores flamboyantes, caricatures subites et subitement rompues, style de banquier, de prédicateur, de commissaire de police et de peintre ; leur langage ressemble à ces tas d'ordures parisiennes où l'on trouve pêle-mêle tous les débris de l'extrême richesse et de l'extrême misère, des restes de dentelles et des épluchures de choux. Cela fait du terreau puissant, je vous l'accorde, mais accordez-moi qu'il est infect. « Mon effervescence première, dit l'un d'eux, me cachait le mécanisme du monde ; il a fallu le voir, se cogner à tous les rouages, entendre le cliquetis des chaînes et des volants, se graisser aux huiles. » Un autre lui crie : « Ta plaisanterie est vieillotte ! ta phrase est plus connue qu'un remède secret ! » J'en passe et de plus belles. La source de ce style est la désillusion ; l'expérience les a bronzés et brisés ; ils jugent la vie laide et sale, et ils jettent de la boue avec colère et avec plaisir contre l'essaim brillant des beaux songes qui viennent bourdonner et voltiger au seuil de la jeunesse. Il faut dire que le désenchantement, pour les saisir à la gorge, a pris la plus laide forme, celle de créancier ; la lettre de change, les protêts, les recors, la saisie sont leur compagnie ordinaire ; leurs phrases involontairement en gardent la mémoire ; derrière tous leurs châteaux en Espagne ils entrevoient Clichy à l'horizon. Pour achever de les rendre tristes, Balzac les rend philosophes ; ils dissertent sur leur siècle, sur la vie, sur l'histoire ; amèrement comme des vaincus, ou brutalement

comme des tyrans, mais toujours en style de vi-
veurs misanthropes qui entre deux bouteilles de
champagne s'amusent à flétrir l'homme et à dis-
séquer la société. Voilà un nouveau genre de
divertissement, propre à Paris, à Balzac et au
dix-neuvième siècle : la philosophie du dégoût,
professée en termes d'école et de cuisine, au milieu des verres cassés et des papiers timbrés, par
des artistes devenus à demi financiers, à demi
malades et à demi coquins.

### III

Le naturel des femmes se compose de finesse
nerveuse, d'imagination délicate et agile, de réserve innée et acquise. C'est dire que presque toujours il échappe à Balzac. Parfois je le sais, son
talent d'observateur triomphe ; il a si bien regardé
et tant réfléchi qu'il a peint avec vérité quelques
jeunes filles honnêtes et tendres : la Fosseuse,
Evelina, Eugénie Grandet, Marguerite Claës. Çà et
là pourtant ces chastes figures ont des taches ;
mais dans les autres les fautes sont telles, que le
portrait en est tout gâté. L'homme au tempérament
grossier, le philosophe pédant, le physiologiste
habitué des salles de dissection, percent sous le
masque mal attaché de la femme honnête. Elles

ont des *mots d'auteur*. Mme Claës, Espagnole ignorante, femme d'intérieur et de ménage, dit à son mari. « La vie du cœur comme la vie physique, a ses actions.... La gloire est le soleil des morts. » Mme de Mortsauf répond à Félix de Vaudenesse qu'elle ne peut pas l'aimer parce qu'elle se doit à ses enfants et à son mari malade : « Ma confession ne vous a-t-elle pas assez montré les trois enfants auxquels je ne dois jamais faillir, sur lesquels je dois faire pleuvoir une rosée réparatrice, et faire rayonner mon âme sans en laisser adultérer la moindre parcelle ? » Ces deux femmes, Mme Graslin et beaucoup d'autres, étaient nées certainement prophétesses et bas-bleus. La pudeur, autant que le bon goût, leur manque. Modeste Mignon, écrivant à un jeune homme qu'elle aime et qu'elle n'a vu qu'une fois, se récrie sur les jolis gants « qui moulaient sa main de gentilhomme. » Mme de Mortsauf, que l'auteur présente comme une madone, commet cinq ou six actions presque lestes, et sa dernière lettre lève bien visiblement et bien haut le rideau de l'alcôve conjugale. La vérité est que Balzac y entre trop ; sans doute il est utile de mettre le pied dans le cabinet de toilette, à la façon d'une femme de chambre, ou l'œil au trou de la serrure à la façon d'un commissaire de police ; mais si cela désenchante, cela empêche d'enchanter. Je n'ai plus de plaisir devant une belle toilette quand on m'en donne la facture et qu'on m'en démontre le mécanisme. Je n'ai plus de sympathie pour un joli ménage[1], quand on me compte les cuvettes d'eau fraîche et les flacons de vinaigre employés tous les soirs pour entretenir la beauté. Je n'ai plus d'admiration pour une femme vertueuse, quand, au bout d'une belle action, je la vois se poser en pied comme une actrice et réciter une tirade de drame. Quand Balzac veut peindre la vertu, la religion et l'amour, il rencontre l'enflure pénible d'une sublimité fausse, la banalité fardée d'une phraséologie officielle, la concupiscence d'une imagination dévergondée et d'un tempérament échauffé; ses beaux portraits de femmes sont ailleurs. Ce sont d'abord les grotesques, pauvres sottes prétentieuses, taquines ou niaises, Mme Soudry, Mlle Rogron, Mlle Gamard, la grande Nanon, Mlle Cormon, et cent autres, déformées par la vie de province, le métier, les soins du ménage, les tracasseries, les commérages, n'ayant pour poésie qu'une dévotion machinale et l'art de frotter leurs meubles, piquées sourdement par la griffe du diable que Balzac, leur gros libertin de père, ne manque jamais d'aiguiser. Ce sont aussi les intrigantes, Mme Camusot par exemple, sorte de procureurs en jupons, plus cruels et plus rusés que les autres,

---

1. *Ferragus, Mémoires de deux jeunes mariées.*

artificieuses, âpres au gain, implacables, plus dangereuses que les hommes, parce qu'elles ont moins de scrupules, moins de craintes et plus de passions. Ce sont encore les malades, Mme Graslin, Mme d'Aiglemont, créatures délicates, que l'ignorance, la pureté, l'imagination ont rendues trop sensibles, et qui, tombées tout d'un coup dans la platitude de la vie et dans les brutalités du mariage, languissent, s'exaltent, s'abattent, et finissent par se perdre ou se faner. Partout où il y a une difformité ou une plaie, Balzac est là ; il fait son métier de physiologiste ; personne n'a si bien décrit la laideur et le malheur, et beaucoup de gens l'en louent, disant que c'est là tout l'homme. Le mariage, comme l'argent, est sa place d'armes ; il y revient toujours ; c'est le grand arsenal de nos misères. A la vérité, il veut l'égayer, et s'affuble d'une robe de pédant pour vous divertir. Il secoue l'arbre de la science, et vous donne à croquer les pommes les plus vertes. Vous mangez et vous essayez de rire ; mais au fond vous avez envie de pleurer. *Les scènes de la vie conjugale* sont un chef-d'œuvre ; mais quel triste chef-d'œuvre ! « Tu trouvais ton *idéal*, toi ! un bel homme toujours si bien mis, en gants jaunes, la barbe faite, bottes vernies, linge blanc, la propreté la plus exquise, aux petits soins ! » En effet, tel est l'idéal. « Et des promesses de bonheur, de liberté ! On entendait rouler dans ses moindres mots des chevaux et des voitures. Armand me faisait l'effet d'un mari de velours, d'une fourrure en plumes d'oiseau dans laquelle tu allais t'envelopper. » J'achève, ou plutôt Cécilie de Marville achève : « Donner cinq cent mille francs à son compagnon d'infortune ! Oh ! maman ! j'aurai voiture et loge aux Italiens ! » L'homme épouse une dot et une bonne tenue, la femme épouse une calèche et une frisure. De là un bonheur conjugal vraiment unique, chacun tirant à soi, tous deux trompés dans leurs espérances, usant de leur esprit pour se picoter en secret et s'aimer en public. Mettez tous ces vices et toutes ces forces ensemble, vous aurez le bas-bleu et la lorette ; Mme de Bargeton, Mme de la Baudraye, Mme Schontz, Esther, Josépha ; ce sont dans Balzac les plus parfaites figures de femmes. Sa pédanterie, son style prétentieux, ses phrases à longue queue et à ramages, sa sensualité à demi couverte, conviennent au bas-bleu, qui est une courtisane d'imagination et qui fait des orgies d'esprit. Son audace, son dévergondage de style, sa verve brutale et fangeuse, ses nerfs d'artiste, son goût pour la magnificence et le plaisir, sa science de la vie et son cynisme conviennent à la courtisane qui exploite le monde et qui en jouit.

## IV

Il y a pourtant des gens vertueux dans Balzac, car il y en a dans la nature; mais les siens sont d'une espèce particulière, et portent, comme le reste, la marque de leur auteur. Le poëte moraliste, Corneille par exemple, pose ses héros debout tout d'abord. Ils veulent être héros, ils le sont; nulle autre cause; leur volonté suffit et se suffit à elle-même pour se fonder et s'expliquer. Le naturaliste pense autrement; à ses yeux la volonté a ses causes; quand l'homme marche, c'est qu'il est poussé; quelque ressort a remué dans « l'automate spirituel » et a remué le reste. Pour lui la vertu est un produit, comme le vin ou le vinaigre, excellent à la vérité, et qu'il faut avoir chez soi en abondance, mais qui se fabrique, comme les autres, par une série connue d'opérations fixes, avec un effet mesurable et certain. Ordinairement elle n'est que la transformation ou le développement d'une passion ou d'une habitude; l'orgueil, la roideur d'esprit, la niaiserie obéissante, la vanité, le préjugé, le calcul y aboutissent; les vices contribuent à la faire, pareils à ces substances infectes qui servent à distiller les plus précieux parfums. Le juge Popinot est une sorte de *petit manteau bleu*, bienfaiteur systématique et habile de tout son quartier ; mais sa bienfaisance s'est tournée en manie, et l'on voit qu'il aime les pauvres comme un joueur aime le jeu. Le marquis d'Espard, ayant appris que la moitié de sa fortune vient d'une confiscation criminelle obtenue il y a deux cents ans, découvre, après mille peines, l'héritier légitime, et lui rend son bien ; mais sa probité héroïque est nourrie par l'orgueil nobiliaire, et chacun devine qu'il veut effacer une tache de son blason. Le notaire Chesnel sacrifie sa fortune, presque son honneur, et sauve la famille d'Esgrignon par des prodiges de dévouement entassés. Mais ce zèle est une passion de vieux domestique, et le lecteur découvre dans l'aveuglement et dans les éclats de son amour la fidélité animale et involontaire d'un chien. Les Pillerault, les Birotteau sont probes par habitude et par orgueil de négoce, par étroitesse d'éducation et d'esprit. Certainement, nous pouvons les admirer encore ; mais notre admiration diminue au spectacle des sources de leur vertu, d'autant plus que ces sources versent en eux la sottise et le ridicule aussi abondamment que la beauté. Birotteau lâche à chaque minute des phrases de parfumeur et de niais ; Pillerault est une dupe politique ; Popinot vit dans la crasse et montre les habitudes d'un automate judiciaire. Balzac compte les bégaiements, les verrues, les tics, toutes les petites misères, toutes les grandes laideurs qui se rencontrent dans l'homme vertueux comme dans les autres. C'est le rendre visible, mais c'est l'amener du ciel en terre; il le fait réel, mais il l'amoindrit. Il l'amoindrit d'une autre façon encore; car il ne peint jamais d'autres sources de vertus, les plus pures de toutes, la grandeur d'idées qui a soutenu Marc-Aurèle, et la délicatesse d'âme qui a guidé Mme de Clèves. Il a besoin de l'enfer pour encourager ses saintes. Les bienfaits de Bénassis et de Mme Graslin ne sont que les calculs d'un grand remords. Mme Hulot, Mlle Cormon, Mme de Mortsauf placent à gros intérêts sur la terre, afin d'être mieux payées dans le ciel. La vertu ainsi présentée n'est qu'un prêt à usure et sur gages. C'est la plus laide idée de Balzac. Que le naturaliste nous désenchante, on s'y résigne; mais que l'artiste supprime en nous l'élévation et la finesse, on se révolte, et on lui répond que s'il les abolit dans les autres, c'est probablement parce qu'il ne les trouve point en lui.

## V

En effet, son idéal est ailleurs. Ses médecins n'ont pas de plus grand plaisir que la découverte d'une maladie étrange ou perdue; il est médecin et fait comme eux. Il a décrit maintes fois [1] des passions contre nature, telles qu'on ne peut pas même les indiquer ici. Il a peint avec un détail infini et une sorte d'entrain poétique l'exécrable vermine qui pullule et frétille dans la boue parisienne, les Cibot, les Rémonencq, les Mme Nourrisson, les Fraisier, habitants venimeux des bas-fonds obscurs, qui, grossis par la lumière concentrée de son microscope, étalent l'arsenal multiplié de leurs armes et l'éclat diabolique de leur corruption. Il est allé chercher dans tous les recoins et dans toutes les fanges les créatures étranges ou malsaines qui vivent en dehors de la loi et de la nature, des joueurs, des entremetteuses, des bohêmes, des usuriers, des forçats, des espions; il a si bien pénétré dans leur être, il a si fortement lié et équilibré tous leurs ressorts, il a rendu leur naturel si nécessaire et leurs actions si conséquentes, qu'en les détestant on les admire, et que l'imagination qui voudrait s'en détourner ne s'en détache plus. Ce sont en effet les héros du naturaliste et du rude artiste que rien ne dégoûte; ils sont les curiosités de sa galerie. Vous passez vite devant ses honnêtes femmes indélicates, devant ses prêtres emphatiques, devant

---

[1]. *La Fille aux yeux d'or*, **Sarrasine**, *Vautrin*, *une Passion dans le désert*.

ses grands hommes nébuleux ou bavards ; le beau n'est point ici ; un muséum n'est point un musée. Mais vous vous arrêtez devant ses gens de métier et d'affaires, chacun casé sous sa vitrine, étalant les arrêts et les excès de développement qui le rangent dans son espèce ; devant ses gens d'esprit, tous éblouissants, pervertis et dégoûtés ; devant ses femmes malades, ses commères de province, ses dames auteurs et ses lorettes ; devant ses hommes vertueux, préparés comme les autres par la triste méthode anatomique, et qui tous tirent leurs vertus de leurs préjugés, de leurs manies, de leurs calculs ou de leurs vices ; devant les êtres excentriques ou difformes qu'il a réservés et mis en saillie comme pièces d'élite. Attendez encore un instant, il va lever un rideau et vous verrez dans une salle distincte les monstres de la grande espèce ; il les aime encore mieux que les petits.

## § V.

##### Les grands personnages.

Si vous croyez que dans la nature humaine la pièce essentielle est la raison, vous prendrez pour héros la raison, et vous peindrez la générosité et la vertu. Si vos yeux s'appliquent à la machine extérieure et ne s'attachent qu'au corps, vous choisirez le corps pour idéal, et vous peindrez des chairs voluptueuses et des muscles vigoureux. Si vous voyez dans la sensibilité la partie importante de l'homme, vous ne verrez de beauté que dans les émotions vives, et vous peindrez les accès de larmes et les sentiments délicats [1]. Votre opinion sur la nature fera votre opinion sur la beauté; votre idée de l'homme réel formera votre idée de l'homme idéal; votre philosophie dirigera votre art. C'est ainsi que la philosophie de Balzac a dirigé l'art de Balzac. Il considérait l'homme comme une force; il a pris pour idéal la force. Il l'a affranchie de ses entraves; il l'a peinte complète, libre, dégagée de la raison qui l'empêche de

---

1. Par exemple Corneille, Rubens, Dickens.

se nuire à elle-même, indifférente à la justice qui l'empêche de nuire aux autres ; il l'a agrandie, il l'a nourrie, il l'a déployée, et l'a donnée en spectacle, au premier rang, comme héroïne et comme souveraine, dans les monomanes et dans les scélérats.

Comment rendre beaux la folie et le vice ? Comment gagner notre sympathie à des bêtes de proie et à des cerveaux malades ? Comment contredire l'usage presque universel de toutes les littératures et mettre l'intérêt et la grandeur à l'endroit précis où elles ont ramassé le ridicule et l'odieux ? Qu'y a-t-il de plus honni que le soudard grossier, poursuivi de quolibets et de mésaventures depuis Plaute jusqu'à Smollett ? Regardez, le voilà qui se transforme ; Balzac l'explique : vous apercevez les causes de son vice ; vous vous pénétrez de leur puissance et vous prenez part à leur action. Vous êtes transporté par la logique et vous voyez disparaître la moitié de votre scandale et de votre dégoût. Philippe Brideau est un soldat dépravé par le métier et la famille, par le succès et le malheur. Officier à dix-huit ans, il a eu pour éducation la campagne de Waterloo, les trahisons et les débandades; puis, au Texas, le spectacle de l'égoïsme et de la brutalité américaine. Lieutenant-colonel et deux fois décoré, du plus haut des rêves de la jeunesse, de l'ambition et du succès, il est retombé dans sa famille ruinée, pauvre hère opprimé et suspect, encagé comme un lion derrière le grillage d'une caisse, habitant haineux des bas-fonds du théâtre et de la presse, bientôt malade des débauches où il se roule pour s'assouvir et se distraire, puis conspirateur et jeté en prison au sortir de l'hôpital. Il a été endurci par le spectacle et l'exercice de la force; il a été aigri par l'humiliation de la défaite et les privations de la misère; il a été corrompu par la compagnie des escrocs, par l'habitude de l'orgie, par l'indulgence de sa famille, par l'adoration de sa mère, par l'impunité de ses premiers crimes. Vous étonnez-vous maintenant qu'il étale et pratique le mépris de la justice et des hommes ? Ce courant de cause emporte l'esprit comme un fleuve. On ne se rebute plus des grossièretés de Philippe, on veut les voir; son caractère les exige et fait que nous les exigeons. Bien plus, l'atrocité les recouvre ; à force d'insensibilité il devient grand. Il n'y a plus rien d'humain en sa nature ; il exploite tout et il foule tout. Ayant volé sa caisse, il effraye sa mère par une feinte de suicide ; on l'embrasse, on pleure, on lui offre à genoux la fortune de la famille : « Tiens! se dit-il, l'annonce a fait son effet. » Voilà sa reconnaissance. — Il a filouté le dernier argent de la vieille Descoings, sa seconde mère, et le lendemain la trouve mourante : « Vous me chassez, n'est-ce pas ? Ah ! vous jouez ici le mélodrame du *Fils banni?* Tiens, tiens ! voilà comme vous prenez les choses? Eh bien! vous êtes tous de jolis cocos. Qu'ai-je donc fait de mal? J'ai pratiqué sur les matelas de la vieille un petit nettoyage. L'argent ne se met pas dans la laine, que diable! Et voilà. » C'est là son repentir. — Il a été nourri par un vieux camarade d'armée et de débauches, Giroudeau; devenu riche, il l'éconduit et le fait disgracier : « C'est, dit-il, un homme sans mœurs.» Voilà son amitié. — Il a épousé une femme de basse origine pour avoir un million, arrivé à Paris, il la jette dans le demi-monde, puis dans la plus basse ordure, il l'y laisse mourir de misère et de maladies. Voilà sa loyauté conjugale. — Il a tué sa mère par la brutalité de son ingratitude. Un camarade député par la famille le supplie de venir la voir au lit de mort, il se met à rire : « Eh! que diable veux-tu que j'aille faire là? Le seul service que puisse me rendre la bonne femme est de crever le plus tôt possible. Je suis un vieux chameau qui se connaît en génuflexions. Ma mère veut, à propos de son dernier soupir, me tirer une carotte pour mon frère. Merci. » C'est là sa piété filiale. — Qui pense encore à la grossièreté fougueuse du viveur et du soudard? L'horreur ici noie la crapule; c'est l'éclat inhumain et sinistre d'une statue d'airain. — Balzac y ajoute la force; l'éducation qui a perverti Philippe l'a cuirassé; sabreur et joueur, parmi les chances de la guerre et de la roulette, il a gagné ce sang-froid qui donne à l'homme la possession de soi-même et la domination sur autrui. Il a « le regard qui plombe les imbéciles », la dissimulation qui trompe le public, le coup d'œil qui saisit l'occasion. Écoutez de quel style, avec quelle hauteur de mépris, avec quel flegme de corps de garde il endoctrine son oncle, vieil imbécile exploité par sa servante et par l'amant de sa servante. « Bonjour, Messieurs, dit-il aux visiteurs ; je promène mon oncle, comme vous voyez, et je tâche de le former, car nous sommes dans un siècle où les enfants sont obligés de faire l'éducation de leurs grands-parents.... Je vous tuerai Maxence comme un chien. Vous me prendrez chez vous à sa place, je vous ferai alors marcher cette jolie fille au doigt et à l'œil. Oui, Flore vous aimera, tonnerre de Dieu ! ou si vous n'êtes pas content d'elle, je la cravacherai.... Vous vivrez ensemble comme des cœurs à la fleur d'orange une fois son deuil passé ; car elle se tortillera comme un ver, elle jappera, elle fondra en larmes. Mais.... laissez couler l'eau. » Jamais le cynisme et le dédain ont-ils trouvé une expression plus poignante et plus amère ? Philippe sangle et saigne les hommes comme un bétail, en cavalier et en boucher. Il est si fort qu'il prodigue sa force ; il fait sauter le sabre des mains de Maxence, lui dit de le ramasser, puis le tue après l'avoir insulté de son pardon. Il est aussi grand calculateur que duelliste, empoche la succession de son oncle, se débarrasse de son oncle, de sa femme, de ses amis, de sa mère, s'installe devant le public en beau costume ofüciel de générosité et d'honneur, gagne des croix, un titre, des millions, et touche au faîte. Pour l'achever, Balzac lui donne la philosophie du vice ; un scélérat n'est pas complet s'il ne l'est par principe ; il faut qu'il sache ce qu'il fait et ce qu'il vaut, qu'il s'en glorifie, qu'il appelle sa cruauté justice, qu'il insulte à la vertu comme aux hommes, qu'il appuie ses crimes sur l'autorité du droit, qu'il les érige en maximes, qu'il les étale dans toute la gloire de la raison, sous toute la clarté du ciel. L'impudence et la théorie sont sa dernière couronne : écoutez Philippe : « Les femmes, dit-il, sont des enfants méchants ; c'est des bêtes inférieures à l'homme, et il faut s'en faire craindre ; car la pire condition pour nous c'est d'être gouvernés par ces brutes-là. » Et ailleurs : « Je suis un parvenu, mon cher, je ne veux pas laisser voir mes langes ! Mon fils, lui, sera plus heureux que moi, il sera grand seigneur. Le drôle souhaitera ma mort, je m'y attends bien, ou il ne sera pas mon fils. » Vous voyez qu'il se fait justice, et s'assied dans sa brutalité comme dans un lit glorieux et commode ; Machiavel et Borgia n'eussent pas mieux dit. Qu'importent sa fin et les deux ou trois coups de hasard qui le ruinent et le tuent? Une pierre peut tomber dans la plus belle machine, casser un ressort, et déconcerter le reste; la machine n'en reste pas moins un chef-d'œuvre. Qu'elle déchire et broie, je n'y pense plus; je ne songe qu'à l'enchaînement géométrique de ses rouages d'acier, aux formidables dents grinçantes de ses engrenages froissés, à l'invincible élan du volant qui disparaît dans sa vitesse, au lugubre éclat du fer meurtri qui brille et crie; l'artiste m'a vaincu, m'a emporté, m'a ébloui, et je ne sais plus et je ne veux plus qu'admirer son œuvre.

Celui-ci encore pouvait devenir poétique; il y a dans le soudard la hardiesse et le flegme, et Balzac n'a eu qu'à les étaler pour le relever. Mais que faire de l'avare? Qu'y a-t-il de grand dans un usurier grimé, ratatiné, inquiet, attaché à faire des comptes, à rogner ses dépenses et à grignoter le bien d'autrui? Comment écrire après Molière et pour contredire Molière? Qu'est-ce qu'Harpagon, sinon un grotesque que le poëte diffame et soufflette pour nous amuser et nous corriger? Comptez tous ces ridicules : trouvez-vous une place où la beauté puisse se loger? Sa lésine est d'autant plus basse qu'il est né riche bourgeois, et que son rang l'oblige à garder valets, diamants et voitures. Qu'y a-t-il de plus vil qu'un usurier à carrosse inventeur de mets économiques, thésauriseur de chandelles et grippe-sou ? Il est raillé par ses voisins, vilipendé par ses domestiques ; il laisse son fils s'endetter et sa fille s'enfuir ; il veut prêter sur gages, et l'affaire manque ; il veut cacher son argent, et on le lui vole ; il veut se marier, et on lui prend sa maîtresse ; il tâche d'être galant, et il est imbécile ; il pleure, et le spectateur rit. Que de moyens pour rendre un personnage grotesque ! Donc en prenant les moyens contraires, on rendra le personnage poétique ; l'être ridicule et bas se trouvera tragique et grandiose ; Harpagon retourné deviendra Grandet. Faisons-le paysan, tonnelier, piocheur de vignes ; sa mesquinerie deviendra excusable : s'il compte les morceaux de sucre au déjeuner du matin, s'il cloue de ses mains les caisses de son neveu, s'il appelle sa servante auprès de lui pour économiser une chandelle, c'est que les habitudes durent, que le jeune homme persiste dans le vieillard, et que l'âme garde toujours l'attitude qu'elle a prise d'abord : nous en aurions fait autant à sa place, et nous supportons ici la ladrerie qui nous choquait ailleurs. Harpagon, maladroit, bafoué, et dupe, était un sujet de rire ; Grandet, habile, honoré et heureux, deviendra un objet de crainte. Il exploite ses gens et sa famille, ses amis et ses ennemis. Il a pris pour servante une campagnarde taillée en grenadier, dont personne ne voulait, en qui il a imprimé un dévouement machinal et la fidélité d'une bête de somme. Il a choisi pour femme une ménagère dévote, soumise par religion, par délicatesse et par bêtise, qui lui laisse prendre ses épargnes et évite de lui demander un sou. Il a dressé sa fille à l'économie stricte, et profite de sa vertu filiale pour lui dérober l'héritage auquel elle a droit. Ils se débarrasse de son neveu ruiné, et trouve moyen de faire le généreux en lui prenant ses bijoux à un taux de juif. Il est respecté par les plus riches bourgeois, qui lui font la cour espérant épouser sa fille. Il tire d'eux vingt services, recevant de l'un des consultations gratuites, envoyant l'autre à Paris pour arranger ses affaires. Il profite de toutes les passions, de toutes les vertus, de toutes les misères, véritable diplomate, calculateur obstiné, si attentif et si prudent, qu'il dupe les gens d'affaires et se joue de la loi avec la loi. Il a commencé avec deux cents louis et finit avec dix-sept millions. La splendeur de l'or couvre ici la laideur du vice, et l'avarice glorifiée s'assoit sur le succès comme sur un trône. Pour la porter plus haut encore, Balzac la munit de toutes les forces de l'esprit et de la volonté. Grandet est tellement supérieur, que d'ordinaire il consent à faire le sot ignorant et humble, bredouillant, disant que sa tête se casse, qu'il n'entend rien aux complications des affaires, jusqu'à ce que ses adversaires oublient leur défiance et lui livrent leurs secrets.

Il se moque d'eux, il s'amuse à les faire courir et suer, il se joue de leur attente et de leurs révérences : « Entrez, Messieurs, dit-il à ses visiteurs, gens huppés de la ville, je ne suis pas fier, je rafistole moi-même la marche de mon escalier. » Et il les fait asseoir devant son unique chandelle, côte à côte avec sa servante. Il s'installe dans son avarice comme Brideau dans sa brutalité ; il s'étale en maximes avec une précision et une conviction atroce. Quand son frère s'est tué et que son neveu pleure : « Il faut laisser passer la première averse ; mais ce jeune homme n'est bon à rien, il s'occupe plus des morts que de l'argent. » Rirez-vous d'un homme après de telles paroles ? Cette sentence est un coup de couteau qui tranche d'un trait la racine de l'humanité et de la pitié. Son vice en lui est un dogme embrassé avec l'âpreté de la volonté et l'acharnement de l'amour. Il est tyran chez lui et terrible ; ses femmes tremblent sous son regard ; ce sont ses « linottes, » petites bêtes gentilles à qui on donne de temps en temps un grain de mil, mais à qui d'un coup de pouce on tordrait le cou. La passion gronde à travers ses expressions sarcastiques et crues : « Je ne vous donne pas *mon* argent pour embucquer de sucre ce jeune drôle. — Tiens ! de la bougie ? Les garces démoliraient le plancher de ma maison pour cuire des œufs à ce garçon-là ! » On est emporté par la véhémence et les éclats de sa colère; on voit qu'à ce degré le vice ne reçoit ni frein ni mesure, qu'il brise tout et foule tout, et se rue à travers les sentiments et le bonheur des autres, comme un taureau à travers une maison ou une église. « A quoi vous sert de manger le bon Dieu six fois tous les trois mois, si vous donnez l'or de votre père en cachette à un fainéant qui vous dévorera votre cœur quand vous n'aurez plus que ça à lui prêter? » Sa femme le supplie au nom de Dieu. « Que le diable emporte ton bon Dieu ! » On a peur ici de la nature humaine; on sent qu'elle renferme des gouffres inconnus où tout peut s'engloutir, tout à l'heure la religion, à présent la paternité. Lorsque sa fille signe l'acte par lequel elle renonce à l'héritage de sa mère, il pâlit, sue, défaille presque, puis tout d'un coup l'embrasse à l'étouffer. « Va, mon enfant, tu donnes la vie à ton père. Voilà comme doivent se faire les affaires. La vie est une affaire. Je té bénis. Tu es une vertueuse fille qui aime bien son papa. » Cette trivialité, cette bénédiction jetée en manière d'appoint, ces cris saccadés et étranglés de l'avare qui étouffe le père, sont horribles. A cette hauteur et avec ces actes, la passion atteint la poésie; et peut-être un pareil avare n'est-il qu'un poëte à huis clos et dévoyé. Il nage en imagination sur son fleuve d'or. Il parle de son trésor avec les vivantes et caressantes expressions d'un amoureux et d'un artiste. « Allons, va le chercher, le mignon. Tu devrais me baiser sur les yeux pour te dire ainsi des secrets de vie et de mort sur les écus. Vraiment, les écus vivent et grouillent comme les hommes; ça va, ça vient, ça sue, ça produit. » A la fin, ses yeux restent des heures entières collés sur des piles de louis, comme pour se nourrir de leur scintillement; « ça me réchauffe », dit-il. Le trouvez-vous grotesque encore? Que de joies a goûtées cet homme! Il a joui de son or par les yeux comme un peintre; il a vogué comme un poëte parmi les inventions et les espérances de cent mille féeries resplendissantes; il a savouré le long plaisir continu du succès croissant, de la victoire répétée, de la supériorité sentie, de la domination établie; il n'a souffert ni par le cœur, ni par l'argent, ni par les privations, ni par les remords; il est mort au bout de l'extrême vieillesse, dans la possession et dans la sécurité, dans l'entier assouvissement de sa passion maîtresse, dans le silence des autres désirs amortis ou arrachés. Si Corneille écrivait la généreuse épopée de l'héroïsme, Balzac écrit la triomphante épopée de la passion.

Ceux-là encore échappent à la laideur par leur puissance; choisissons une passion qui soit une faiblesse; au lieu d'une bête de proie, prenons un fou; cherchons un vice qui fasse non un tyran, mais un esclave, et qui dévore le cœur et la vie de celui qui le porte, au lieu de ravager la vie et le bonheur d'autrui. Il en est un, le plus bafoué de tous, plastron commun de la comédie antique et de la comédie moderne, le libertinage des vieillards amoureux qu'on dupe, qu'on vole et qu'on chasse. Celui-là aussi, pour Balzac, va devenir un héros; car qu'importe l'homme? Est-ce à Grandet ou à Brideau que je m'intéresse? Que sont-ils aux yeux de l'artiste, sinon le piédestal d'une statue qui est leur passion? C'est elle qu'il admire, car c'est elle qui est grande, éternelle, souveraine et dévastatrice de la nature et du monde humain. Sa puissance est pareille et pareillement visible lorsqu'elle brise les objets qui l'entourent ou le vase qui la contient. Il est beau de la voir entrer comme un poison dans un corps vigoureux et sain, brûler son sang, tordre ses muscles, le soulever en soubresauts, l'abattre, puis décomposer lentement la masse inerte qu'elle ne lâche plus. Le baron Hulot d'Ervy, un des grands administrateurs de l'Empire, à demi ministre, père de la plus florissante famille, adoré par la plus belle et la plus vertueuse des femmes, homme d'esprit, d'invention, de résolution et d'expérience, magnifique, aimable, s'est laissé peu à peu infecter de ce venin. Les femmes d'Opéra ont dévoré sa fortune; il n'a plus d'argent pour soutenir sa maison et marier sa fille, et sa passion accrue par l'habitude est devenue une obsession. « Et tout cela pour une femme qui me trompe, qui se moque de moi quand je ne suis pas là, qui m'appelle un vieux *chat teint!* Oh!... c'est affreux qu'un vice coûte plus cher qu'une famille à nourrir.... Et c'est irrésistible.... Je te promettrais à l'instant de ne jamais retourner chez cette abominable israélite, si elle m'écrit deux lignes, j'irais comme on allait au feu sous l'Empereur. » Un vice ainsi enraciné devient une monomanie. Le fumeur d'opium qui voit son camarade râler dans un coin de la taverne dit : « Voilà pourtant comme je serai dans trois mois, » et il se retourne pour charger sa pipe; la passion prend l'homme et le tire de son croc de fer, par un mouvement prévu et invincible, dans l'ornière sanglante et fangeuse de toutes les hontes et de toutes les douleurs. Renvoyé par sa cantatrice, Hulot s'est épris d'une jolie femme, qui semble une femme honnête, la plus dangereuse courtisane qu'on ait peint, égale à la Cléopatre de Shakspeare, reine pour l'audace, artiste pour la fougue et les inventions. Dans ce gouffre s'engloutissent les débris de sa fortune. Il engage ses traitements, il signe des lettres de change, il vend son crédit, il laisse sa femme sans pain, il envoie son oncle, brave paysan, obéissant comme un soldat, piller dans les fournitures d'Afrique. Le père, l'homme prudent, l'administrateur, l'honnête homme dis-

paraissent par degrés sous le débauché. Le vice
monte en lui comme une marée, noyant l'humanité, le sens commun et l'honneur. Dans cette dé-
bâcle, il découvre que sa maîtresse le trompe et
pour deux rivaux ; elle-même le lui dit en face avec
un soudain éclat d'insolence et d'insulte. Il demande grâce, le malheureux! Il consent à donner
une place au mari ; il reconnaît l'enfant ; bien plus,
il se croit aimé, il pleure d'attendrissement ; ses
yeux sont bouchés, il boit toute honte, sans plus
rien sentir ; possédé d'une idée fixe, il n'aperçoit
plus les autres ; il avance comme un enfant qui, le
regard arrêté sur un fruit, court en trébuchant à
travers les épines et les fanges ; à peine s'il est désabusé lorsque le couple d'escrocs le fait sur-
prendre en flagrant délit d'adultère et lui extorque
les derniers restes de son crédit et de son bien. Au
même instant, la montagne de misères que son
vice vient d'accumuler croule sur lui d'un seul
choc. Son fils chancelle sous le poids des lettres
de change ; sa femme, traînée par l'extrême désespoir et le plus sublime dévouement jusqu'au bord
du déshonneur, tombe mourante ; son vieux frère,
austère républicain, meurt en trois jours : son oncle,
emprisonné pour lui, se poignarde dans son cachot
avec un clou. Foudroyé par les mépris du prince
son patron, chassé de ses places, déclaré voleur, il
s'abat « quasi dissous » sous la ruine des fortunes

qu'il a brisées, parmi les sanglots des familles qu'il
a déshonorées, au glas des deux morts qu'il a
causées. En est-ce assez? Et la poésie physiologique
s'arrêtera-t-elle à cette agonie de l'honneur? La
logique la traîne plus loin, des convulsions grandioses jusqu'à l'inertie flasque de la dissolution et
de la mort. Désormais Hulot n'est plus un homme,
« mais un tempérament. » La délicatesse, l'élégance, l'amour, tout ce qui peut embellir ou ex-
cuser le vice s'est anéanti pour lui; il n'en reste
qu'une habitude et un besoin. Il descend jusqu'à
emprunter de l'argent à la cantatrice, son ancienne
maîtresse. Il vit avec des grisettes, quittant l'une,
puis l'autre, « comme un roman lu, » parmi des
ivrognes d'estaminet, des figurants, des claqueurs
et la plus immonde canaille, lui-même, digne des
drôles qu'il voit, toujours endetté et poursuivi, à
la fin écrivain public dans une échoppe, ayant
acheté avec de l'argent et des pralines une pauvre
innocente enfant de quinze ans. Son avilissement se
tourne en idiotisme; il tombe jusqu'à une sorte
d'instinct machinal et physique. Retrouvé par sa
femme qui veut le rendre à sa famille sauvée et à
sa fortune restaurée, il lui dit : « Je veux bien, mais
pourrai-je emmener la petite? » C'est le geste
aveugle et horrible d'un affamé qui s'accroche en
tâtonnant à son dernier morceau de pain. Pour
achever, il s'amourache d'une grosse Normande,

maritorne de sa cuisine : « Ma femme n'a pas longtemps à vivre, lui dit-il, et si tu veux, tu pourras être baronne. » Sa pauvre femme malade meurt de ce mot qu'elle entend, et la cuisinière devient baronne. Quelle fin et quel mot ! mais quelle suite et quel ensemble ! Lucrèce n'a rien fait de plus puissant, lorsque, avec une verve désespérée et une logique intraitable, il a décrit la peste d'Athènes et fait de la peste son héros.

Arrêtons-nous ici ; ces trois portraits feront juger des autres. Balzac, comme Shakspeare, a peint les scélérats de toute espèce : ceux du monde et de la bohême, ceux du bagne et de l'espionnage, ceux de la banque et de la politique[1]. Comme Shakspeare il a peint les monomanes de toute espèce : ceux du libertinage et de l'avarice, ceux de l'ambition et de la science, ceux de l'art, de l'amour paternel et de l'amour[2]. Souffrez dans l'un ce que vous souffrez dans l'autre. Nous ne sommes point ici dans la vie pratique et morale, mais dans la vie imaginaire et

---

1. Vautrin, Mme Marneffe, de Marsay, Nucingen, Philippe Brideau, La Palférine, Maxime de Trailles, etc.
Comparez Richard III, Iago, lady Macbeth, Macbeth, Regane, Gonerille, etc.
2. Claës, Hulot, Grandet, Goriot, Louis Lambert, Marcas, Frauenhofer, Sarrazine, Facino Cane, etc. Dans Gambara et Massimilla Doni, petit roman en deux parties, il y a sept monomanes.
Comparez Coriolan, Hamlet, Lear, Othello, Antoine, Hotspur, Juliette, Léonatus, Timon, etc.

idéale. Leurs personnages sont des spectacles, non
des modèles ; la grandeur est toujours belle, même
dans le malheur et dans le crime. Personne ne vous
propose d'approuver et de suivre ; on vous demande
seulement de regarder et d'admirer . J'aime mieux
en rase campagne rencontrer un mouton qu'un
lion ; mais derrière une grille, j'aime mieux voir
un lion qu'un mouton. L'art est justement cette
sorte de grille; en ôtant la terreur, il conserve
l'intérêt. Désormais, sans souffrance et sans danger,
nous pouvons contempler les superbes passions,
les déchirements, les luttes gigantesques, tout le
tumulte et l'effort de la nature humaine, soulevée
hors d'elle-même par des combats sans pitié et des
désirs sans frein. Et certes, ainsi contemplée, la
force émeut et entraîne. Cela nous tire hors de nous-
mêmes ; nous sortons de la vulgarité où nous traîne
la petitesse de nos facultés et la timidité de nos instincts. Notre âme grandit par spectacle et par contre-
coup ; nous nous sentons comme devant les lutteurs
de Michel-Ange, statues terribles dont les muscles
énormes et tendus menacent d'écraser le peuple
de pygmées qui les regarde ; et nous comprenons
comment les deux puissants artistes se trouvent
enfin dans leur royaume, loin du domaine public,
dans la patrie de l'art. Shakspeare a trouvé des
mots plus frappants, des actions plus effrénées, des
cris plus désespérés ; il a plus de verve, plus de fo-

lie, plus de flamme ; son génie est plus naturel, plus abandonné, plus violent ; il invente par instinct, il est poëte ; il voit et fait voir par subites illuminations les lointains et les profondeurs des choses, comme ces grands éclairs des nuits méridionales, qui d'un jet soulèvent et font flamboyer tout l'horizon. Celui-ci échauffe et allume lentement sa fournaise ; on souffre de ses efforts ; on travaille péniblement avec lui dans ces noirs ateliers fumeux, où il prépare à force de science les fanaux multipliés qu'il va planter par milliers, et dont les lumières entre-croisées et concentrées vont éclairer la campagne. A la fin, tous s'embrassent ; le spectateur regarde : il voit moins vite, moins aisément, moins splendidement avec Balzac qu'avec Shakspeare, mais les mêmes choses, aussi loin et aussi avant.

## § VI.

### La philosophie de Balzac.

Le signe d'un esprit supérieur, ce sont les vues d'ensemble. Au fond, elles sont la partie capitale de l'homme; les autres dons ne servent qu'à préparer ou à manifester celui-là; s'il manque, ils restent médiocres; sans une philosophie, le savant n'est qu'un manœuvre et l'artiste qu'un amuseur. De là le rang éminent d'Ampère en physique, de Geoffroy Saint-Hilaire en zoologie, de M. Guizot en histoire. De là aussi le rang de Balzac dans le roman.

### I

Il avait des idées générales sur tout, tellement que ses livres en sont encombrés et que leur beauté en souffre. Quelles sont les causes, les suites et les alliances de chaque faculté et de chaque passion, quels sont les effets privés ou publics de chaque condition et de chaque profession, comment on fait et on défait sa fortune, les cent mille vérités sur l'homme et sur les hommes qui composent l'expé-

rience du monde, tout cela est dans son œuvre ; il
y a des traités sur le mariage, sur le commerce,
sur la banque, sur la faillite, sur l'administration,
sur la famille, sur la presse. Il raisonne et ses personnages raisonnent à chaque instant. Cette abondance
de pensées fait leur grandeur ; presque toujours leurs
paroles valent la peine d'être méditées. Chacun
arrive avec la masse de réflexions accumulées par
toute une vie ; et toutes ces masses opposées et
liées les unes aux autres composent par leur union
et leur contraste l'encyclopédie du monde social.

Qu'est-ce que ce monde, et quelles forces le mènent ? Aux yeux du naturaliste Balzac, ce sont les passions et l'intérêt. La politesse les orne, l'hypocrisie
les déguise, la niaiserie les couvre de beaux noms ;
mais au fond, sur dix actions, neuf sont égoïstes. Et
il n'y a là rien de bien surprenant ; car dans ce grand
pêle-mêle, chacun est confié à soi-même ; la constante pensée de l'animal est de se nourrir et de se
défendre ; et l'animal persiste dans l'homme, avec
cette différence que, la conception de l'homme étant
plus vaste, ses besoins et ses dangers sont plus grands.
C'est pourquoi Balzac considère la société comme
un conflit d'égoïsmes, où la force triomphe guidée
par la ruse, où la passion perce sourdement et violemment les digues qu'on lui oppose, où la morale
acceptée consiste dans le respect apparent des convenances et de la loi. Cette vue triste et dangereuse

l'est d'autant plus, qu'il fait des scélérats hommes de génie, qu'en donnant la théorie du vice il le rend involontairement intéressant et excusable, qu'il peint médiocrement les sentiments élevés et fins, qu'il peint admirablement les sentiments grossiers et bas, et que de temps en temps emporté par son sujet il jette des maximes contraires à la paix publique et peut-être même alarmantes pour l'honneur[1]. D'ailleurs cette amère philosophie manque chez lui de son contre-poids naturel, l'histoire, qu'il savait mal; il oubliait que si l'homme aujourd'hui offre beaucoup de vices et de misères, l'homme autrefois en offrait bien davantage, que l'expérience agrandie a diminué la folie de l'imagination, l'aveuglement de la superstition, la fougue des passions, la brutalité des mœurs, l'âpreté des souffrances, et que chaque siècle on voit s'accroître notre science et notre puissance, notre modération

---

1. « Les gens vertueux ont presque toujours de légers soupçons de leur situation; ils se croient dupés au grand marché de la vie. »                         (*Les Parents pauvres.*)

« Il ignorait qu'à trente-six ans, à l'époque où l'homme a jugé les hommes, les rapports et les intérêts sociaux, les opinions pour lesquelles il a sacrifié son avenir, doivent se modifier chez lui comme chez tous les hommes vraiment supérieurs. »
                                          (*La vieille fille.*)

« Il vit le monde comme il est, les lois et la morale impuissantes chez les riches, et vit dans la fortune *l'ultima ratio mundi.* »                               (*Le Père Goriot.*)

et notre sécurité. Pour philosopher sur l'homme, ce n'est pas assez d'une observation exacte, il faut encore une observation complète; et la peinture du présent n'est point vraie sans le souvenir du passé.

Car aussitôt que l'on considère le passé, on est tenté de trouver le présent beau et honnête. Au fond, rien n'est plus trompeur que ces mots de beauté et de bonté, rien n'est plus dangereux que de les employer à juger le monde. Il ne faut jamais dire que le monde est mauvais, ni le contraire. Ainsi employés, ces mots signifient seulement que les choses sont belles ou laides par comparaison à certains objets; c'est pourquoi si on les compare à des objets différents, ces mêmes choses prendront un nom et une qualité contraires. La vérité est qu'il y a dans le monde une mesure de bien qui paraît grande si on la compare à une moindre, petite si on la compare à une plus grande, et qui, de même que toute quantité, n'est ni grande ni petite en soi. Vous trouvez l'homme misérable et mauvais; c'est qu'au fond du cœur vous avez une image de la vie heureuse et juste, et que, rapprochant notre vie de celle-là, vous voyez de combien de degrés elle est au-dessous. Mais si vous considérez la vie naturelle et animale, le jeu effréné et discordant de l'imagination et des désirs, le conflit nécessaire de la volonté et des choses, vous admirerez la portion de justice et de bonheur qui subsiste à travers ces tempêtes, et vous louerez la noblesse de la nature humaine, qui entre tant de forces déchaînées et aveugles maintient et dégage la raison et la vertu. De sorte qu'à volonté et selon ce point de départ, l'homme vous paraîtra vertueux ou vicieux, beau ou laid, heureux ou misérable, sans qu'aucun de ces noms exprime sa véritable nature, sans qu'aucun de ces noms puisse fixer une règle de gouvernement ou de conduite, et cela, parce que chacun de ces noms mesure seulement la distance qui se trouve entre l'homme réel et un certain homme imaginaire, que vous composez arbitrairement, que vous grandissez ou rapetissez à votre plaisir, et qui peut varier dans tous les sens et à l'infini. Quittez ces mots vagues, si vous voulez traiter de morale ou de politique ; tâchez par l'histoire et la pratique de savoir les choses. Comptez, sur un nombre donné d'actions, combien il y en a d'égoïstes et combien de dévouées; cette proportion établie, vous saurez jusqu'à quel point la société présente est une paix, jusqu'à quel point elle est une guerre, et dans quelles limites vous devez songer à l'intérêt des autres et à votre intérêt. Séparez et considérez les penchants et les facultés dominantes de votre nation et de votre temps ; cette distinction établie, vous saurez quelles puissances mènent votre patrie et quelle espèce de gouvernement elles soutiennent ou réclament. Sinon vous écrirez, comme Rousseau ou M. de Maistre, d'après des impressions passionnées et des théories abstraites, pour conclure universellement à la république ou au despotisme avec l'illusion d'optique qui a guidé et égaré Balzac.

De sa morale, en effet, naît sa politique. Comme tous ceux qui ont mauvaise opinion de l'homme, il est absolutiste[1]. Lorsqu'on ne voit dans la société que des passions naturellement égoïstes et mutuellement hostiles, on implore une main toute-puissante qui les brise et les réprime. Ainsi faisait Hobbes, théoricien du despotisme, lorsqu'au sortir de la révolution d'Angleterre il réclamait des verges de fer et un dompteur de bêtes contre les animaux malfaisants qui venaient de se déchaîner. Balzac déteste et méprise notre société démocratique, et à chaque occasion éclate en injures, souvent brutales, contre le gouvernement des deux Chambres. Il déplore que Charles X n'ait pas réussi dans son coup d'État, « la plus prévoyante et la plus salu-
« taire entreprise qu'un monarque ait jamais for-
« mée pour le bonheur de ses peuples. » Il pense que le « gouvernement est d'autant plus parfait
« qu'il est établi pour la défense d'un *privilége* plus
« restreint; » que « le principe de l'élection est un

---

1. Voir le *Médecin de campagne*, le *Curé de village*, la *Maison Nucingen*, *Préface générale*, etc.

« des plus funestes à l'existence des gouvernements
« modernes : » que « les prolétaires sont les mi-
« neurs d'une nation et doivent toujours rester en
« tutelle. » Il regrette la pairie héréditaire, les
majorats, le droit d'aînesse. « La grande plaie de
« la France est dans le titre *Des successions* du Code
« civil, qui ordonne le partage égal des biens. » Il
trouve ridicule l'abolition de la loterie, sorte d'o-
pium qui aidait le peuple à supporter sa misère;
l'établissement des caisses d'épargne qui encoura-
gent les domestiques à voler leurs maîtres; l'institution des concours qui hébètent beaucoup de bons
esprits et fabriquent une multitude d'ânes savants.
Il maudit la liberté de la presse, et appelle les
journaux des « entrepôts de venin. » Il n'a pas
assez de tant d'institutions despotiques, et trouve
qu'il faudrait par-dessus toutes ces belles choses
plusieurs grains d'arbitraire. « Les lois, dit un de
« ses politiques favoris, sont des toiles d'araignée
« à travers lesquelles passent les grosses mouches,
« et où restent les petites. — Où veux-tu donc en
« venir ? — Au gouvernement absolu, le seul où
« les entreprises de l'esprit contre la loi puissent
« être réprimées. Oui, l'arbitraire sauve les peu-
« ples en venant au secours de la justice. » — Pour
achever, il ajoutait à la tyrannie civile la tyrannie
religieuse. Il voulait l'une pour maîtriser les esprits
comme l'autre pour maîtriser les corps. « L'ensei-

« gnement, ou mieux l'éducation par les corps reli-
« gieux, est le grand principe d'existence pour les
« peuples, le seul moyen de diminuer la somme
« du mal et d'augmenter la somme du bien dans
« la société. La pensée, principe des maux et des
« biens, ne peut être préparée, domptée, dirigée
« que par la religion. » Il est clair qu'avec la gen-
darmerie d'un côté et l'enfer de l'autre, on peut
beaucoup sur les hommes, et que des peuples exclus
de l'égalité par les majorats, de la liberté par le
despotisme, de la pensée par l'Église seraient trop
heureux d'être bien nourris et point trop battus.
Des esprits mal faits vous répondraient peut-être
que contre les vices des hommes vous cherchez
refuge dans un homme, naturellement aussi vicieux
que les autres, et encore gâté par la licence du
pouvoir absolu. Ils vous feraient remarquer que si
une presse et une Chambre libres sont le théâtre
d'ambitions rivales et l'organe d'intérêts égoïstes,
elles prêtent une voix à toutes les minorités contre
toutes les oppressions, et que dans les grands besoins
le sentiment public les rallie de force autour de la
vérité et du droit. Ils montreraient que si l'homme
est mauvais, ses vices peuvent mettre un frein à
ses vices, et que l'orgueil en Angleterre, l'égoïsme
bien entendu aux États-Unis maintiennent la paix et
la prospérité publiques mieux que n'a jamais fait le
despotisme d'une Église et d'un roi. Ils ajouteraient

qu'un bon politique ne s'oppose pas à des penchants invincibles ; que l'esprit de vanité et de justice implante en France l'égalité des conditions et des partages ; que l'accroissement de la richesse, du loisir et de l'instruction y implantera la science et le souci des affaires publiques ; bref, qu'on n'empêche pas le feu de brûler, que le plus sage parti est de modérer, de régler et d'utiliser la flamme. Ils concluraient que Balzac, en politique comme ailleurs, a fait un roman.

Il en a bien fait d'autres, en psychologie notamment et en métaphysique. Pour découvrir de grandes idées vraies, il faut se défier de soi-même, revenir cent fois sur ses pas, vérifier à chaque instant ses conjectures, savoir ignorer beaucoup de choses, séparer les vraisemblances des certitudes, mesurer la probabilité, n'avancer qu'avec méthode dans le grand chemin déjà éprouvé de l'analyse et de l'expérience. Tout philosophe renferme un sceptique. Balzac ne l'était ni par nature ni par métier. Sa nature et son métier l'obligeaient à imaginer et à croire ; car l'observation du romancier n'est qu'une divination ; il n'aperçoit pas les sentiments comme l'anatomiste aperçoit les fibres ; il les conjecture d'après le geste, la physionomie, l'habit, le logis, et si vite qu'il se figure les toucher, ne sachant plus distinguer la connaissance directe et certaine de cette connaissance indirecte et douteuse[1]. Il a pour instrument l'intuition, faculté dangereuse et supérieure par laquelle l'homme imagine ou découvre dans un fait isolé le cortége entier des faits qui l'ont produit ou qu'il va produire, sorte de seconde vue propre aux prophètes et aux somnambules, qui parfois rencontre le vrai, qui souvent rencontre le faux, et qui ordinairement n'atteint que le vraisemblable. Balzac l'employait dans les sciences; vous jugez avec quel effet. Quand les conceptions sont contrôlées une à une par l'expérience, elles peuvent exprimer la nature des choses qu'elles représentent; mais quand elles se développent d'elles-mêmes et d'elles seules, elles n'expriment que la nature de l'esprit qui les forme. Si cet esprit est net, sec, impropre à saisir les ensembles, elles seront matérialistes. S'il est vague, poétique, enclin à réaliser les abstractions, elles seront mystiques. Ainsi sont nés presque tous les grands systèmes de religion et de philosophie. Ainsi songent aujourd'hui plusieurs grands poëtes, celui-ci copiant Pythagore et disant que les cailloux sont des âmes déchues, celui-là imitant les alexandrins et flottant dans les vapeurs d'un christianisme à demi chrétien. Ainsi pensa et rêva Balzac, fabriquant le monde et l'âme d'après la structure de son propre esprit. Un peu grossier d'imagination et

---

[1]. Louis Lambert, *Théorie de l'intuition*.

accoutumé à donner un corps aux choses invisibles, il ne put contempler nos idées telles qu'elles sont et toutes pures; il prétendit que l'âme est un fluide matériel éthéré, analogue à l'électricité; « que le « cerveau est le matras où l'animal transporte ce « que, suivant la force de cet appareil, les diverses « organisations peuvent absorber de cette substance « et d'où elle sort transformée en volonté ; » que nos sentiments sont des mouvements de ce fluide, qu'il sort « en jet » dans la colère : qu'il pèse sur nos nerfs dans l'attente; « que le courant de ce roi des « fluides, suivant la haute pression de la pensée ou « du sentiment, s'épanche à flots, ou s'amoindrit et « s'effile, puis s'amasse pour jaillir en éclairs. » Il crut que les « idées sont des êtres organisés, com- « plets, qui vivent dans le monde invisible, et in- « fluent sur nos destinées; » que, concentrées dans un cerveau puissant, celui d'un bon magnétiseur, par exemple, elles peuvent maîtriser le cerveau des autres, et franchir des intervalles énormes en un éclair. Il expliquait ainsi la transmission de pensée, la vue à distance, la divination prophétique, l'insensibilité des nerfs, la puissance des muscles, le perfectionnement des sens, la guérison des maladies, les apparitions, les possessions, les catalepsies, les extases et tous ces faits douteux ou étranges que nous ont légués les sciences occultes et que les sciences contestées essayent aujourd'hui de ré-

tablir. Il expliquait ainsi bien d'autres choses, en constructeur savant et habile, amassant beaucoup de documents et liant fort bien les faits, mais décriant involontairement ses théories par la fougue d'imagination et les aveux poétiques qu'il y mêlait. « Le plaisir de nager dans un lac d'eau pur, au mi-
« lieu des rochers, des bois et des fleurs, seul et ca-
« ressé par une brise tiède, donnerait aux ignorants
« une bien faible image du bonheur que j'éprou-
« vais quand mon âme était baignée dans les lueurs
« de je ne sais quelle lumière, quand j'écoutais les
« voix terribles et confuses de l'inspiration, quand
« d'une source inconnue les images ruisselaient dans
« mon cerveau palpitant. » Ce n'est pas ainsi qu'on trouve des lois en psychologie; il y faut plus de calme et de circonspection. Dans ce tourbillon, tout se confond, la lumière, les sons, les idées, le monde visible et le monde invisible; on ne voit plus qu'une sorte de fantasmagorie agile et resplendissante; l'on est tout disposé à prendre, comme Louis Lambert, la pensée de l'homme pour une sorte de flamme, et les forces de l'univers pour une sorte d'éther. Au troisième siècle, quand fourmillaient les poëtes, les visionnaires et les malades, on vit les manichéens soutenir que Dieu est un liquide, brillant à la vérité et subtil, mais qui imprègne la matière pesante, à la façon d'une éponge. Heureusement nous ne sommes plus au temps des manichéens.

Ces matérialistes étaient volontiers mystiques. Balzac était l'un et l'autre, et pour la même raison[1]. Les tranquilles déductions du savant dégoûtent ces cerveaux tumultueux et poétiques, elles leur paraissent lentes, froides, impuissantes; ils aiment bien mieux se livrer aux ravissements et aux éclairs magnifiques de leurs orages intérieurs. Ils finissent par y croire et les considérer comme une puissance divinatoire et supérieure, seule capable d'ouvrir à l'homme l'univers infini et les choses divines. Vous trouverez cette théorie tout au long dans Plotin, dans saint Bonaventure, dans sainte Thérèse, dans saint Martin et dans Swedenborg. Quand Balzac quittait son microscope, il était swedenborgien; il disait force mal des simples raisonneurs, « purs abstractifs, » comme il les appelle, prétendant que « les plus beaux génies humains sont partis des ténèbres de l'abstraction pour arriver aux lumières de l'intuition. » — « L'intuitif est « nécessairement la plus parfaite expression de « l'homme, l'anneau qui lie le monde visible aux « mondes supérieurs. Il agit, il voit, il sent par son « *intérieur*. » Je ne sais s'il priait beaucoup, mais il parlait de la prière à la façon des illuminés. « La « dernière vie, celle en qui se résument toutes les « autres, où se tendent toutes les forces, et dont les

---

1. *Séraphita.*

« mérites doivent ouvrir la porte sainte à l'être par-
« fait, est la vie de la prière.... Comme un vent im-
« pétueux ou comme la foudre, elle traverse tout
« et participe au pouvoir de Dieu. Vous avez l'agilité
« de l'esprit; en un instant vous vous rendez présent
« dans toutes les régions, vous êtes transporté comme
« la parole même d'un bout du monde à l'autre. Il
« est une harmonie, et vous y participez ! il est une
« lumière, et vous la voyez ! Il est une mélodie, et
« son accord est en vous ! En cet état, vous sentirez
« votre intelligence se développer, grandir, et sa
« vue atteindre des distances prodigieuses ; il n'est,
« en effet, ni temps ni lieu pour l'esprit.... Quoique
« ces choses s'opèrent dans le calme et le silence,
« sans agitation, sans mouvement extérieur, néan-
« moins tout est action dans la prière, mais action
« vive, dépouillée de toute substantialité et réduite
« à être, comme le mouvement des mondes, une
« force invisible et pure. » Ceci est la théorie de l'extase ; vous jugez quelles beautés et quels rêves elle
peut enfanter. La fin de *Séraphita* ressemble à un
chant du Dante ; le fond du dogme y reste chrétien,
et la destinée humaine est présentée comme une
suite de vies ascendantes où l'âme, guidée d'abord
« par l'amour de soi, puis par l'amour des êtres et
enfin par l'amour du ciel, traverse tour à tour « le
monde naturel, le monde spirituel et le monde divin. » Mais toutes les splendeurs de l'hallucination

et de la poésie viennent couvrir la doctrine ; une vision confuse et magnifique ouvre le ciel, sorte d'océan de lumière où nagent les mondes, chacun dans sa robe d'or, autour du mystérieux et flamboyant moteur qui leur communique la vie et l'amour. « Ils entendirent les diverses parties de l'infini for« mant une mélodie vivante ; et à chaque temps où « l'accord se faisait sentir comme une immense res« piration, les mondes entraînés par ce mouvement « unanime s'inclinaient vers l'Être immense qui, de « son centre impénétrable, faisait tout sortir et ra« menait tout à lui.... La lumière enfantait la mélo« die, la mélodie enfantait la lumière, les couleurs « étaient lumière et mélodie, le mouvement était « un nombre doué de la parole ; enfin tout y était à « la fois sonore, diaphane, mobile ; en sorte que « chaque chose se pénétrant l'une par l'autre, l'é« tendue était sans obstacle et pouvait être parcou« rue par les anges dans la profondeur de l'infini. « Là était la fête. Des myriades d'anges accouraient « tous du même vol, sans confusion, tous pareils, « tous dissemblables, simples comme la rose des « champs, immenses comme les mondes. Il ne les « vit ni arriver ni s'enfuir ; ils ensemencèrent sou« dain l'infini de leur présence, comme les étoiles « brillent dans l'indiscernable éther. » Voilà les féeries et les croyances auxquelles aboutit son génie. Pour les exprimer, il abusait du roman, comme

Shakspeare du drame, lui imposant plus qu'il ne peut porter. Shakspeare, opprimé par un surcroît de poésie, mettait sur la scène des cantates, des opéras, des rêveries, et tous les enfants charmants ou dévergondés de la fantaisie. Balzac, opprimé par un surcroît de théories, mettait en romans une politique, une psychologie, une métaphysique, et tous les enfants légitimes ou adultérins de la philosophie. Beaucoup de gens s'en fatiguent, et rejettent *Séraphita* et *Louis Lambert* comme des rêves creux, pénibles à lire ; ils voudraient une philosophie moins romanesque ou des romans moins philosophiques. Ils ne se trouvent ni assez instruits ni assez amusés ; ils demandent plus d'intérêt ou plus de preuves. Ils devraient remarquer que ces œuvres achèvent l'œuvre, comme une fleur termine sa plante, que le génie de l'artiste y rencontre son expression complète et son épanouissement final ; que le reste les prépare, les explique, les suppose et les justifie ; qu'un cerisier doit porter des cerises, un théoricien des théories, et un romancier des romans.

## II

On fait des mots sur tout à Paris, c'est une façon de résumer les idées pour les rendre portatives ;

en voici quelques-uns que j'ai recueillis sur Balzac :

« C'est le musée Dupuytren in-folio. »

« C'est un beau champignon d'hôpital. »

« C'est Molière médecin. »

« C'est Saint-Simon peuple. »

Je dirai plus simplement : Avec Shakspeare et Saint-Simon, Balzac est le plus grand magasin de documents que nous ayons sur la nature humaine.

# JEFFERSON.

(Jefferson, étude historique sur la Démocratie américaine, par Cornélis de Witt.)

Le public ne sait pas ce qu'il en coûte de peine pour faire un bon livre, c'est-à-dire un livre dans lequel l'auteur pense par lui-même et écrit d'après les documents originaux. En voici un qui donne l'envie d'établir ce compte : on s'habitue un peu trop volontiers à nous traiter d'amateurs et de paresseux.

Les écrits de Jefferson comprennent neuf volumes. Les biographies et les documents publiés pour ou contre lui en comprennent quatorze; les biographies et les œuvres de ses plus illustres contemporains, soixante-dix-sept; les histoires originales et les expositions authentiques de la Constitution américaine, quatorze ; la correspondance manuscrite des ministres et plénipotentiaires français, environ cent cinquante. En tout deux cent soixante-quatre volumes, auxquels on doit ajouter une centaine pour les voyages, romans, autobiographies, poëmes et autres ouvrages de littérature courante, sans lesquels on ne connaît pas la physionomie vraie d'un siècle et d'un pays.

Vous remarquerez ensuite qu'on n'est point maître d'un document pour l'avoir feuilleté ni même pour l'avoir lu. Il faut l'avoir relu, l'avoir comparé à d'autres, se l'être rendu familier, y avoir réfléchi hors de son cabinet, en promenade, en voiture; les idées ne nous viennent pas à l'heure dite; on ne juge pas une époque au pied levé; on ne ressuscite pas à volonté dans son imagination et dans son esprit la figure d'un homme; il faut attendre, laisser faire le temps, l'occasion, le hasard. Souvent c'est un accident de la vie journalière, une observation domestique, une lecture de journal qui achèvent en nous une idée qu'après beaucoup d'efforts nous avions laissée incomplète. Quelquefois on lit un volume pour écrire une page. Je sais un homme qui un jour en lut quatre pour écrire trois lignes. Il y a telle phrase que nous avons mûrie depuis quinze ans avant d'en être sûrs et d'oser la dire. Et au fond il en est ainsi de toutes nos phrases. Les idées d'un homme réfléchi ont leurs racines et leurs attaches dans toute sa vie spéculative et pratique, dans tout son présent et dans tout son passé. Concluez hardiment qu'un écrivain ou un artiste, même lorsqu'il rêvasse dans un fauteuil ou qu'il flâne sur le boulevard, se donne autant de mal qu'un autre, et que les trois ou quatre cents pages barbouillées d'encre auxquelles de loin en loin aboutit son effort, contiennent autant de travail que les rapports d'un secrétaire de préfecture, les écritures d'un caissier ou les requêtes d'un avoué.

# I

Ce livre, écrit par un esprit judicieux et décidé, politique de tempérament et d'éducation, en style sobre, exact, serré, avec un sang-froid constant, des préférences marquées et des applications visibles, « sans complaisance aucune pour les vices de la démocratie, » expose comment la Constitution américaine dégénéra en démocratie pure, d'abord par sa tendance propre, mais aussi par la persévérance, l'adresse et les complaisances de son principal promoteur, Thomas Jefferson.

Thomas Jefferson, né en 1743, fils d'un riche colon virginien, tour à tour député, gouverneur, ambassadeur, secrétaire d'État, deux fois Président, fit une grande œuvre et fournit une grande carrière avec un caractère mixte et un esprit qui l'était encore plus. Dès sa première jeunesse, on aperçoit en lui ce mélange. A beaucoup d'égards, il semble qu'il ne soit pas Américain ; il est théoricien, bel esprit, esprit fort ; il court après l'érudition encyclopédique et la philosophie spéculative. Il est à l'affût de toutes les curiosités et de toutes les élégances d'Europe. Il veut obtenir de Macpherson une copie des poëmes originaux d'Ossian, et prendre des ouvriers musiciens pour établir chez lui un concert économique. Il fréquente les salons du gouverneur Fouquier, qui est un homme du bel air, et se moque du diable, personnage fort considéré en Amérique. Mais, d'autre part, il reçoit l'éducation pratique et politique, et devient naturellement, au contact et au spectacle des faits, homme d'action et homme d'État. A l'âge de vingt-deux ans, il assistait, dans la Chambre des Bourgeois de la Virginie, aux résolutions qui furent prises contre l'acte du timbre et commencèrent la révolution américaine. Quatre ans plus tard, il entrait lui-même à la Chambre, « cuisinait des formules bibliques pour instituer des jours de jeûne », apprenait à ne s'avancer qu'à demi, à se couvrir des autres, à se servir des préjugés populaires, à toucher la fibre nationale, et rédigeait la déclaration d'indépendance ; puis dans la législature de la Virginie il abolissait les institutions aristocratiques, s'arrêtait à temps sur la question de l'esclavage, innovait sur un point, cédait sur un autre, obtenait, puis résignait le gouvernement du pays ; tour à tour actif et impuissant, vilipendé et remercié ; ayant appris par ses bons et ses mauvais succès ce que c'est qu'un gouvernement et qu'un peuple, comment on agit sur les masses, ce qu'il en faut espérer ou craindre. C'est dans ces dispositions et avec cette préparation qu'il vint remplir la place d'ambassadeur et d'observateur en France, aussi maladroit en matière de goût et d'idées que judicieux en fait de conduite et d'affaires d'État.

Il est plaisant de voir sa galanterie. Il veut être gai, gracieux, et il est balourd ; il fait penser à cet Allemand qui pour se donner l'air léger se jetait par la fenêtre. Une dame avait eu la cruauté de le quitter, il lui parle, pour l'attendrir, d'Arlequin et de la Bible, et compose un grand dialogue de douze pages entre sa tête et son cœur. Il aime tant les beaux-arts qu'il a songé à les réunir tous en paquet dans sa maison : temple gothique, temple grec à toit chinois, harpe éolienne, grotte et cascade artificielle, nymphe endormie, pyramide de rochers, bois sacré orné de fontaines latines ; les petits princes allemands, imitateurs de Versailles, se complaisaient aussi dans ces accumulations grotesques ; un marchand de bric-à-brac n'eût pas fait mieux. Avec le même élan, Jefferson se lance dans les imaginations de tout genre. Il croit que les

Peaux-Rouges descendent des Carthaginois, et que
les couches géologiques du globe ont été produites
par une sorte de végétation, comme celle des arbres. Il suit la mode, et donne dans la philosophie
sans bien savoir ce que c'est. On voit par sa correspondance qu'il se dit tour à tour « épicurien,
vrai chrétien, matérialiste, partisan de l'immorta-
lité de l'âme. » Les fines distinctions des systèmes
sont trop subtiles pour lui ; il en parle comme un
intrus qui aurait écouté aux portes. En politique,
il a le gros enthousiasme du vulgaire ; il est furieux
contre les nobles, les rois et les prêtres. « Nous de-
vrions tous assiéger le trône de Dieu de nos prières
pour qu'il extirpe de la face de la terre toute la
classe de ces tigres, de ces lions humains, de ces
Mammouths qu'on appelle des rois. Périsse tout
homme qui ne dira point d'eux : « Seigneur, déli-
« vrez-nous de ce fléau ! » Il y a en lui une certaine
intempérance d'esprit qui le rend sympathique à
toutes les rêveries du temps ; il aime la logique
pure, il veut voler au plus haut de l'air, hors de
tout chemin battu, sur le dos des plus étranges
chimères, si bien qu'un jour il soutient qu'une
génération ne peut en lier une autre, et qu'un
État a le droit de faire banqueroute tous les dix-
neuf ans. Mais ces belles théories restent chez lui
dans une case à part. Elles sont faites pour y dormir,
qu'elles y dorment. Il ne les en tire point quand il

veut agir; il sépare aussi bien qu'un jésuite la spéculation de la pratique; il juge la révolution française avec un bon sens parfait et des prédictions sûres; c'est qu'il a vu une révolution. Figurez-vous des gens du monde et d'académie, parés, poudrés, beaux diseurs, gracieux, sensibles, qui, munis de phrases et d'élégies, essayent de défaire et de remonter une machine énorme et compliquée à laquelle ils n'ont jamais mis la main; voilà les Français du temps. Ce constructeur mécanicien qui leur arrive d'Amérique, et qui essaye de copier leurs dissertations et leur costume, peut faire rire par son exagération et son manque de tact. Mais demandez-lui son avis en matière d'engrenages et de poulies; à côté de lui tous les autres sembleront des bavards. Il appréciait plus sainement qu'eux leur caractère, leur éducation et leurs mœurs; il avait peur de leurs trop grandes espérances. « Le « malheur est qu'ils ne sont pas assez mûrs pour « recevoir les bénédictions auxquelles ils ont droit....
« Il n'y a jamais eu de pays où l'habitude de trop « gouverner ait pris si profondément racine et fait « tant de mal. Ils sont versés dans la théorie et no- « vices dans la pratique du gouvernement; ils ne « connaissent les hommes que tels qu'on les voit « dans les livres et non tels qu'ils sont dans le « monde.... Il est à craindre que leur impuissance « de rectifier toutes choses n'effraye la cour et ne

« l'amène à ne plus compter que sur la force. » Et il les engage à s'arrêter, à se contenter pour le moment d'une Charte royale, à ne marcher que pas à pas, à la manière anglaise, à se séparer après avoir obtenu : « 1° la liberté individuelle ; 2° la liberté de conscience ; 3° la liberté de la presse ; 4° le jugement par jury ; 5° la représentation législative ; 6° la périodicité des réunions ; 7° le droit d'initiative ; 8° le droit exclusif de voter les taxes et d'en régler l'emploi ; 9° la responsabilité des ministres. » « Avec de tels pouvoirs, ils auraient pu obtenir avec le temps tout ce qui serait devenu nécessaire à l'amélioration et à l'affermissement de leur Constitution. » Ils ne le font pas, ils retombent sous un pire despotisme, ils subissent Robespierre, puis Bonaparte ; c'est à peine si en 1815 « ils en sont au même point qu'au Jeu-de-Paume, le 20 juin 1789. » Ils ont tout perdu parce qu'ils ont voulu tout avoir ; ils sont tombés en route parce qu'ils ont refusé d'apprendre à marcher ; ils arrivent les derniers parce qu'ils ont essayé de courir trop vite. On n'apprend ces tristes vérités que par l'histoire ou le maniement des affaires. Personne alors ne les savait en France ; les étrangers nous jugeaient mieux que nous-mêmes ; et dans ces douze cents hommes d'État de l'Assemblée nationale qui voulaient « régénérer » leur patrie et par surcroît le monde, il n'y en eut pas un qui eut la sagacité

et la prévoyance d'Arthur Young, de Burke et de
Jefferson.

## II

Il revint en Amérique le 20 novembre 1789 pour
occuper le poste de secrétaire d'État sous Washington. C'est à ce moment que sa carrière ouverte
plus largement développe plus clairement son caractère, et qu'on aperçoit chez lui en opposition
parfaite et en conciliation constante, d'un côté la
roideur et les audaces du théoricien, de l'autre la
flexibilité et les atermoiements de l'homme d'action. Par tempérament et par maximes il est radical et démocrate. « Quand je quittai le Congrès
« en 1776, dit-il, ce fut avec la conviction que tout
« notre Code devait être revu et adapté à la forme
« républicaine de notre gouvernement. Il était né-
« cessaire de le corriger dans toutes les parties en
« ne tenant compte que de la *raison*. » Déjà, en effet,
dans son gouvernement de la Virginie, il déracinait toutes les institutions aristocratiques, et prétendait dans le reste de l'Union substituer à tous
les pouvoirs l'autorité souveraine et incontestée
du grand nombre. Il se rangeait « parmi ces
hommes forts, sains, hardis, qui s'identifient

avec le peuple, qui ont confiance en lui, qui
l'estiment le dépositaire le plus honnête et le plus
sûr, sinon le plus sage, des intérêts publics. » Loin
de s'attiédir, il s'enhardissait avec l'âge, poussait
son principe à bout, estimait que les prêtres, les
juges, les magistrats doivent être élus, payés, révoqués à la volonté du peuple, qu'il faut supprimer
toutes les situations indépendantes, et soumettre
en tout les gouvernements aux gouvernés. Il finissait par écrire[1] « que les meilleurs impôts sont
« ceux qui, en pesant exclusivement sur les riches,
« tiennent lieu de loi agraire; que la meilleure ré-
« publique est celle où chaque citoyen a une part
« égale dans la direction des affaires; que les meil-
« leurs gouvernements sont ceux que le peuple ré-
« duit au rôle d'agents, » et il se prononçait en
conséquence pour le suffrage universel, le mandat
impératif et les élections à court terme. Ordinairement ces inclinations niveleuses accompagnent
une volonté impérieuse. Le radical, tel que nous
le connaissons, est une sorte de fanatique qui,
croyant tenir la vérité, veut l'appliquer à l'instant
tout entière, sans restriction ni délai. Au contraire,
celui-ci est avisé, modéré, patient et pliant par
excellence. Il entre et reste dans le cabinet de
Washington qui est le chef du parti opposé. Il ca-

1. 1816.

resse le Président en courtisan consommé, et cependant sous main il organise les démocrates ; bien mieux, il les contient ; on veut l'entraîner, il résiste. Il s'applique à modérer les imprudences et les explosions républicaines du citoyen Genet, ambassadeur de la Convention ; au besoin, il devient vigoureux par prudence et finit par rompre en visière à son jacobin français lorsqu'il le trouve compromettant. Il sait prévoir, s'arrêter, reculer, attendre ; bien plus, il sait quitter le pouvoir. Il donne sa démission de ministre au moment opportun, et d'un air philosophique il se retire à la campagne. Quoique convaincu, il n'est point pressé. Il laisse l'opinion publique refluer, grossir, s'approcher, jusqu'à ce qu'enfin elle soit assez forte pour mettre son navire à flot. C'est ainsi qu'il devient vice-Président, puis deux fois Président, la seconde fois avec un tel ascendant de popularité victorieuse, que sur 176 voix il en eut 162[1]. Vous croiriez qu'un tel pouvoir va le tenter et le précipiter dans l'application de ses chères utopies. Tout au contraire. Il sent « combien il est difficile de mettre en mouvement la grande machine de la société et de changer sa marche, combien il est impossible d'élever brusquement tout un peuple jusqu'aux hautes sphères du droit idéal. » Il ne veut point

---

1. 1805.

« tenter pour une nation plus de bien qu'elle n'en peut supporter. Tout se réduira donc probablement à réformer le gaspillage des deniers publics. » Faire des économies, voilà tout son programme. Encore cède-t-il sur les points où il a une opinion faite; il suit la majorité, « il s'incorpore à la volonté du peuple; » de magistrat et de modérateur il se fait commis; quand il voit la nation se jeter dans quelque folie, il la laisse venir d'elle-même à résipiscence. « La bourse du peuple, c'est là le vrai siége de sa sensibilité; elle le rendra accessible à bien des vérités qui n'auraient pu lui parvenir par un autre organe. » C'est au public à se corriger comme à se conduire. Tandis que nos démocrates aspirent à devenir tyrans, celui-ci se réduit à la condition d'employé : dextérité et docilité singulières qui, jointes à la pente naturelle des choses, l'ont conduit à la plus haute fortune et ont intronisé la démocratie dans son pays.

Ce ne sont point là des qualités héroïques, et M. de Witt en fait ressortir avec une énergie singulière le vilain côté. Quand on a tant de souplesse, c'est qu'on n'est point parfaitement loyal. Jefferson manque de droiture. Sa conduite dans le cabinet de Washington est celle d'un Figaro malhonnête; il joue un double jeu : il admire publiquement Washington et le décrie sous main; il contre-signe des actes qu'il blâme tout bas; comme ministre,

il négocie à propos de la Nouvelle-Orléans, et en
même temps, comme particulier, il fait entendre
qu'une petite irruption spontanée des habitants du
Kentucky dans la Nouvelle-Orléans pourrait bien
avancer les choses. Il est traître bassement et platement envers Hamilton, son collègue au ministère,
recueillant sur un carnet ses improvisations, ses
confidences, et tout ce que cet esprit intrépide et
confiant laisse échapper dans la liberté d'une discussion ou dans la familiarité d'un dîner, pour le
représenter aux gens comme un ennemi de la république et comme un suppôt de M. Pitt. Il le
dénonce aux journaux et lâche contre lui un misérable nommé Calender, pamphlétaire à gages ; il
descend jusqu'à fournir à ce bravo littéraire de
l'argent et des renseignements, jusqu'à revoir les
épreuves des diffamations qu'il lui a commandées.
Lorsqu'il est vice-Président sous John Adam, il
recommence ses menées secrètes, il cherche les
voies tortueuses et souterraines : il craint le grand
jour ; il aime mieux compromettre les autres que
de se hasarder lui-même. Il a beau tenir à sa
théorie de la banqueroute permise tous les dix-neuf
ans, c'est à Madison, puis à M. Eppes, qu'il remet
l'honneur de la produire dans le monde. Il se tient
à l'abri quand il les pousse en avant. Si maintenant
on considère le rôle auquel il aspire et parvient,
on ne le trouve pas plus noble. Platon a déjà décrit

ce rôle de démagogue complaisant de la foule, qui traite le peuple comme une bête redoutable, sait quels aliments lui plaisent, quels bruits l'irritent, quelles caresses l'apaisent, et qui, bien loin de la conduire, se laisse emporter par elle et se fait le flatteur de ses fantaisies comme le pourvoyeur de ses passions. Un homme fier souhaite le pouvoir pour exécuter les idées qu'il a, non pour exécuter les idées qu'auront les autres ; il veut être l'auteur d'une œuvre, non l'instrument d'un caprice. C'est une mince ambition que d'aspirer à l'état de domestique, et l'on est domestique lorsqu'on tremble sous la rumeur de cent mille malotrus à mains sales, aussi bien que lorsqu'on s'agenouille sous le sourire auguste d'une Altesse en habit brodé.

Tant de sacrifices l'ont-ils conduit à de grands succès ? Son économie systématique réduisit les États-Unis « à une marine sans marins, renfermée dans des ports sans eau, » et livra le commerce américain désarmé aux confiscations de Napoléon et de l'Angleterre. Son expédient avorté de l'*embargo* et du *non-intercourse* fit subir aux États-Unis une perte annuelle de cinquante millions de dollars, et les conduisit à une guerre qui augmenta de soixante-trois millions la dette publique. L'esprit niveleur qu'il avait favorisé écarta les hommes supérieurs du Congrès, et la médiocrité des représentants devint telle, qu'en louant leur bonne volonté il se plaignait de leur incapacité notoire. L'autorité qu'il avait partout affaiblie s'affaiblit entre ses mains comme ailleurs, et la chute fut si grande pendant sa seconde administration, que ce n'étaient point ses ministres qui lui soumettaient leurs idées, c'était lui qui soumettait ses idées à ses ministres. Il avait perdu son ascendant en se faisant subalterne. On ne l'écoutait qu'à demi, et souvent on ne l'écoutait pas. Il voulut faire condamner le colonel Burr, espèce d'assassin conspirateur ; la Chambre des Représentants rejeta sa loi, et le jury rejeta ses preuves. Pendant une vacance du Congrès, il avait nommé son ami, M. Short, ministre plénipotentiaire en Russie, comptant que le Sénat ratifierait un fait accompli ; et le Sénat cassait la nomination du pauvre ambassadeur qui avait déjà présenté ses lettres de créance à l'empereur Alexandre. Il n'était pas respecté ; Washington avait cessé de l'estimer et de le voir. Le pamphlétaire Calender, s'étant retourné contre lui, avait dénoncé ses tripotages ; le public avait ri en apprenant les vilains secrets de ses mœurs privées, son commerce avec une esclave, l'histoire des petits quarterons élevés dans sa maison et qui avaient dans leurs veines le plus beau sang de l'Amérique. Il quitta les affaires à propos et se retira dans ses terres. Cette retraite même ne fut point tranquille jusqu'au bout. Ses concitoyens se croyaient le droit de le visiter de force à titre d'ancien Président et de curiosité américaine. Une hospitalité prodigue, de mauvaises récoltes, des crises financières, la banqueroute d'un de ses amis finirent par le ruiner. Déjà, en 1814, il avait été obligé de vendre sa bibliothèque. Des débats offensants s'étaient élevés à ce sujet dans la législature, et on ne l'avait achetée qu'à vil prix. En 1826, il demanda la permission de mettre ses biens en loterie, et à ce propos composa un petit écrit pour défendre ces sortes d'entreprises : triste expédient pour un homme qui s'était fait une loi « de ne jamais souscrire à une loterie » ; pour comble d'humiliation, la législature hésita, et lorsque enfin l'autorisation fut arrachée, il avait eu le temps de sentir jusqu'au fond l'amertume de la mendicité et l'incertitude de la reconnaissance publique. On fit une souscription pour payer ses dettes, et l'on eut de la peine à réunir le quart de la somme nécessaire. Il était malade, il avait quatre-vingt-trois ans, et voyait venir le moment où il irait finir dans un hôtel garni. Heureusement la maladie se hâta ; il mourut le 4 juillet 1826, anniversaire du jour où il avait composé la déclaration de l'indépendance. Six mois après, ses meubles étaient vendus à l'encan.

Deux mots résument ce solide travail : suivant l'auteur, Jefferson, en poussant les États-Unis sur leur pente naturelle, a gagné la popularité et le pouvoir, mais compromis la dignité de son caractère et amoindri l'autorité de sa place. Suivant l'auteur, les États-Unis, en glissant sur leur pente naturelle, ont fini par descendre dans la démocratie brutale, et se tirent maintenant des coups de canon.

Octobre 1861.

# RENAUD DE MONTAUBAN.

(*Renaud de Montauban*, publié pour la première fois d'après les manuscrits par M. Michelant.)

Ce livre est un poëme français du moyen âge, et il est publié par un Français. Mais, ce qu'il y a de particulier, c'est qu'il est édité dans le Wurtemberg, à Stuttgart, avec titres, sommaires, appréciations, commentaires en allemand, aux frais d'une société allemande. Cette société s'est formée en 1842, et se compose de quatre à cinq cents curieux et savants. Elle publie ainsi tous les ans environ cinq volumes d'ouvrages importants et rares ; chaque membre reçoit un exemplaire de chaque ouvrage, et paye vingt-cinq francs par an. Ils ne vendent point de volume isolé, mais seulement la collection d'une année, et encore à un petit nombre d'exemplaires. Ils se suffisent à eux-mêmes, sans encouragements ni souscriptions officielles. Ils impriment les livres pour les lire, et ne travaillent qu'afin de savoir. Voilà la véritable association, désintéressée et libre, exempte d'ambition et affranchie de protection. « C'est pourquoi, dira le lecteur, elle siége non à Paris, mais à Stuttgart. » — Je demande pardon au lecteur, il y en a plusieurs semblables, non à Stuttgart, mais à Paris.

Il est bien entendu que le travail de l'éditeur est gratuit; il prend la peine de publier pour avoir le plaisir de publier. En tout cela, il semble qu'il n'y ait qu'une corvée pure. Déchiffrer des manuscrits illisibles, copier de sa main vingt ou trente mille vers, corriger de mauvais textes, comparer et noter les variantes, revoir deux ou trois fois toute cette besogne en épreuves, il est difficile de démêler quelque attrait dans un pareil travail. Et cependant il en est ici comme pour toutes les corvées : jamais les hommes de bonne volonté ne manquent; quand un capitaine en campagne demande vingt volontaires pour un service dangereux, il y en a quarante qui s'offrent. L'idée d'une œuvre utile, d'un but noble suffit pour vaincre les lassitudes et les répugnances. Dès qu'on se sent compris comme ouvrier dans une grande œuvre, on ne songe plus à soi, mais à l'œuvre. Ce serait une longue liste que celle des dévouements obscurs par lesquels la société subsiste et se développe, et qui s'accomplissent en silence, sans emphase, parfois sous des dehors de gaieté indifférente et de scepticisme mondain. Tel a perdu un œil à force de regarder au microscope des préparations anatomiques ; un autre a employé des mois à démêler les causes de la putréfaction, et cela parmi des odeurs si suffocantes qu'il ne pouvait rester en observation plus d'une minute à la fois; un autre passe deux mois à fouiller vingt mille pages de vieux bouquins pour ramasser quatre observations d'une maladie. J'en sais un qui, sa femme et ses enfants couchés, ayant achevé ses dix heures de travail alimentaire, travaillait la moitié de la nuit pour écrire les petits articles ennuyeux d'un dictionnaire de la Bible ; à cet effet, entre ses heures de bureau, il avait appris le grec et l'hébreu. Notez que, dans la plupart des cas, il y a auprès du travailleur une femme qui voudrait bien des chapeaux, une fille qui a besoin d'une dot, un fils qu'il faut mettre au collége, une famille qui se croit lésée toutes les fois qu'on ne travaille pas fructueusement et pour elle. Le travail se fait pourtant, même en France, même à Paris, où l'homme est plus chargé qu'ailleurs, où les frais de la vie sont plus grands, où les tentations du luxe sont plus âpres, où la femme ne se résigne pas, comme celle de tel grand indianiste allemand, à faire de ses mains la cuisine et la lessive. Comment les choses s'arrangent-elles? On ne se l'explique point, sinon par la toute-puissance de *l'idée;*

l'homme en est possédé et marche en avant, sans faire attention aux ronces qui le blessent. Il n'y a point de science, d'administration, d'établissement public où on ne rencontre des Littré et des Burnouf de second ordre, simples soldats, sergents, si vous voulez, dans la patiente armée dont ceux-ci sont les capitaines; mais qui, comme leurs capitaines, ont passé leur vie à s'oublier. Leur plus grand chagrin est de servir trop peu, de demeurer l'arme au bras, attendant qu'on les emploie. On me dit que M. Michelant, qui a déjà publié trois ou quatre volumes dans cette société de Stuttgart, tient en portefeuille depuis dix ans un autre travail énorme, soixante mille vers copiés de sa main; tout *Chrétien de Troyes;* je suis sûr que le meilleur jour de sa vie sera celui où il obtiendra, par tour de faveur ou ancienneté d'attente, la rebutante commission de l'imprimer.

I

Ce poëme est l'histoire de Renaud de Montauban et de ses frères, les quatre fils d'Aymon, persécutés par Charlemagne. Je ne parlerai pas de son intérêt dramatique; il en a un pourtant, car c'est le récit d'une vie héroïque, et il est le seul poëme du moyen âge qu'on réimprime tous les ans à Épinal, dans la Bibliothèqne bleue pour les paysans. Il a

un autre intérêt, tout historique, et c'est celui-là
que je m'efforcerai d'indiquer.

Le principal service que les écrits littéraires rendent à l'historien, c'est qu'ils lui mettent devant les yeux *les sentiments éteints*. Aucun autre document, surtout dans les temps lointains et chez les peuples incultes, ne rend ces sentiments visibles. Les chartes, les lois et les constitutions montrent les pièces de la machine sociale, et non le ressort de l'action morale; on y voit les cadres dans lesquels les hommes agissaient; c'est le squelette de l'histoire, ce n'en est pas l'âme. Pour les chroniques, en ces âges grossiers, elles sont trop sèches; elles content l'événement en bloc, disent que Pierre tua Jean, que Jacques tua Pierre, qu'il y eut une inondation, puis une disette; rien de plus. Les hommes sont encore trop lourds pour démêler les circonstances, les petits faits préparatoires, les incidents de l'émotion et de la résolution; leurs récits ressemblent aux figures crayonnées par un enfant, roides, étriquées, toutes semblables, incapables de nous rien apprendre sur les nuances des caractères et des actions. Ces nuances ne peuvent être exprimées que par le talent littéraire, et voilà pourquoi les poëmes où il apparaît pour la première fois sont si instructifs. Le vieux trouvère, obligé de développer, rapporte les discours des gens, les précédents de l'action, les changements de l'âme, bref,

tout ce qui échappait au chroniqueur ; et souvent
deux ou trois de ces petits faits suffisent pour expliquer une civilisation tout entière. Ils dénotent
un état singulier de l'âme humaine ; cet état, par
suite, se rencontre dans toutes les âmes, et, par
suite encore, dans toutes les actions.

Qu'on en juge par un seul exemple : lorsque, dans
le poëme, un baron vient de la part de l'empereur
faire à quelque seigneur récalcitrant sommation de
comparaître, il court danger de mort. Le droit des
gens, l'humanité, l'intérêt personnel, rien ne le protége ; le rude homme de guerre menacé dans son château, devant ses hommes, sent ses veines s'enfler, son
sang tourbillonner, ses muscles se tendre, et il se
jette comme un taureau sur le messager. Tout disparaît pour lui sous l'afflux de la fureur irrésistible.
Le duc Beuve se lève en pied : « Prenez-moi les
mesages, chascun soit destranchiés, » et lui-même
il se jette sur eux, fend Enguerrand depuis la tête
jusqu'à la mâchoire. — Ils sont trop forts, trop
prompts aux coups, trop enfoncés dans la vie animale, trop assujettis aux violences subites de l'imagination et du tempérament. Ils ont passé leur vie
à chasser et à se battre, mangeant de fortes viandes
et de la venaison, habitués au sang et aux coups,
encore voisins pour les muscles et pour les instincts
du lion et du dogue. Leur tête est vide des innombrables préceptes, des calculs prudents, des idées

alignées dont l'éducation, la conversation et les
lectures remplissent la nôtre. Ils ne raisonnent pas,
ils ne se contiennent pas; ils sentent, s'abandon-
nent et se lancent; ils injurient, puis ils frappent.
Lothaire, le fils de Charlemagne, à qui son père a
recommandé la prudence, ne se trouve pas plutôt devant le duc Beuve, avec quatre cents hommes contre
deux mille, qu'il s'emporte. « Dame Dex confunde
duc Buef, et sa chevalerie. » Si tu ne viens, lui dit-il,
servir l'empereur Charles, « en haut seras pendus
à un arbre ramée, — et ta moiller sera honie et
vergondée. » Il s'enflamme par ses propres paroles.
« Foi que doi le mien père, — poi s'en faut ne t'oci
à m'espée acérée. » Jugez par ce ton d'un ambassadeur à quoi doivent aboutir les ambassades. Au
bout de vingt phrases, ils tombent l'un sur l'autre
à coups d'épée, tranchent, « les piés, et poins, et
espaules, et bras, » éclaboussent les tables et les
murs « du sanc et cervelle » répandus. Il faut que
leur rage se décharge; quand les cadavres seront
là, par tas, couchés dans la salle, et que les survi-
vants, blêmes, appuyés sur leur lame, commen-
ceront à sentir leurs blessures, alors la lassitude et
la perte de sang laisseront une sorte de bon sens
et de demi-pitié pénétrer dans leurs cervelles.
Beuve s'arrête, épargne ce qui reste et renvoie à
Charlemagne le corps de Lothaire. Il n'y a que l'é-
puisement qui les calme; ils sont comme ces robustes

corps de moines, leurs contemporains, qu'on domptait par des saignées, par des breuvages refroidissants, par des jeûnes, par des flagellations, par des veilles, sans qu'il y eût d'autre moyen de les réduire et de les brider. Quand la séve animale est si forte, l'homme ressemble à un étalon sauvage; ni les flatteries, ni les coups, ni les entraves ne le retiennent : il faut diminuer sa substance pour réprimer ses emportements.

Telle était la vie au moyen âge; on tuait et on était tué sans avoir eu le temps d'y penser. L'idée raisonnable de l'utile ou du juste n'avait qu'une faible prise sur les hommes; à chaque instant l'explosion des instincts farouches venait déchirer le tissu régulier dans lequel toute société tend à s'enfermer. Un mot lâché, la rencontre d'une idée, un hasard les démuselait et les précipitait en avant. Renaud vient d'être armé chevalier par Charlemagne; le jour même, en jouant aux échecs, il se prend de querelle avec le neveu de l'empereur, Bertolais, qui « se corroce, » l'appelle félon et renégat, et le frappe à la figure tellement que « le sang est espandié. » Peu s'en faut que Renaud le tue; par un extrême effort, il va se jeter aux pieds de Charlemagne pour demander satisfaction. Chose étrange, l'empereur entre en colère, l'appelle « coart, mauvais garçon. » On n'est jamais sûr de rien avec ces âmes incultes et violentes; elles n'agissent point d'après les principes fixes, mais selon la disposition du moment. Plaignez-vous à un homme du peuple de ses enfants; selon l'humeur et l'occasion, il tombera sur vous ou sur eux; en tout cas, il tombera sur quelqu'un, à coups de poing, ou du moins avec des injures; chez l'homme primitif, portefaix ou barbare, toute idée fait éclat. Chez l'un comme chez l'autre, l'insulte ouverte provoque aussitôt l'insulte ouverte; Renaud jette à la face de Charlemagne le meurtre de Beuve, son oncle; Charlemagne « lève son gant » et le frappe si bien, que « li sans vermeus à terre cola. » Renaud, se retournant, aperçoit Bertolais, empoigne un échiquier, et du coup lui fait sauter les yeux et jaillir la cervelle. Les clameurs montent dans tout le palais; la bataille commence, et les parents de Renaud se jettent entre lui et les assaillants. — On rencontrerait dans le poëme vingt exemples de ces actions extrêmes et soudaines. L'homme ne se tient jamais en bride; il ne sait pas au moment présent ce qu'il fera le moment d'après; tel avis jeté à l'improviste peut retourner toute sa conduite; la volte-face sera complète et brusque; Charlemagne avait pardonné à Beuve, et tout d'un coup, sur une remontrance des parents, il s'est décidé à le faire tuer.

Tous ces traits de mœurs, on les verra paraître dans les chroniques sitôt que la langue sera déliée et que l'observation historique commencera à remarquer autour du fait brut les circonstances particulières. Les personnages de Froissard ont la même violence que ceux des trouvères ; leur désir, leur colère les aveugle ; la passion chez eux comme chez les enfants s'élance tout de suite pour s'assouvir et se gorger. La nuit de Pâques fleuries, le roi Jean[1] arrive comme un furieux sur le roi de Navarre, qui est à table : « Il lança son bras par-dessus lui, le prit par la keue, et le tira moult roide contre lui en disant : par l'âme de mon père, je ne pense jamais à boire ni à manger tant comme tu vives.... Puis prit une masse de sergent, et s'en vint sur le comte d'Harcourt et lui donna un grand horion entre les épaules et dit : avant, traître orgueilleux, passez en prison à mal estreue. Par l'âme de mon père, vous saurez bien chanter quand vous m'échapperez.... Et les quatre furent menés aux champs.... et décolés sans que le roi voulût souffrir que oncques fussent confessés. » Il n'écoute rien, c'est un soudard qui bouscule et tue. — Que le lecteur se rappelle l'histoire du comte de Foix, chez qui Froissard fut hébergé ; « un prud'homme à régner, de toutes choses si très-parfait qu'on ne le pourrait trop louer, » tellement « que nul haut prince de son temps ne pouvait se comparer à lui

---

1. Froissard, liv. I, partie II, chap. xx.

de sens, d'honneur et de sagesse. » — Il fait venir Pierre Ernault à qui le prince de Galles a donné la garde d'un château, et lui demande de livrer ce château ; sur le refus bien humble et bien doux du pauvre capitaine, le comte serre les dents, son sang bout, il se jette sur l'homme et le perce de cinq coups de dague. — Certainement la moitié de l'histoire humaine au moyen âge est enfermée là ; avec de tels hommes, il n'y avait point de paix véritable ni d'ordre stable. La subite détente de la passion, la roideur impétueuse de la volonté meurtrière démontaient la grande machine sociale ; encore sous Henri IV elles tuaient quatre mille gentilshommes par les duels. Pour établir la sécurité moderne, il a fallu non-seulement transformer les institutions, mais encore et surtout atténuer les passions, multiplier les idées, établir la délibération préalable, ranger les pensées humaines dans des compartiments distincts et sous des préceptes reconnus, bref, refaire l'intérieur de la tête humaine, et pour tout dire, changer l'état des muscles et l'état des nerfs.

## II

Comment une société, qui de sa nature est une discipline, a-t-elle pu se former et durer parmi des instincts si indisciplinables? Quel était le lien assez fort pour maintenir de pareils hommes et pour ne point craquer à toute minute sous les soubresauts de leurs passions? Lorsqu'on considère la société féodale à son origine, on s'aperçoit qu'elle a pour racine unique un événement simple, semblable à ceux que nous voyons encore autour de nous, l'*engagement volontaire*. Dans le péril commun et journalier, contre les Normands et les brigands, les hommes portant armes se liguent entre eux et avec un de leurs pareils qu'ils prennent pour chef. Qu'on se figure les flibustiers du dernier siècle, leur héroïsme et leurs violences, leur fidélité mutuelle, leur égalité foncière. Dernièrement vingt-cinq soldats et sous-officiers de l'armée d'Afrique, ayant fini leur service, s'en allèrent à travers le Brésil pour chercher fortune, bien fournis de munitions et de bonnes armes, ayant choisi leurs chefs parmi les plus capables d'entre eux. Ils s'engagèrent dans les pampas, vivant de leur chasse, guidés par la boussole, se formant en carré contre les charges des lanciers indiens, et traversèrent ainsi l'Amérique du sud sans avoir perdu plus de deux ou trois hommes. Une situation semblable a produit les mœurs, les sentiments, les vertus et la morale du moyen âge. Car les vertus et la morale varient selon les âges, non pas arbitrairement ou au hasard, mais d'après des règles fixes. Selon que l'état des choses est différent, les besoins des hommes sont différents; par suite telle qualité de l'esprit ou du cœur devient plus précieuse; on l'érige alors en vertu; et, en effet, elle est une vertu puisqu'elle sert un intérêt public. Même elle deviendra une vertu de premier ordre, si elle sert un intérêt public de premier ordre; la vertu étant le sacrifice de soi-même au bien général ne peut manquer de se déplacer en même temps que ce bien pour le suivre; elle s'attache à lui comme l'ombre au corps. Or quel est le bien essentiel et visible de cette petite troupe armée, toujours en éveil, entourée d'ennemis, qui périra demain si chacun ne demeure pas ferme auprès de son camarade de file, et cesse un instant d'obéir à son chef? Il faut avant tout qu'ils se tiennent ensemble, et que chacun compte sur son voisin comme sur lui-même; s'ils se dissolvent ou s'ils se défient, ils sont perdus. Tous les sentiments, affections de famille, dangers personnels, certitude de la ruine, présence de la mort, doivent plier sous celui-là; il est désormais le roi de la vie humaine. Telle est l'idée mère de la société féodale : un camarade ne peut pas abandonner son camarade ni manquer de suivre son chef. Le bon « vassal » est désormais le modèle idéal des hommes : « Je donnerais deux impératrices, disait Frédéric Barberousse, pour un chevalier tel que toi. » C'est ce profond attachement de

l'homme pour l'homme, c'est cette fermeté de la
foi librement donnée, c'est ce mélange de fraternité militaire et de subordination militaire qui a
soudé les mailles du tissu féodal. Pour se le figurer, il faut se faire conter comment aujourd'hui
un grenadier va sous les balles prendre sur son
dos et rapporter son voisin de rang, ou comment,
pour sauver son capitaine, il se jette au-devant
d'un coup de baïonnette. Le poëme de Renaud est
bâti tout entier sur ces deux idées capitales. Renaud est poursuivi par son seigneur, et il faut bien
qu'il se défende; mais à chaque occasion il est
prêt à se soumettre, il renonce à tous ces avantages;
lorsque, dans la mêlée, il l'a frappé sans le connaître, et qu'un instant après, il le reconnaît à la
voix : « Li s'est moult vergondé. » Quoi, dit-il,
c'est « Charlemagne, a cui je ai josté, — ki norri
mon linage et tot mon parenté ! — J'ai forfait le
point dextre dont je l'ai adesé. » Il vient se jeter à
ses pieds et les embrasse. Il le supplie par Dieu et
la Vierge : « Je suis Renaus, vostre hom, k'aves
deserité — et chacié de sa terre, bien à vingt ans
passés. » Il déclare que ni lui ni ses frères ne manquent de chevaux ni d'hommes; mais ils sont « dolant et esfraé » d'avoir perdu « son amor. » Il lui
offre de redevenir son homme, de le servir, de livrer son château de Montauban, et Bayard, « son
destrier, » le meilleur qu'il y ait en la chrétienté;

il lui remettra ses biens, il quittera la France pour toute sa vie ; il s'en ira à pied « sens chauce et sens solers, » au saint sépulcre. — Plus tard, lorsqu'il tient Charlemagne en son pouvoir, dans son château, sous son épée, il se met encore à genoux, il recommence ses offres ; rebuté et menacé, il laisse Charlemagne libre de s'en retourner, et de le persécuter de plus belle : « Bons rois, ales vos ent, s'ils vos vient à talent.—Jà ne vos tenrai jor, altre vostre commant. — Vos estes mes droits sires.... Jà ne vos desdirai por nul home vivant. — Quand Dieu plaira et vos, — Si seromes ami ansi comme devant. » Fidélité inflexible que rien ne peut pousser à bout, ni l'emportement de la bataille, ni la longueur des calamités, ni les conseils de ses frères, ni l'endurcissement de l'ennemi. Que veut donc Charlemagne, et quelle condition si rude met-il à la paix, pour qu'un serviteur comme Renaud ne l'accepte pas ? Une seule : que Renaud lui livre son cousin Maugis; et c'est justement la seule à laquelle Renaud ne puisse se plier. Le sentiment de fidélité qui l'attache à son chef l'attache aussi à son camarade; il ne peut pas plus livrer l'un que trahir l'autre ; c'est le même honneur qui le fait bon allié et bon vassal. « Comment rendrai Maugis, por Deu le fil Marie ? — Maugis et mes secors, m'espérance et ma vie, — mes escus et ma lance et m'espée forbie, — mes pains, mes vins, ma charz

et ma herbergerie, — mes serganz et mes sire,
mes maistres et ma vie, — et s'est mes desfensiers
vers tote vilonie. — Je me lairoie ançois à cevax
traïner. — Que je Maugis vos rende à faire décol-
per. » Dix fois dans le poëme, et jusque parmi les
personnages accessoires, reparaissent les deux
sentiments qui gouvernent les autres. Aymon, pour
tenir son serment à Charlemagne, poursuit ses fils,
et tout en pleurant les combat. « Nul hom de son
âge, ne doit parjurer por fils ni por ami. » Il les
charge, et cependant il s'écrie : « Ahi, mes quatre fils ! Tant vos deüsse amer. — Et encontre tos
homes garentir et tenser ! » La bataille recommence, ils perdent tous leurs hommes, sauf quatorze, s'échappent à grand'peine, et vivent dans les
bois de chasse et de pillage, si maltraités par le
froid et la faim, que lorsqu'ils reviennent au château, leur mère d'abord ne les reconnaît pas. Le
père arrive, s'emporte contre eux, puis, entendant
le récit de leurs misères, fond en larmes, et abandonne le château pour ne pas manquer au serment
qu'il a fait de ne point les recueillir. Voyez encore
le grand combat des quatre frères, qui seuls, sans
cuirasses, sans lances et sans chevaux, sont attaqués par mille chevaliers. Ogier a juré de les livrer s'il les prend, mais ce sont ses cousins, et il
est décidé à ne pas les prendre. Il les attaque, mais
il les fait secourir. Il combat Renaud, mais seule-

ment quand il voit Renaud délivré, armé, en selle sur Bayard, et muni de toute sa force. Il y a une idée qu'ils ne peuvent supporter, celle de la déloyauté ; tout sanglants, à demi morts, elle les ressuscite : Richard est tombé percé d'un coup de lance, évanoui ; « par le plaie li pert le foie et le pomon. » Quand il revient à lui, il songe à l'honneur de Renaud, son frère : « Il est salies en pies, n'i fist arestion. — Et empoigna la plaie de son ventre en son poing ; — ses boiax i rebote et lie à son giron.—Et a traite l'épée ki li pent al gieron, —vers Girart s'aproça et li dist par iror : — Hé! glos, ce dist Richars, menti aves del tot. — Jà n'en aura reproce Renaud, li fixt Aymon. — Que jà Richars ses frères y soit ocis par vos! » Et d'un coup gigantesque il fend de l'épaule jusqu'à la cuisse, le cheval avec l'homme, en deux tronçons.

Les chroniqueurs latins du moyen âge ont un mot pour désigner les barons : *Miles, armiger;* en effet, ce mot est le seul qui donne à ces mœurs leur vrai caractère. Le seigneur a son vassal qui mange son pain, le sert à table, lui verse à boire, soigne son cheval ; de même aujourd'hui, le capitaine a son *soldat*. Le seigneur, comme le vassal, est, par l'éducation et les instincts, un homme du peuple ; Charlemagne frappe Richard, son prisonnier, se collette avec lui, et tous deux se jettent par terre.

Ces deux traits, à mon avis, résument tous les sentiments du moyen âge. Ce sont des soldats, pour les coups de poing et pour les hauts faits, pour la rudesse inculte et pour le dévouement loyal, pour le corps et pour le cœur. En effet, au dixième siècle, quand le peuple des hommes libres prend les armes et vit sous les armes, c'est le moyen âge qui commence; au quinzième siècle, quand il pose les armes et les remet aux mains des soudoyers ou des armées permanentes, c'est le moyen âge qui finit.

RACINE.

§ I.

Esprit de son théâtre.

M. Lahure publie à très-bas prix de très-bonnes éditions des plus grands écrivains français, Montesquieu, Rousseau, Saint-Simon, Fénelon, Molière, la Fontaine, Racine : Saint-Simon entier coûte vingt-six francs; Rousseau, seize francs; Racine, quatre francs; cela est admirable; de là une occasion pour relire Racine et un prétexte pour en parler.

I

Comme Shakspeare et Sophocle, Racine est un poëte national; rien de plus français que son théâtre ; nous y retrouvons l'espèce et le degré de nos sentiments et de nos facultés. L'abolition des mœurs monarchiques a beau lui nuire ; même sous notre démocratie, il retrouvera sa gloire ; son génie est l'image du nôtre ; son œuvre est l'histoire des passions écrite à notre usage ; il nous convient par ses défauts et ses mérites ; il est pour notre race le meilleur interprète du cœur.

Le talent de bien dire, voilà l'esprit de cette race, esprit moyen entre la haute spéculation et l'observation minutieuse, entre l'invention hardie des idées universelles et la collection scrupuleuse des petits faits. Cet esprit circule entre ces deux extrêmes et les rapproche ; il sait expliquer, éclaircir, développer ; il est capable de mettre toute idée à la portée de tout esprit ; il n'avance que pas à pas ; il ne sort d'une idée que pour entrer dans l'idée la plus voisine ; il sait les voies de penser les plus unies, les plus directes et les plus coulantes ; il a horreur de tout écart ; il est par excellence méthodique et universel ; c'est le professeur de l'espèce humaine et le secrétaire de l'esprit humain. Il n'est ni érudit ni peintre ; il ne retirera de chaque objet que quelque idée sommaire accessible à tous ; il laissera glisser hors de ses prises le pêle-mêle des menus détails ; il n'apercevra point la multitude des circonstances particulières et sensibles qui donnent à la chose son caractère et son relief. D'autre part, il n'est ni métaphysicien ni artiste; il laissera les Grecs et les Allemands sonder la nature intime de l'objet; il n'en prendra qu'une idée courante. Toute son envie est de saisir agilement une notion nette, de circulation facile, qui puisse se traduire du premier coup en une autre, et celle-ci de même, de façon que toutes forment une échelle suivie, où nul barreau ne manque ou ne casse, et qu'on puisse gravir ou descendre tout entière en un instant. Son travail est de fixer le sens des mots généraux; son œuvre est d'établir l'ordre des idées générales; son mérite est de disserter par delà des vérités locales, en deçà des vérités métaphysiques; son nom est la raison oratoire, et sa gloire est de composer de beaux discours.

C'est ce genre d'esprit qui a formé le siècle de Racine; on l'y découvre tout entier et on n'y découvre que lui; il y est dans toute sa portée et avec toutes ses bornes. Car regardez d'abord la religion : quelle conception originale y a-t-elle produite? Aucune; le dogme et la tradition sont restés intacts. Dans cet éveil si prompt et si vaste, nul œil n'a sondé de nouveau le fond des croyances. Je vois dans un coin deux petites écoles, le jansénisme et le quiétisme, où s'aventurent quelques grands hommes que personne ne suit, qui meurent à la peine, qui se rétractent à demi, que l'État et l'Église écrasent, impopulaires, persécutés, inconséquents, impuissants et oubliés. Quelle opposition entre cette stérilité d'invention et le renouvellement incessant de la pensée protestante! Tout l'effort ici est pour expliquer et justifier la foi; le dogme donné, on le commente; ce sont d'admirables discours sur la religion, et ce ne sont que d'admirables discours. Fénelon, Bossuet, Bourdaloue, Nicole, la Bruyère n'arrangent pour elle que des expositions et des apologies; ils refont la psychologie, l'histoire et la politique à son usage; ils la ramènent à la portée des gens du monde et ils élèvent jusqu'à sa portée les gens du monde; ils la rattachent à tous les besoins et à tous les devoirs de l'homme, à tous les enseignements de l'école et à toutes les institutions de la société. Ils ne créent pas; ils prouvent, développent et plaident; ce sont les orateurs du christianisme. — Il en est de même en philosophie. Les cartésiens font grand bruit de leur affranchissement complet, de leur doute universel et de leur dédain pour l'autorité. Qui ne voit que cette émancipation est imaginaire? Descartes croit ou feint de croire qu'il a rejeté toutes ses croyances préconçues, et toutes ses croyances préconçues restent en lui, à fleur d'eau; au bout d'un instant il y aborde ou il y échoue. Son doute n'est qu'un artifice involontaire ou préparé pour mieux ramener là les lecteurs. Vous retrouverez sa métaphysique et ses preuves dans saint Thomas, dans saint Augustin, dans saint Anselme. Toute son originalité est dans sa méthode et son style, c'est-à-dire dans l'art de trouver l'ordre vrai et l'expression exacte. En effet, un Français n'invente guère autre chose; s'il atteint plus loin, c'est que la clarté de son style l'y conduit. Si Descartes est arrivé jusqu'à concevoir le monde comme un composé de mouvement et d'étendue, c'est par horreur pour l'obscurité des petits êtres scolastiques. Si nous parvenons à la métaphysique, c'est par l'analyse; sa philosophie et notre philosophie ne sont que des discours que toute l'Europe comprend, que toute l'Europe écoute, que leur style rend populaires, que leur méthode rend solides, et qui donnent la perfection, la force, la beauté et l'empire à des conceptions informes ou pesantes, mais engendrées ailleurs. — Comme la religion et la philosophie, les lettres ne se sont trouvées qu'une branche de l'éloquence. Elles sont nées dans les salons : ce sont des conversations écrites. Un seul goût a régné : le désir de parfaitement parler. Chacun s'est piqué d'apprendre la grammaire avec Vaugelas, la rhétorique avec Balzac. Ce n'est point la véhémence des passions qu'on recherchait, ni la nouveauté des idées, ni l'éclat des images, mais la suite des pensées, la justesse des expressions et l'harmonie des périodes. On avait moins de sympathie pour les sentiments ardents et vrais que de curiosités pour les fines distinctions, pour les madrigaux polis, pour les dissertations ingénieuses. On aimait plus l'expression que la chose exprimée, et le style que l'âme. Dans la poésie, qui est toute invention, on prenait pour maîtres Malherbe et Boileau, travailleurs patients, régents sévères, nés versificateurs, qui ont réduit la muse au bon sens et « au pain sec, » tellement qu'à la fin de cet âge, pour louer des vers on les disait beaux comme de la prose. — En effet, c'est la prose qui a fait la richesse du siècle, et dans la prose, non pas le roman, où l'invention est nécessaire, mais l'exposition, le discours, le sermon, la polémique, les lettres familières, tous les genres de composition où il s'agit surtout de bien dire : et le talent est rencontré si grand, l'art si achevé, l'éducation si complète, le soin si scrupuleux, que nulle autre nation et nul autre siècle ne sont comparables, et qu'Addison ou Gœthe mis en regard paraissent maladroits et pédants.

Pour achever, considérez les mœurs. L'homme qui à ce moment entre en scène est l'homme du monde, et le talent qui à ce moment devient le plus utile est l'art de bien parler. La vie hasardeuse, solitaire et inventive a cessé avec l'indépendance et les guerres du seizième siècle ; il ne s'agit plus de faire des ligues ou de se cantonner dans son château, d'agir à sa guise ou de s'amuser à son goût.

La monarchie absolue et l'administration régulière
ont amené les nobles oisifs et soumis dans les salons et à la cour ; là règne un goût uniforme ; il faut
y plier son humeur; les convenances promènent
leur niveau sur les singularités des esprits et des
caractères. Il faut être comme tout le monde, sinon
l'on cesse d'être « un honnête homme », et l'on est
un homme perdu. Quel poids pour opprimer l'invention que cette obligation d'imiter et cette
crainte du ridicule! Mais quelle école pour enseigner l'art de bien dire que cette habitude d'être
ensemble et cette nécessité de converser! Autrefois
on faisait fortune par l'épée et les aventures, maintenant c'est par des assiduités et des paroles bien
tournées; il faut savoir louer, médire, conter, discuter, écrire, en termes nobles pour garder son
rang, en termes fins pour prouver sa politesse, en
style solide pour vaincre son adversaire, en style
agréable pour plaire à la galerie. Ce beau courtisan
doré qui tourne anxieusement et gracieusement
autour des carpes de Marly, savez-vous quelles
idées se remuent dans sa tête ? Non pas des visions
voluptueuses ou éclatantes, comme chez celui d'Élisabeth ou de Philippe II, mais des phrases ménagées et prudentes, un mot du roi qu'il vient d'entendre et dont il faut sonder la profondeur, une
préface adroite qui introduira la demande d'une
grâce, une saillie ingénieuse qui lui fera honneur,

un adjectif à deux tranchants, qui égorgera un ennemi ou un rival. Si je regarde autour de lui, je ne trouve que des images, des préparatifs, ou des auxiliaires de ces mœurs de société et de ces habitudes oratoires ; la nature a été émondée et polie pour s'y accommoder ou les servir ; les charmilles sont des tentures, les ifs des candélabres, les jets d'eau des girandoles; ces parterres rectangulaires et ces promenades géométriques offrent des salons en plein air. L'architecture sèche et noble s'aligne avec la tenue, la gravité et la magnificence officielle d'un courtisan; les déesses à demi nues qui se penchent au fond des allées ont le geste d'une grande dame qui plie son éventail ou retient d'un coup d'œil un assidu ; les fleuves couchés sous leur voûte de rocaille ont l'air commandant et serein de Louis XIV ou de Thésée. Voilà les alentours de Racine ; c'est cet esprit de la race et du siècle auquel s'est accommodé son esprit. S'il y a des climats dans le monde physique, il y en a aussi dans le monde moral.

## II

Car, je vous prie, considérez la raison oratoire à l'œuvre ; à quoi s'attache-t-elle d'abord ? au plan. Quand Racine avait composé le sien, il disait : « Ma tragédie est faite. » Quelle distance entre cette sorte d'esprit et celui de Shakspeare qui découpe en scènes des romans ou des histoires telles qu'il les trouve, laisse le dénoûment arriver comme il pourra, et ne s'attache qu'aux caractères et aux passions ! C'est que le bel ordre, la vraisemblance et l'harmonie sont tout pour la raison oratoire. Une seule action, un seul intérêt, ménagé, croissant d'acte en acte et de scène en scène, rien de singulier, d'imprévu, d'improbable, un dénoûment amené naturellement par les événements qui précèdent, un ensemble aussi régulier et aussi proportionné qu'un discours, c'est par là seulement qu'on peut lui plaire. La structure d'*Hamlet* lui paraîtrait absurde ; ces voyages, ces enterrements, ces suicides, cette incohérence des événements et des sentiments, cette agitation sans progrès, cette subite tuerie qui conclut la pièce, la rebuteraient comme une improvisation folle. Elle demande à la tragédie l'équilibre et la structure d'un bon raisonnement. Ce qu'elle impose en tout, c'est la règle. Les esprits naissent ici disciplinés comme les caractères, et la littérature, autant que la nation, a besoin d'un gouvernement. Si on n'en a point, on va en chercher un chez les autres, même quand les autres n'en ont point à vous donner. Les plus grands écrivains sont réduits à s'autoriser d'Aristote et des Grecs. C'est peu d'être

vrai et de plaire ; il faut encore que l'œuvre soit
conforme à la poétique officielle ; il y a un uniforme
littéraire qu'elle doit porter. Bien plus, on prend
soin de le rétrécir. Au nom des Grecs, on ajoute
à l'unité d'action l'unité de lieu et de temps; on
resserre la première entrave utile par deux autres
entraves inutiles. Les raisonneurs du temps ont
conclu logiquement de l'une aux autres. Ils s'épargnent ainsi la peine de voyager en imagination
dans le temps et dans l'espace, ce qui les accommode fort, car ils n'aiment pas la peine et n'ont
guère d'imagination. Une règle si étroite et si sage,
un art si contraint et si parfait, l'intérêt et la vraisemblance imposés avec tant de logique et avec
une logique si extrême, une route si bien tracée et
tant de barrières autour de la route, n'est-ce point
là le chef-d'œuvre et le triomphe de cet esprit
moyen et méthodique qui sait composer plutôt
qu'inventer ?

Pareillement ses personnages sont des êtres
abstraits plutôt que des hommes réels; il esquisse
un contour, il n'approfondit pas une physionomie;
il développe une vertu, il ne construit pas un
caractère. Rien ne lui est plus opposé que cette
vision pénétrante et absorbante par laquelle
Shakspeare aperçoit en un instant le corps,
l'esprit, l'éducation, le naturel, le passé, le présent
de son personnage, et cet innombrable écheveau

de fils tortueux, nuancés et changeants qui s'entre-croisent pour le former. Il saisit quelque passion simple, la fierté, l'emportement, la jalousie tyrannique, la fidélité conjugale, la pudeur, et en fait une âme; le personnage n'est rien d'autre ni de plus; une seule ligne a suffi pour le tracer; tous les traits accessoires qui le compliquent dans la nature ont disparu. De même, à l'hôtel de Rambouillet, on expliquait ce qu'est le jaloux, le volage, l'opiniâtre, le généreux et le perfide; de même la Bruyère montrera ce qu'est l'enrichi, le galant, l'hypocrite et le courtisan. La raison oratoire en ce siècle s'est partout employée à déduire les suites d'une qualité pure; car son propre est de développer les idées générales, et ses poëtes les ont mises en scènes comme ses prosateurs en portraits. C'est pour cela qu'elle aboutit naturellement aux personnages héroïques et beaux; elle leur donne les qualités qui la fondent; elle les compose de raison pratique, c'est-à-dire de noblesse, de générosité et de vertu; elle n'admet la passion que comme une puissance secondaire et vaincue; elle exclut le désordre et la folie; elle rejette l'excessif et l'ignoble; elle ne souffre pas, chez les mêmes scélérats, la laideur triviale et repoussante; elle leur impose des dehors de modération et de décence; elle veut se retrouver elle-même jusque dans les endroits où elle n'est pas. Certes, s'il est bon de connaître l'homme, il est beau d'embellir l'homme ; des deux voies ouvertes aux artistes, l'une vaut l'autre, et il y a autant de gloire à épurer qu'à créer; c'est la gloire des Grecs, qui peignaient belles jusqu'aux Furies; c'est celle de Racine ; et nul n'a représenté des âmes plus dignes d'être aimées. Si Shakspeare repose de lui, il repose de Shakspeare; Monime, Junie, Andromaque sont des êtres divins, et leur perfection est d'un genre unique : car ce ne sont point des enfants frêles et tendres comme Ophélie ou Imogène; mais des femmes réfléchies, d'esprit cultivé, maîtresses d'elles-mêmes, capables de démêler à travers toutes les obscurités l'utile et l'honnête, d'y atteindre malgré les tentations et les terreurs, de résister aux autres et à elles-mêmes, compagnes égales de l'homme, parce que leur vertu comme la sienne est fondée sur la raison. Si j'avais le pouvoir de ranimer les êtres, ce n'est pas Desdémone que j'évoquerais : elle est trop petite fille ; ni Hamlet : j'aurais mal aux nerfs; ni Macbeth, Othello ou Coriolan : j'aurais peur ; ni Sévère : il est trop avocat; ni le vieil Horace : il est trop dur; c'est Monime que je voudrais voir.

Ceci annonce le dernier trait de ce théâtre, qui est l'éloquence ; le style n'y est composé que de discours, et les discours sont parfaits, tant les raisonnements y sont solides, les preuves bien disposées, les transitions ménagées, les exordes habiles, les péroraisons concluantes, le style exact et noble. Quel que soit l'orateur, confident ou prince, il est maître dans l'art de convaincre et de plaire, de garder sa dignité et de ménager celle d'autrui, de répandre la clarté sur toute idée et d'ôter à toute idée ses aspérités. A la vérité, les étrangers s'en choquent et réclament. Ils ne peuvent souffrir que Phèdre expire sur une phrase académique, qu'Oreste en délire raisonne avec les Furies, que Roxane plaide sa passion[1] et Atalide sa mort. Ils disent qu'une émotion extrême exige un style incohérent, que l'homme agonisant ou furieux n'a que des cris, des larmes et des silences. Plusieurs même nous appellent rhéteurs, trouvent que par amour de la clarté nous bavardons, que nos développements sont infinis; qu'Agamemnon condamnant sa fille, ou Clytemnestre défendant sa fille, affaiblissent en quarante vers ce qu'il faudrait ramasser en deux lignes, que la conviction et la passion abrègent et concentrent, et que nos personnages ont toujours l'air d'avoir derrière eux et à leurs gages un conseiller d'État, homme de cour et d'académie, chargé de traduire en beau style convenable leurs idées et leurs sentiments. Sans doute; mais le plus souvent ils les traduisent eux-

1. Différence entre Roxane et la Camargo, d'Alfred de Musset. La situation est la même.

mêmes. Le grand seigneur diplomate et homme du
monde a toujours la parole prête et parfaite; son
orgueil, son rang, son éducation et son emploi lui
interdisent de s'abandonner; il est toujours en public et porte toujours sa dignité. Louis XIV, au lit de
mort comme après les désastres de 1709, gardait sa
justesse et sa grandeur de style; le roi en lui avait
transformé l'homme, et nous ne devons point juger
un monde aristocratique et oratoire d'après les cris
de nos poëtes lyriques et nos habitudes de plébéiens. Il y a une singulière beauté dans ce talent
de bien dire que n'altèrent point les émotions profondes; on admire Oreste, qui, troublé d'amour et
de jalousie, aborde à l'instant Pyrrhus en ambassadeur consommé; Néron, qui, tout jeune et comblé
de haine, démasque Agrippine avec les raisons les
mieux choisies et le dédain le plus poli; Atalide, qui,
venant s'offrir à Roxane, invente pour sauver son
amant les excuses les plus fines et les plus tou
chantes. On trouve en ce talent la marque d'un
esprit supérieur et d'une éducation incomparable;
on juge que la passion ainsi dissimulée reste encore
véritable et poignante; et l'on aperçoit l'angoisse
secrète que les yeux ni la voix n'ont point trahie.
J'ose même aller plus loin, et je me transporte
parmi les habitudes du dix-septième siècle; j'accepte des conventions dans la tragédie comme dans
l'opéra. Je souffre que Bérénice plaide sa douleur,

puisque dona Anna chante la sienne ; chaque art et chaque siècle enveloppe la vérité sous une forme qui l'embellit et qui l'altère; chaque siècle et chaque art ont le droit d'envelopper ainsi la vérité. C'est une erreur que de demander à dona Anna des plaintes sans mélodie; c'est une erreur que de demander à Bérénice des plaintes sans éloquence; l'une exprime sa douleur par des notes liées, comme l'autre par des raisons suivies, et on n'a rien dit contre l'une ni contre l'autre lorsqu'on a remarqué contre l'une et contre l'autre que la passion ne s'exprime ni par le développement oratoire ni par le chant musical. Il est plus curieux de chercher pourquoi dans un siècle ou dans une race la vérité prend pour ornement et pour expression tantôt la beauté et la convention musicales[1], tantôt la beauté et la convention oratoires; comment la scène se rattache aux mœurs, à la littérature, à la religion, à la philosophie et à l'art; comment le théâtre et le reste prennent leur naissance, leur forme et leur force dans quelque habitude régnante ou dans quelque talent national. Celui de Racine est celui de la France; cela est si vrai qu'on le rencontre déjà dans le bavardage et la clarté des *mystères;* et dans son théâtre démocratique et chargé d'images, Victor Hugo, qui croyait le contredire, a *plaidé* comme lui.

---

[1]. Consulter Beyle (de Stendhal), *Vie de Rossini.*

## § II.

#### Mœurs de son théâtre.

On a blâmé Racine d'avoir peint sous des noms anciens des courtisans de Louis XIV ; c'est là justement son mérite ; tout théâtre représente les mœurs contemporaines. Les héros mythologiques d'Euripide sont avocats et philosophes comme les jeunes Athéniens de son temps. Quand Shakspeare a voulu peindre César, Brutus, Ajax et Thersite, il en a fait des hommes du seizième siècle. Tous les jeunes gens de Victor Hugo sont des plébéiens révoltés et sombres, fils de René et de Childe-Harold. Au fond un artiste ne copie que ce qu'il voit, et ne peut copier autre chose ; le lointain et la perspective historique ne lui servent que pour ajouter la poésie à la vérité.

Dans la vie ordinaire, le premier personnage est le peuple ; c'est pourquoi dans le théâtre aristocratique le peuple manque. Comment un plébéien y paraîtrait-il? Ses habits et ses manières feraient tache ; à peine si on les souffre dans une bouffonnerie ; encore les grands seigneurs ont trouvé dégoûtant de traîner leurs yeux pendant cinq actes

sur un M. Jourdain. Pour le peuple en masse, à la
vérité, il peut servir; car dans les séditions, il
touche à la couronne des rois, même à leur tête.
Mais quel spectacle, et comme l'orgueil du rang
se révolte à l'idée d'une pareille profanation[1]!
Écartez bien loin de tels scandales; qu'ils s'accomplissent derrière la scène. Épargnez-nous le tumulte et les cris de la canaille; c'est bien assez
qu'il y ait au monde des cordonniers et des marchands; ne nous imposez pas le supplice de les
voir. Si la nécessité vous réduit à nous montrer
des roturiers, que ce soient des domestiques; que
Pylade donne des ordres à ses compagnons, mais
qu'ils se gardent de répondre; nous ne voulons
pas entendre le bruit avilissant de pareilles voix.
Faites entrer des gardes, puisque la dignité du
prince a besoin de leur cortège; mais qu'ils soient
de simples mannequins, dociles à la parade, utiles
pour faire ressortir la sereine arrogance du maître,
qui, sans les regarder, les renvoie d'un geste[2]. Si
une révolution vous contraint de les consulter,
qu'ils se tiennent en bon ordre, immobiles; le plus

1. Contre un peuple en fureur vous exposerez-vous?
   N'allez point dans un camp rebelle à votre époux,
   Seule à me retenir vainement obstinée,
   Par des soldats peut-être indignement traînée,
   Présenter, pour tout fruit d'un déplorable effort,
   Un spectacle à mes yeux plus cruel que la mort.
2. Et vous, qu'on se retire.

qualifié d'entre eux, un échevin, Azarias, fera le serment à leur place ; on ne peut toucher de telles mains que par une main intermédiaire. Leur seul emploi est de servir ; quel que soit le service, ils sont trop honorés de le rendre ; c'est une gloire pour l'enfant roturier que de mourir pour son jeune maître ; la vertueuse Andromaque ne s'en est point fait scrupule : elle a ordonné de prendre chez quelque servante du palais un enfant convenable, et Ulysse trompé a fait tuer le petit paysan (heureux enfant !) au lieu d'Astyanax[1]. Pour entrer sur le théâtre comme dans le monde aristocratique, l'homme du peuple n'a qu'un moyen, qui est de se faire domestique de confiance, c'est-à-dire confident.

Ce confident tant raillé est un des personnages les mieux imités du théâtre monarchique. Il peut être roturier ou grand seigneur, peu importe ; devant le prince tout est peuple. Son mérite est de n'être point un homme, mais un écho ; plus il a d'esprit, plus il s'efface. Car à la cour il n'y a qu'une pensée digne d'être écoutée, celle du prince : toutes les autres ont pour devoir de la mettre en relief ; il n'y a qu'un intérêt digne qu'on

---

1. Le comte de Horn, assassin et voleur, fut roué sous la Régence ; cela parut incroyable ; des femmes du peuple qui étaient sur la place le jour de l'exécution disaient : « Ça, un comte ? allons donc ! Est-ce que vous ne savez pas que c'est un soldat aux gardes françaises à qui on a donné de l'argent pour être roué à la place de l'autre, et *qui se fait petit ?* »

s'en occupe, celui du prince ; tous les autres ont pour devoir de le servir. Ses confidents sont à lui comme sa main ou sa perruque ; il est devenu tout à la fois leur dieu, leur maîtresse et leur père ; toutes leurs affections se sont ramassées sur lui, avec toute la force de l'habitude, de l'intérêt, du devoir et de la passion. On ne doit point s'apercevoir qu'ils sont bons, méchants, sots, spirituels, ni s'ils ont une famille, une religion ou un caractère ; ces traits ont disparu sous le niveau des convenances qu'ils observent et de l'emploi qu'ils remplissent. Son chambellan mort, le roi en aura le lendemain un semblable, et saura à peine qu'il en a changé ; ce sera un fauteuil commode après un fauteuil commode ; il le trouvera aussi pliant quand il lui fera l'honneur de s'asseoir sur lui. Il le trouvera aussi lustré et aussi verni. Devant le roi, le premier devoir est de savoir bien parler ; il n'y a que des gens de la meilleure éducation dans son antichambre. Ne vous figurez pas ici, je vous prie, les grosses ménagères qui vous font bâiller au Théâtre-Français, mais des duchesses en magnifiques robes lamées, accomplies dans l'art des révérences, qui d'un sourire enchanteur présentent la chemise, qui savent s'appuyer sur un fauteuil, apporter une lettre, étaler leur jupe, écouter un récit avec une grâce et une dignité capables de ravir les cœurs. « Il n'y a que ces gens-là, disait Napoléon, qui sachent servir. » Quelle que soit l'intimité, soyez sûrs qu'ils se tiendront toujours à leur place. Pylade, qui était l'ami d'Oreste, est devenu son menin; OEnone, qui était la nourrice de Phèdre, est devenue sa suivante. Ils disent *vous* à leurs maîtres, qui les tutoient. Ils sont dans la chambre du prince pour aider à ses monologues; ils mettent des transitions entre ses idées; ils lui fournissent des sujets de développement; ils l'avertissent et le contredisent juste autant et aussi peu qu'il faut pour donner carrière à ses raisonnements et à ses passions; ils arrangent et époussètent son esprit comme sa garde-robe; leur office est de mettre en ordre ses pensées comme ses habits. On peut tout dire devant eux; à la volonté du maître, ils n'ont point d'oreilles. On dit tout devant eux; ils servent de déversoir; ils essuient l'épanchement des paroles, comme un mouchoir l'épanchement des larmes. On fait tout par eux et devant eux; l'ordre du prince est leur volonté, et son caprice leur conscience; trahison, rapt, calomnie, assassinat, ils prêtent à l'instant leur main, leur langue, leur approbation ou leur silence. Quand le prince meurt, ils meurent ou veulent mourir; il avait leur âme, il l'emporte avec lui. Personnages précieux, nés de la servilité et de la fidélité féodales, composés de dévouement et de bassesse, images d'un temps où un homme était l'État.

Quand vous lisez les noms d'Hippolyte ou d'Achille, mettez à la place ceux du prince de Condé ou du comte de Guiche. Le comble du ridicule ici serait de penser à Homère. Regardez le véritable Achille, sauvage farouche, à la poitrine velue, qui voudrait manger le cœur et la chair crue d'Hector; qui, ayant tué le père, prend, une heure après, la fille pour concubine; qui égorge en tas les hommes et les chevaux sur le bûcher de Patrocle, et secoue en hurlant et en pleurant ses bras rougis contre le ciel : et mettez en regard le charmant cavalier de Racine, à la vérité un peu fier de sa race et bouillant comme un jeune homme, mais disert, poli, du meilleur ton, respectueux envers les captives, s'attendrissant sur leur sort, chevalier parfait, leur demandant permission pour se présenter devant elles, tellement qu'à la fin il ôte son chapeau à plumes et leur offre galamment le bras pour les mettre en liberté[1]. Quand Hippolyte parle des forêts où il vit, entendez les grandes allées de Versailles; encore y a-t-il son précepteur; sinon, où eût-il pris son beau style ? Un chancelier de France ouvrant le conseil lors d'un avénement n'eût pas mieux parlé que lui après la mort de son

---

1. C'est trop, belle princesse, il ne faut que nous suivre;
Venez, qu'aux yeux des Grecs Achille vous délivre,
Et que ce doux moment de ma félicité
Soit le moment heureux de votre liberté.

père ; la petite oraison funèbre qu'il prononce est d'une pompe et d'une convenance accomplies ; son exposé des affaires, son rapport sur le partage du royaume feraient honneur à un conseiller d'État. Il est si bon orateur qu'il est sophiste ; sa façon d'exclure le fils de Phèdre est parfaite ; il semble ici qu'il soit né jésuite autant que roi. Soyez certain que, comme le duc du Maine, il a eu Mme de Maintenon pour précepteur. Et savez-vous ce qu'il faisait dans les forêts dont il parle si souvent et si bien ? Des madrigaux. Ses déclarations d'amour en sont pleines [1], et tous les jeunes princes de Racine font ainsi ; ils tournent le compliment d'une façon exquise ; ils emploient avec un esprit consommé tous les joyaux du style amoureux, le feu, les flammes, les liens, les naufrages ; ils trouvent les mots les plus ingénieux, les plus délicats pour louer ; ils naissent maîtres en galanterie ; ce sont les cavaliers servants les plus attentifs et les plus polis. L'amour n'a pas grande place ici ; au fond, il n'a qu'une très-petite place en France. Ils parlent trop bien et trop pour des hommes troublés d'un sentiment profond. En retrouvant leur maîtresse enlevée, ils s'affligent

Qu'un destin envieux<br>
Leur refuse l'honneur de mourir à ses yeux.

1. Si je la haïssais, je ne la fuirais pas....
Quel étrange captif pour un si beau lien.

En recevant un aveu, tout transportés, ils trouvent une antithèse respectueuse :

> O ciel! quoi! je serais ce bienheureux coupable
> Que vous avez pu voir d'un regard favorable!

Tout est vif, léger, paré, brillant dans leur caractère et dans leur esprit; vous voyez en eux les gentilshommes de Steinkerque qui chargent en habit brodé, doré, panaché de rubans et de dentelles, braves comme des fous, doux comme des jeunes filles, les plus aimables, les plus courtois, les mieux élevés et le mieux habillés de tous les hommes, charmantes poupées d'avant-garde, de salon et de cour.

Les jeunes princesses, au contraire, aiment véritablement; c'est que les convenances d'une cour française, qui défendent l'amour aux hommes, le permettent aux femmes. Le gentilhomme doit être galant, c'est-à-dire empressé, flatteur, parleur, toujours prêt à sourire, à s'agenouiller, à remercier, à servir et à mourir; quoi de plus contraire à l'amour que ces façons officielles? S'il avait les licences et les éclats de la passion, il passerait pour mal-appris, ce qui est intolérable dans un pays de vanité comme la France et dans un monde d'apparat comme la cour. Qu'il se garde bien d'être vraiment amoureux; les petits-maîtres l'appelleraient butor et niais. Il n'en est point ainsi pour une femme; l'attitude que lui imposent les convenances n'exclut point l'attitude que lui impose l'amour; elle peut être à la fois bien élevée et tendre; elle n'est pas condamnée aux façons flatteuses et bavardes que la mode exige du cavalier servant. Au contraire, la réserve du rang, jointe à la fermeté d'esprit et à la précoce sagacité qu'il engendre, met dans son amour une noblesse et une grâce qui ne sont point ailleurs. Racine est le plus grand peintre de la délicatesse et du dévouement féminins, de l'orgueil et de la dextérité aristocratiques; partout de fins mouvements de pudeur blessée, de petits traits de fierté modeste, des aveux dissimulés, des insinuations, des fuites, des ménagements, des nuances de coquetterie, puis des effusions et des générosités touchantes; on suit les expressions changeantes et réprimées de leur visage, et l'on devine les larmes qui n'arrivent pas jusqu'à leurs beaux yeux. Tous leurs sentiments naissent de leur état ou en portent la marque. Ce qui les touche dans leur amant, c'est son rang; c'est en monarque qu'elles se le représentent, ayant l'air du maître du monde, entouré de princes « qui tous de lui empruntent leur éclat. » Une des causes de l'amour d'Iphigénie, c'est qu'Achille est de meilleure maison qu'elle; elle est glorieuse d'une telle alliance[1]; vous diriez

---

1. Hélas! il me semblait qu'une gloire si belle
M'élevait au-dessus d'une simple mortelle.

une princesse de Savoie ou de Bavière qui va épouser le dauphin de France. Sa famille pense de même, et sans cesse les allusions au sang d'Achille reviennent dans leurs discours. Le respect filial comme l'amour s'est transformé. Iphigénie, qui dans Euripide parle en jeune fille, dans Racine parle en sujette; ce n'est pas à son père qu'elle s'adresse, c'est à son roi ; elle lui appartient : elle doit mourir, à son ordre, sans murmure : les devoirs monarchiques ont aboli les sentiments naturels, et la faiblesse féminine a disparu sous la conscience du rang. Si elle demande à vivre, ce n'est pas par crainte ; une fille de France ne saurait avoir peur ; c'est par devoir envers son fiancé et sa mère. Si elle tente de le toucher, ce n'est pas par la pitié, mais par l'orgueil; elle rappelle son illustre mariage, toute la gloire de sa naissance, tous les honneurs qu'elle a reçus de lui ; en effet, si quelque chose doit sauver un sujet du supplice, ce sont les tendresses dont l'a honoré le monarque. Je l'avoue, les sentiments naturels, les effusions, l'abandon de soi-même sont ce qu'il y a de plus aimable au monde, et rien n'est plus touchant que les prières de Philoctète et de Tecmesse. Et cependant, dans la nature altérée par les exigences aristocratiques, il y a encore une beauté très-grande. Songez à l'importance des dignités, à l'habitude de vivre en public, à l'éducation, aux cent mille nécessités qui engendraient alors des idées différentes et façonnaient des passions oubliées ; vous accepterez ces mœurs artificielles comme les minces corps de jupe et les coiffures étagées qu'elles imposaient ; vous retrouverez sous ces mouvements gênés la vérité et la grâce ; vous aimerez l'orgueil et la force dans des êtres si frêles : vous jugerez leur tendresse plus touchante en la voyant jaillir à travers la roideur de l'étiquette ; vous admirerez la grandeur d'âme, la générosité sans éclat, l'abnégation modeste que les convenances ornent et soutiennent. La duchesse de Bourgogne était si adorée que les courtisans, race méchante et bavarde, s'entendirent un jour pour dissimuler une faute qu'elle avait faite. Quoique critique, c'est-à-dire méchant et bavard, je ne veux pas voir les deux ou trois sottises que disent Iphigénie et Bérénice ; et si je les voyais, je n'aurais pas le cœur de les faire remarquer.

Deux traits composent le caractère du roi au dix-septième siècle : la sécurité et la dignité. Ni le *Contrat social*, ni la prise de la Bastille n'ont encore altéré son assurance ; il se croit possesseur de son peuple, comme un particulier se croit possesseur de sa terre ; les théologiens et les légistes lui déclarent que son pouvoir est un patrimoine inaliénable, héréditaire, le plus inviolable de tous, tellement que cette propriété est la source des autres, et que nul sujet ne jouit de son propre bien et de sa propre vie que par une délégation du roi. Et ce droit social est encore confirmé par un droit divin ; on enseigne que Dieu est l'auteur de cette puissance, que sa volonté la consacre, que son esprit l'inspire, et qu'il suggère au roi les résolutions sages comme il suggère au Pape les dogmes vrais. Ajoutez que la soumission du peuple, l'adoration des courtisans et les respects de l'Europe autorisent encore cette confiance et cette théorie ; la Fronde ne semble qu'une escapade ridicule et lointaine : personne ne craint le mécontentement de M. Jourdain et de M. Dimanche ; le peuple n'est qu'une canaille à qui on jette des saucissons les jours de fête, et dont une escouade dissipe les criailleries et les attroupements. Quelle distance entre le monarque d'alors et les princes d'aujourd'hui, campés dans leur droit et dans leur palais comme dans une auberge ! Louis XIV est ce roi de Racine, si sûr d'être obéi, si tranquille dans le commandement, d'une condescendance si majestueuse envers ses inférieurs, d'une arrogance si froide quand on lui résiste, si différent des autres hommes que peu s'en faut qu'il ne se considère comme un Dieu. Son orgueil le suit jusque dans les moments les plus extrêmes ; quand Agamemnon annonce à sa fille qu'il faut mourir, il lui dit de songer devant le couteau « dans

quel rang elle est née, » et il ajoute ce trait incroyable :

Allez, et que les Grecs qui vont vous immoler
Reconnaissent mon sang en le voyant couler.

J'en passe, et de pareils ; les rôles de Néron, de
Mithridate, d'Assuérus et d'Athalie en sont remplis. Un roi moderne qui voudrait bien jouer son
personnage devrait toujours avoir leurs discours
sur sa table. Il y apprendrait une autre chose, perdue aussi, la dignité, qui est comme la rançon du
rang. Car elle consiste à se contraindre en vue de
sa place ; le roi au dix-septième siècle doit être roi
dans tous les moments, à table, au lit, devant ses
valets, devant ses intimes ; il faut « qu'il conserve
en jouant au billard l'air du maître du monde ; » le
titre efface la nature, et l'homme disparaît sous le
monarque. Souvenez-vous que Louis XIV passait sa
vie en public, qu'il mangeait, se levait, se couchait
et se promenait devant toute une cour. Quel supplice pour un homme d'aujourd'hui que ces douze
heures par jour de calcul et de parade, cette obligation perpétuelle de déguiser sa pensée, et de paraître toujours calme, de mesurer ses mots, de
marquer les distances, sous deux cents yeux les
plus perçants et les plus ouverts qui furent jamais !
Regardez les sentiments de famille et les mœurs
bourgeoises de nos rois contemporains, et jugez

du contraste ; alors vous comprendrez le style noble et châtié des monarques de Racine ; dans les instants les plus violents, ils se contiennent parce qu'ils se respectent ; ils n'injurient pas, ils n'élèvent la voix qu'à demi. Néron n'est plus sophiste et artiste, Agrippine n'est plus prostituée et empoisonneuse comme dans Tacite ; tous les mots crus, tous les traits de passion effrénée, toutes les odeurs âcres de la sentine romaine ont été adoucis. Les tendresses perdent leur abandon comme les violences leurs excès ; le roi n'appelle sa femme que « Madame ; » parlant d'elle à une autre, il ne l'appelle que « la reine ; » Thésée, qui aime Phèdre et que Phèdre a cru mort, l'aborde avec un compliment officiel. C'est que les mœurs monarchiques transforment tout l'homme, la famille autant que la société, le théâtre autant que la nature, les vertus autant que les vices, le prince autant que les sujets.

A côté du roi est un second roi, de grande race, hautain et digne, assis dans son droit aussi fièrement que l'autre, et maître du spirituel comme l'autre du temporel. Personne n'ignore assez l'histoire pour supposer que Joad soit un pontife juif ; il est trop bien élevé et trop peu féroce. Il suffit aussi de regarder autour de soi pour voir qu'il n'est point un prêtre d'aujourd'hui ; il est trop calme et trop commandant. On sent que depuis ce temps une révolution s'est faite dans l'esprit autant que dans le gouvernement, et que l'autorité a fléchi dans la religion autant que dans la politique. Joad parle comme un prélat du dix-septième siècle, et Racine, sans le vouloir, lui a donné plusieurs traits de Bossuet. Malgré moi, en lisant ses paroles, je songe aux sentiments que les catholiques éprouvaient alors contre les protestants ; c'est la même roideur intolérante, la même foi enracinée et indestructible, la même prétention à régler et à punir les convictions d'autrui. « Les enfants ont déjà son audace hautaine ; » le petit Zacharie, la douce Josabeth, s'enflamment à l'aspect d'un infidèle et le chassent avec injures. De pareils sentiments aujourd'hui seraient étranges ; alors ils étaient dans les mœurs. Un autre trait est la façon dont Joad parle de Dieu ; il semble qu'à chaque instant il voie ses décrets et tiennent sa foudre. Un prélat aujourd'hui oserait tout au plus se faire l'interprète des dogmes et des desseins généreux de la Providence ; pour Joad, il sait sur chaque événement l'intention spéciale de Dieu ; il assiste à son conseil ; il a pour chaque circonstance une révélation personnelle, comme Bossuet qui transportait la théologie dans l'histoire, et expliquait la Révolution d'Angleterre en disant que Dieu l'avait faite pour sauver l'âme de Madame. Faut-il rappeler l'examen qu'il fait subir au petit Joas, les questions sur le dogme et la morale, et toute cette scène empruntée à l'éducation du dauphin ou du duc de Bourgogne? Depuis l'*Émile*, elle paraît déplacée; on sait qu'un enfant ne comprend pas les formules, qu'il les récite, et qu'un maître a tort de prendre une preuve de mémoire pour une marque de conviction. Ajoutez que le stratagème de Joad et le meurtre d'Athalie choqueraient beaucoup un public moderne si on les lui présentait pour la première fois. On trouverait singulières les phrases à double entente par lesquelles il attire Athalie dans le temple, et le sang-froid décent avec lequel il la fait emmener et tuer hors de ses yeux. Voltaire a déjà prononcé deux mots impolis sur son compte, et sur cette matière les sentiments de Voltaire sont maintenant dans le cœur de tout le monde. Pour admirer la pièce avec sympathie, il faut se pénétrer des passions éteintes depuis deux siècles, relire la correspondance des évêques et des intendants[1], les procès-verbaux des assemblées du

---

1. Lettre de M. Legendre, intendant de Montauban, à Bossuet : « Je trouvai d'abord beaucoup d'opiniâtres qui ne voulaient entendre parler ni de messe ni d'instruction. Je leur représentai qu'après avoir épuisé les voies de douceur, le roi serait obligé de faire sur eux des exemples de sévérité, s'ils ne se mettaient à la raison. Dieu a touché leurs cœurs; ils se sont tous déterminés par la douceur à venir à la messe. — Il faudra établir l'uniformité dans les provinces voisines et dans tout le royaume, afin que nos jeunes plantes ne puissent pas se plaindre que l'on cultive leur terre, pendant que l'on néglige celle de leurs voisins. »

clergé, les demandes universelles et perpétuelles de persécution, les louanges dont Bossuet comble le chancelier, qui scelle la salutaire mesure. Par le changement des idées le caractère du prêtre a changé comme celui du roi.

Si j'avais le plaisir d'être duc et l'honneur d'être millionnaire, j'essayerais de rassembler quelques personnes très-nobles et de grandes façons ; je secouerais toutes les branches de mon arbre généalogique pour en faire tomber quelque vieille parente dogmatique qui aurait conservé dans la solitude de la province la dignité et la politesse de l'ancienne cour, et je la prierais de m'honorer de ses conseils. J'ornerais quelque haut salon de panneaux sculptés et de longues glaces un peu verdâtres, et j'engagerais mes hôtes à se donner le plaisir de représenter les mœurs de leurs aïeux. Je me garderais de leur serrer les mollets dans des maillots et de faire saillir leurs coudes pointus pour imiter la nudité antique ; je laisserais là les malheureux travestissements grecs que Lekain, puis Talma, ont imposés à notre théâtre ; je leur proposerais de s'habiller comme les courtisans de Louis XIV, d'augmenter seulement la magnificence de leurs broderies et de leurs dorures, tout au plus d'accepter de temps en temps un casque à demi antique, et de le dissimuler par un gros bouquet de plumes chevaleresques. Je demanderais en grâce aux dames de vouloir bien parler comme à leur ordinaire, de garder toutes leurs finesses, leurs coquetteries et leurs sourires, de se croire dans un salon d'une vraie cour[1]. Alors, pour la première fois, je verrais le théâtre de Racine, et je penserais enfin l'avoir compris.

1. Voir sur les costumes de théâtre au dix-septième siècle, un article très-fin et très-neuf de M. Lamé, dans la Revue *le Présent*, 15 octobre 1857.

## § 3.

#### Les bienséances dans son théâtre.

La cour de Louis XIV est, je crois, le lieu du monde où les hommes ont connu le mieux l'art de vivre ensemble ; on l'y a réduit en maximes, et on l'y a érigé en préceptes ; on en a fait l'objet des réflexions, la matière des entretiens, le but de l'éducation, le signe du mérite, l'emploi de la vie ; les gens lui ont donné tout leur temps, tout leur esprit, toute leur estime et toute leur étude. Quoi de plus naturel dans une race sociable, parmi des gens oisifs, obligés d'être ensemble, de représenter et de s'observer ? Le grand talent de Racine fut de s'accommoder à cette inclination publique et d'imposer à son théâtre les bienséances de la société.

Ce que la société développe dans l'homme, c'est la finesse ; elle fait des délicats, c'est son mérite et son tort ; des délicats en toute chose, et d'abord en matière de sensations. On parle bas dans un salon ; les éclats de voix y sont interdits, et pareillement toutes les actions trop fortes. Il faut que l'homme s'y contienne et s'y tempère, qu'il y modère ses gestes et qu'il y adoucisse ses expressions. Le niveau des convenances a passé sur les originalités pour en effacer les saillies ; tout y est aisé, coulant ; chacun évite de déplaire, presque tous cherchent à plaire. Les animosités disparaissent sous les saluts, et les contradictions s'atténuent par les sourires. La politesse mutuelle et choisie semble avoir écarté les violences et les dangers de la vie réelle, comme les tapis et les lumières semblent avoir chassé les rudesses et les inégalités du climat naturel. Comment des gens ainsi élevés supporteraient-ils les excès du drame? L'imitation exacte de la mort et du meurtre, les jambes qui plient et l'homme qui râle à terre, les hoquets convulsifs du poison qui gagne ; les sanglots de la gorge étranglée, les pieds furieux qui battent le sol, les yeux qui tournent et deviennent blancs, l'agonie des mains suantes et crispées, bon Dieu! quelle vue! Leurs yeux, leurs oreilles, tous leurs sens en ont horreur. Écartez ces crudités de la scène ; ne tuez que derrière le théâtre; si le héros expire devant le public, que ce soit en vers décens, presque en cérémonie, tranquillement et pour terminer son rôle [1], comme un

---

1. Quand Ducis arrangea son *Othello*, au dénoûment beaucoup de femmes s'évanouirent; la sensation était trop forte. Le bon Ducis fit alors un second dénoûment *ad libitum* : au moment où Othello lève le poignard sur Hédelmone, entre le doge, excellent homme, qui a tout découvert :

.... Othello, votre ami
L'exécrable Pizarre était votre ennemi.

chanteur d'opéra en achevant de perler sa roulade.
De tels spectateurs n'ont pas besoin de la grosse
illusion qu'exige le peuple ; ils la méprisent ; ils
veulent être toujours maîtres d'eux-mêmes. S'ils
vont au théâtre, ce n'est point pour être transportés et secoués, mais pour juger la vie et reconnaître
les nuances de leurs sentiments. Ils sont connais-
seurs en matière de nature humaine, et viennent
observer de leurs loges comme tout à l'heure dans
leurs salons. Jugez maintenant si vous pouvez leur
montrer le tumulte de la vie et le débordement des
passions. Ils refusent de voir les mouvements violents, les coups, les gestes qui sentent le peuple;
ce n'est pas seulement à titre de grands seigneurs,
mais encore à titre de gens bien élevés ; ils fuient
l'expansion rude comme un signe de brutalité et
comme un signe de roture; ils tiennent autant à
leurs façons qu'à leur rang. Ils veulent qu'Hermione, Roxane, Phèdre gardent jusque dans les
moments extrêmes l'éloquence et le bon goût,
qu'une apparence de raison les justifie, qu'elles
insultent avec suite et avec mesure, qu'elles parlent
toujours comme des dames du meilleur monde et
qu'elles se sachent en public. Ils défendent qu'on
montre l'animal et le fou qui sont dans l'homme,
les hurlements de la bête de proie, le radotage du
maniaque, la convoitise de l'amour, les saccades
de la douleur. Daignez regarder un mélodrame du

boulevard au sortir d'une soirée choisie; entendez
le cri rauque et voyez les yeux fixes de la mère à
qui le traître vient d'enlever son enfant; vos nerfs
malades vous expliqueront alors pourquoi Racine
n'a pas peint les sensations physiques, pourquoi
les convenances et les habitudes du monde ont ex-
clu de la tragédie l'illusion complète et l'action corporelle, qui sont les extrémités de la croyance et
de la vérité.

Avec les sens, la société raffine l'esprit; car il faut
beaucoup de finesse pour ne jamais choquer et pour
souvent plaire. Vous avez souvent admiré un
homme du monde qui, debout au coin de la che-
minée, devant un cercle de femmes, conte une histoire ou dit des mots. Quel tact sûr et prompt,
quelle divination innée! Comme il suit dans tous
les yeux les demi-sentiments, les légères impressions qu'il y fait naître! Un regard plus sérieux,
un sourire moins vif, un imperceptible mouvement
de lèvres l'avertit à temps; il tourne court ou
change sa phrase; il a compris qu'il allait effleurer
un endroit dangereux; à l'instant le voilà à cent
lieues; la pensée est à peine née qu'il l'a déjà saisie; bien mieux, il la suit d'avance, glissant, cir-
culant avec elle aussi agilement et aussi aisément
qu'une paille qui suit les ondulations et les remous
d'un courant. Il n'y a que lui qui sache louer; ses
éloges calculés semblent involontaires; on ne les

remarque pas, on ne les sent qu'au plaisir qu'ils vous font ; on ne peut pas s'en défier ; la sincérité parfaite ne parlerait pas autrement; on dirait qu'il dissimule son approbation, qu'il a peur de blesser votre modestie, qu'il veut ménager votre délicatesse, que s'il vous loue, c'est malgré lui. Telles sont dans Racine les conversations ordinaires, si éloignées des pesantes flatteries que les héros de Corneille s'assènent entre eux consciencieusement et à tour de rôle. Entre les deux poëtes, les hommes se sont polis. On ne voit plus de matamores comme Sertotorius et Pompée tirer l'un contre l'autre le gros canon des compliments, ni des amoureux comme Sévère étouffer leur maîtresse sous l'amas de leurs tirades. Tout est devenu fin; les bonnes et les mauvaises passions se déguisent; les bienséances ornent et couvrent tout; les pires brutalités semblent adoucies; Pharnace, qui veut épouser Monime par force, a l'air du prétendant le plus loyal et le plus fidèle, et toutes les magnificences du style, tous les respects de l'admiration viennent effacer la tyrannie de son attentat[1]. Phèdre, pour éviter Thésée et pour perdre Hyppolyte, trouve à l'instant, comme d'instinct, des mots à double entente qui sauvent son honneur et n'accusent pas sa véracité. Pyrrhus, obligé d'annoncer lui-même à Hermione sa perfidie

---

1.     Un peuple obéissant vous attend à genoux
    Sur un ciel plus heureux et plus digne de vous.

et sa faiblesse découvre le moyen de n'être ni vil ni brutal, et d'un mot imperceptible détourne loin de lui et presque sur elle le torrent d'ironie insultant dont elle a voulu l'accabler[1]. Ils savent tous les tours heureux dont une idée est capable ; ils devinent, ils insinuent, ils atténuent ; jamais de grands efforts ; ils voient juste, du premier regard, l'endroit où il faut frapper leur adversaire, et le léger mouvement qui évitera ses coups. Non-seulement ils ont cette logique oratoire qui déduit avec une force et une clarté parfaites toutes les parties d'une preuve, mais encore ils ont cette sagacité infaillible qui aperçoit les sentiments de l'auditeur pour s'accommoder à leurs nuances, à leurs variations et à leur degré, de telle sorte que le discours n'est persuasif qu'en ce moment et pour cette personne, et qu'il prend l'empreinte de sa situation et de son caractère comme une draperie prend la forme du corps qu'elle revêt[2]. Il y a tel personnage, Néron par exemple, que cet art et ce tact du monde ont tout entier transformé. Dans Tacite, ses ruses, sa lettre à Sénèque ne sont que l'œuvre d'un écolier

---

1.   Madame, je sais trop à quel excès de rage
     La vengeance d'*Hélène* emporta mon courage.
2. Rôle de Pylade :
     Allons, seigneur, enlevons Hermione.
   Rôle d'Acomat :
     Eh ! la sultane est-elle en état de m'entendre ?

sophiste; dans Racine, son adresse est celle du diplomate le mieux élevé. Sa galanterie envers Junie est exquise ; il vient de la faire enlever de nuit par violence ; jamais les empressements de la politesse ont-ils mieux couvert les emportements du despotisme ?

> Quoi, Madame, est-ce donc une légère offense
> De m'avoir si longtemps caché votre présence ?
> Ces trésors dont le ciel voulut vous embellir,
> Les avez-vous reçus pour les ensevelir ?
> L'heureux Britannicus verra-t-il sans alarmes
> Croître loin de nos yeux son amour et vos charmes ?
> Pourquoi, de cette gloire exclu jusqu'à ce jour,
> M'avez-vous sans pitié relégué dans ma cour ?

Puis tout d'un coup un regard d'inquisiteur dément ces exagérations de courtoisie ; sans transition, l'interrogatoire commence ; si déguisée qu'elle soit, on aperçoit la roide volonté tyrannique ; un mot bref, une menace sourde, une ironie subite et sèche, une tranquille insensibilité contre toute prière ; en voilà assez : sans qu'il ait fait un geste ou lâché une phrase violente, on a reconnu la barbarie native d'un être sans cœur qui est né tyran. Plus tard, quand il écoute la furieuse invective d'Agrippine, on devine à son sang-froid quel cas il en fait ; il sourit faiblement, ou arrange les plis de sa toge ; c'est un quart d'heure d'ennui, il s'y résigne comme aux discours officiels ; probablement il trouve en lui-même qu'Agrippine parle bien, et s'amuse à compter ses arguments; puis d'un mot, avec l'ironie la plus polie, il la transperce. Quel mépris dans ces soumissions !

> Je me souviens toujours que je vous dois l'empire;
> Et sans vous *fatiguer*[1] du soin de le redire
> Votre bonté, Madame, avec tranquillité,
> Pouvait se reposer sur ma fidélité.

Puis, avec un peu d'hésitation feinte :

> Aussi bien ces soupçons, ces plaintes assidues
> Ont fait croire à tous ceux qui les ont entendues
> Que jadis, j'ose ici vous le dire entre nous,
> Vous n'aviez sous mon nom travaillé que pour vous.

Elle s'emporte plus haut encore, et finit par jouer avec larmes une comédie religieuse. Contre de tels cris, nulle parole ne vaut; des actions seules, la vraie vengeance, le poison, répondront. Néron se donne alors le plaisir exquis d'être humble et tendre, de tout livrer, de faire triompher Agrippine, de goûter par avance le frisson de terreur dont il va l'accabler. Puis après l'assassinat, quand elle éclate, une profonde et poignante raillerie abat ses scrupules improvisés.

> Et si l'on veut, madame, écouter vos discours,
> Ma main de Claude même aura tranché les jours.

---

1. Elle vient de crier longtemps et fort.

Shakspeare aussi a peint un monstre, homme de génie, Richard III, mais muni de la grosse hypocrisie et de l'énergie populacière[1] que déployait la brutalité du moyen âge ; j'aime mieux voir un scélérat homme du monde, aussi méchant et mieux masqué.

Quand on a de l'esprit, on en a partout, et dans la vertu même. Tout le monde peut être honnête, mais tout le monde ne sait pas l'être délicatement. Ce n'est pas tout de faire une belle action, il faut encore la bien faire. La vertu est toujours sur le bord de deux précipices, la niaiserie et l'emphase. Tantôt on lui reproche une sotte roideur, l'ignorance des tempéraments qu'apportent les circonstances, l'application mécanique des maximes sèches dont elle n'entend ni la portée ni le sens ; tantôt on blâme en elle un orgueil déclamatoire, l'étalage insultant de ses titres, l'habitude de s'offrir en modèle et en contraste parmi les faiblesses d'autrui. Les gens du monde passent alors, rebutés ou sceptiques, laissant tomber le mot de pédante ou de matamore, disant tout bas ou tout haut qu'ils voudraient moins de pédagogie et de fanfare, plus de finesse et plus de goût. Telle est l'impression que laissent les héros de Corneille ; Polyeucte est un

---

1. Acte V, scène v.
A most bloody boar.

emporté, le vieil Horace un bourru, le jeune Horace un fanatique ; je les admire, mais de loin ; je ne voudrais vivre avec aucun d'eux. Quant aux femmes, chacun est tenté de leur dire : « Au nom des dieux, madame, puisque vous avez tant de vertu, ne le proclamez pas si souvent, ni surtout si longuement ; n'interrogez pas votre âme ; n'apostrophez pas votre devoir ; soyez simple ; je vous louerai davantage quand vous me laisserez libre de vous louer moins. » Chez Racine, la vertu n'est point bruyante ; il faut la remarquer pour la sentir. Les belles actions s'y font aisément, doucement, par nature, sans vouloir de témoins, en telle sorte que le personnage n'a pas besoin de s'exalter pour y atteindre, et que la générosité coule de son cœur comme d'une source abondante et ouverte : Junie refuse la main de Néron sans tirades, du ton le plus modeste, en jeune fille et en sujette, sans se juger héroïque, occupée seulement de ne point irriter l'empereur contre son amant. Les bassesses leur répugnent, non par principes, mais par instinct. Ils s'en écartent naturellement, comme d'une mauvaise odeur ; ils font leur devoir moins pour obéir à une règle que pour suivre un penchant. Dryden, le célèbre poëte anglais contemporain, se moque de la délicatesse d'Hippolyte, qui n'ose révéler à Thésée le crime de Phèdre. « Un tel excès de générosité n'est praticable que parmi les idiots et les fous; tirez Hippolyte de son accès poétique, il trouvera plus sage de mettre la selle sur le bon cheval, et aimera mieux vivre avec la réputation d'un honnête homme franc de langage que mourir avec l'infamie d'un scélérat et d'un incestueux[1]. » Au siècle de Dryden, je le veux, et dans son pays. Mais sa rude plaisanterie et ses phrases grossières suffisent pour marquer la différence des deux siècles et des deux pays. Un prince comme le duc de Bourgogne, élevé par un homme comme Fénelon, aurait tenu la même conduite qu'Hippolyte[2]. Il aurait eu horreur de se rappeler l'action de Phèdre. Si jeune, si purement conservé par une éducation vigilante et pieuse, si assidûment nourri parmi des mœurs délicates, des habitudes de prévenance et des spectacles de gloire, il « voudrait se cacher ce crime à lui-même; » il n'ose y penser; c'est le renversement de toutes ses croyances; quand même il voudrait le révéler, il ne le pourrait; la parole lui manquerait devant Thésée; il a trop de vénération pour son père et son roi.

> Devais-je, en lui faisant un récit trop sincère,
> D'une indigne rougeur couvrir le front d'un père?
> Vous seule avez percé ce mystère odieux :
> Mon cœur pour s'épancher n'a que vous et les dieux.

1. Préface de *All for love*.
2. Sa conduite envers Vendôme, dans la campagne de Flandre est presque égale.

Ce seul mot, le dernier, tout chrétien, indique la délicatesse d'une pareille âme; il est devant sa maîtresse comme dans son oratoire. Un amour si pur ne va point sans une piété filiale et une pudeur extrêmes [1]. Et tel est l'amour dans toutes ces tragédies; les sens semblent n'y avoir aucune part; on n'en parle pas même pour en triompher, comme dans Corneille; ce n'est qu'une amitié sublime et plus tendre, qui est contente pourvu qu'elle obtienne en retour une amitié pareille; cette certitude lui suffit et suffit à un dénoûment, au plus touchant de tous, celui de Bérénice. Bérénice sait qu'elle est aimée; c'en est assez pour lui donner la force de consommer son sacrifice, et quand elle le fait, c'est du ton le plus uni, en l'atténuant, trouvant des raisons contre elle-même, sûre que ceux qui l'écoutent ont le cœur assez noble pour comprendre la noblesse du sien. De même encore dans *Esther :*

> Oui, vos moindres discours ont des grâces secrètes ;
> Une noble pudeur à tout ce que vous faites
> Donne un prix que n'ont point les diamants ni l'or.
> Quel climat renfermait un si rare trésor....
> De l'aimable vertu doux et puissants attraits,
> Tout respire en Esther l'innocence et la paix;

---

1. Voyez encore ce mot d'Iphigénie :
> Surtout si vous m'aimez par cet amour de mère,
> Ne reprochez jamais mon trépas à mon père.

Du chagrin le plus noir elle écarte les ombres
Et fait des jours sereins de mes jours les plus sombres.

Cette louange explique tout leur caractère ; il y a là une nuance de beauté que nul peintre n'avait saisie, la délicatesse de l'honnêteté et le tact de la vertu. Celle-ci se soutient devant l'honneur exalté qu'a peint Calderon et les effusions naïves qu'a représentées Shakspeare. Les femmes de Calderon sont des héros, celle de Shakspeare sont des enfants, celles de Racine sont des femmes.

Il en est une, modèle accompli de vertu et de naturel, de passion et d'adresse, de modestie et de fierté, que l'habitude de la mauvaise fortune embellit encore d'une expression plus touchante, Monime, qui, livrée à un roi barbare et reléguée dans une forteresse, attend des hasards de la guerre le moment de sa servitude et de son hymen. Son père l'a donnée ; elle se doit, elle se donne. Mais le profond sentiment de l'oppression où elle est tombée soulève en elle une révolte silencieuse : quoi qu'il faille subir, son cœur lui reste ; c'est dans cet asile que se sont réfugiées sa volonté violée et sa dignité outragée. Que la force maîtrise et avilisse l'univers, elle n'atteint pas jusqu'à l'âme ; nulle violence ne la conquiert, et nul devoir ne la livre. A travers tous les respects de son langage, Mithridate sent cette résistance cachée, et s'en irrite. Il a beau faire, il n'aura d'elle qu'une obéissance d'esclave, et toutes les terreurs de sa puissance n'arracheront jamais une seule parcelle de ce trésor intérieur sur lequel nulle terreur n'a prise et nulle puissance n'a droit. Elle aime ailleurs, et, trompée par un mensonge du roi, elle s'est trahie; elle vient d'entrevoir un danger pour sa dignité et une raison pour sa résistance; à l'instant, elle se sent et se dit libre; un tranquille sourire apprend au roi quelle estime elle fait de sa conduite, et quel cas elle fait de ses menaces; n'ayant plus que la force à craindre, elle n'a rien à craindre; son devoir seul la pliait, et non la peur. Avec toutes les soumissions d'une sujette et tous les ménagements d'une femme, elle lui fait comprendre la bassesse qu'il a commise et l'impuissance où il s'est jeté. Elle sait ce qu'il lui réserve, elle le lui dit et bientôt l'éprouve. A ce moment, ce cœur tant opprimé triomphe, sentant que la mort est peu de chose, et jouissant du courage qui l'élève au-dessus des menaces et de la mort.

Ce sont là les finesses et quelquefois les raffinements auxquels les mœurs de société ont donné naissance; instituées à l'hôtel de Rambouillet, vulgarisées puis discréditées par le bavardage et l'afféterie de Mlle de Scudéry, ces mœurs ont été épurées et exprimées par la délicatesse et l'art de Racine. Bientôt la tragédie en déclin n'en conserva que les bienséances extérieures; l'imitation répéta ce que le goût avait inventé, et les convenances devinrent des conventions. Mais les mœurs de société, continuant leur œuvre, répandirent dans toute la littérature l'esprit fin qu'elles avaient porté dans le théâtre ; il y en eut tant qu'il y en eut trop ; c'est celui des salons décrits par Montesquieu et Duclos ; c'est celui de Montesquieu et de Voltaire ; c'est celui de tout le dix-huitième siècle. Il est né avec Malherbe, il est mort avec Delille. Une habitude l'a fait, l'usage d'aller en visite l'après-midi et en soirée le soir.

## § 4.

#### Son caractère et son esprit.

Quand un écrivain parvient à exprimer parfaitement le génie de son siècle, c'est qu'il l'a ; il se rencontre une correspondance exacte entre la manière de sentir publique et sa manière de sentir privée. Son esprit est comme l'abrégé de l'esprit des autres, et l'on retrouve plus forts en lui que dans les autres les caractères et les circonstances qui ont formé le goût des contemporains.

Sophocle fut athlète, général, citoyen heureux et honoré au plus beau temps de la florissante Athènes. Tout jeune, après la victoire de Salamine, il chanta le pœan sur la lyre, nu, devant le trophée qu'on venait de dresser sur la plage. Étant plus âgé, il vit en songe Hercule, qui lui montrait l'endroit où était la couronne d'or qu'on avait volée dans l'Acropole ; il alla la chercher, et consacra à Hercule Révélateur le talent d'or que la cité avait promis en récompense. Qui ne voit naître au milieu d'une pareille vie le noble opéra lyrique qu'on appelle la tragédie de Sophocle, dithyrambe religieux et patriotique, composé pour des âmes neuves de sculpteurs et de citoyens? Pareillement on est frappé, avant de lire Shakspeare, de sa vie misérable et hasardeuse, des noires légendes, des traditions sanguinaires, du désordre de pensées parmi lesquelles il s'est formé, de l'anxiété fiévreuse, des rêveries sensuelles et douloureuses, du style tourmenté, raffiné et déréglé de ses premières confidences. Ces reploiements de mélancolie ardente, cette surabondance de sensations intenses et brisées annoncent la profonde science du cœur et le délire de passion qui va produire et dévaster son drame. — Quel contraste, en regard, que la jeunesse de Racine! Il fit régulièrement de bonnes études, à Beauvais d'abord, parmi des gens graves et sensés, puis à Port-Royal, la plus excellente école de dignité, de style et d'éloquence, élève bien-aimé de M. le Maistre et de M. Hamon, condisciple de grands seigneurs, ami du jeune duc de Chevreuse. Au sortir du collége, il entre chez son cousin, intendant des ducs de Chevreuse et de Luynes, fait une ode en l'honneur du roi, reçoit cent louis, puis une pension de six cents livres, compose une seconde ode qu'il lit au duc de Saint-Aignan et qu'il porte à la cour. Ne sont-ce point là tous les commencements d'un poëte monarchique? Plus tard le voilà gentilhomme ordinaire, historiographe, pensionné, auteur des inscriptions qu'on met sous les tableaux de victoires, toujours à la cour ou à la suite du roi, ayant un appartement au château et les entrées, lui faisant la lecture, fort aimé de lui, à la fin composant des tragédies pour Saint-Cyr. Sauf un ou deux oublis, il n'y eut point de courtisan plus fin et plus aimable; il en avait la tournure et toutes les grâces. Louis XIV cita un jour sa physionomie comme une des plus heureuses et des plus belles de sa cour. « Dans sa conversation[1] il n'était jamais distrait, jamais poëte ni auteur; il songeait moins à faire paraître son esprit que l'esprit des personnes qu'il entretenait.... Il vécut dans la société des femmes avec une politesse toujours respectueuse. » Il était fort aimé du prince de Condé, du prince de Conti, de Mme de Maintenon; il leur lisait des vers, il dînait à leur table, il logeait à Marly; il vivait dans le plus grand monde. Ses lettres montrent l'homme le plus poli, ayant le tact des nuances et des convenances, toujours aisé et noble dans ses manières et dans ses discours, discrètement et finement moqueur, doué d'un art infini pour louer et pour plaire. Sa mémoire, ses yeux étaient remplis des gestes et de toutes les plus belles façons des seigneurs et du monarque; il les voyait de plain-pied, en égal; il les admirait de cœur, en inférieur; involontairement les traits épars s'assemblaient pour lui en physionomies, les person-

1. Mémoires, par Louis Racine.

nages réels se transformaient en figures idéales, les souvenirs nourrissaient l'imagination, et le théâtre imitait la cour.

Ses alentours et sa nature le faisaient éloquent en même temps qu'homme du monde ; il n'eut jamais l'âpre sensation, ni la fièvre sauvage de l'invention originale et solitaire ; il est beaucoup plutôt écrivain que poëte. A Port-Royal, il fut élevé par des raisonneurs, amateurs de pur langage ; il y apprit l'art de *développer*, seul enseignement qu'aient jamais donné nos colléges. Sa correspondance, à son entrée dans le monde, montre un jeune homme de belle humeur, beau diseur, gracieux complimenteur, n'ayant aucune des singularités et des violentes saillies qui marquent ordinairement un artiste. Quelques allusions un peu lestes, une galanterie friande, point du tout ardente ; voilà toutes ses hardiesses. « Il a fait le loup » à Paris avec La Fontaine ; mais le voilà redevenu exemplaire. Avant tout il a les penchants et les talents du lettré, une belle mémoire, un goût raffiné, une science solide, un raisonnement exact, l'amour des livres et la passion du bon style. Il s'occupe à lire, commentant Pindare et Homère, n'y cherchant guère la folie et les éclairs poétiques, mais travaillant à bien comprendre le sens des morceaux, indiquant la suite des idées, effaçant sous ses traductions mesurées et nobles l'ardente et naïve couleur. Il a l'es-

prit meublé de beaux passages grecs, latins, italiens, espagnols, et il en cite sans cesse ; il raille et badine agréablement, mais sans pointe perçante et avec un peu de longueur. Sa grande inquiétude est de désapprendre le beau langage. Il a peur « d'écrire de méchantes lettres. » — « N'ayant qu'une petite
« teinture de bon français, je suis en danger de tout
« perdre en moins de six mois, et de n'être plus in-
« telligible, si je reviens jamais à Paris. Quel plaisir
« aurez-vous quand je serai devenu le plus grand
« paysan du monde ? » Il a déjà une passion décidée pour les vers (non pas pour la poésie, qui est tout autre chose). Il en fait à tout propos et de fort plats ; ce sont des amusements artificiels de société et de convention ; il ne s'agit pas d'exprimer des sentiments, mais d'aligner des syllabes, d'ajuster des rimes, d'aiguiser des pointes et d'étaler toute la garde-robe mythologique ; ce sont des amplifications rimées, simple jeu d'esprit, à l'usage de lettrés vaniteux et oisifs. Ses deux odes au roi ne sont qu'un exercice de style ; sa *Thébaïde* et son *Alexandre* que des lieux communs élégants et déclamatoires, assaisonnés de galanterie et de chevalerie, les héros proposant de mourir, comme on accepte de boire un verre d'eau. Toute la force et le travail de son esprit, détournés du fond, se rejetaient sur la forme. Prose ou vers, quoi qu'il écrive, on ne trouve en lui avant *Andromaque* qu'un grand talent

de parole, aussi à l'aise dans l'alexandrin que dans la période, parfait dès l'abord, exquis dans les lettres, les compliments, la satire[1], toujours mesuré et délicat, mais un peu trop enclin à s'atténuer dans les développements. Plus tard, dans l'histoire de Port-Royal, des campagnes du roi, dans son discours à l'Académie, il resta le même, orateur accompli pour la justesse, la noblesse et les ménagements, avant tout amateur de style, tellement qu'il lisait les bons auteurs pour noter à la marge les expressions choisies qui pouvaient passer en français. Nous autres, aujourd'hui, barbares écrivains de la décadence, nous avons peine à comprendre ces scrupules[2]. On étudiait les mots alors, comme au temps de Raphaël on étudiait les contours ; on n'osait se permettre un sous-entendu, une construction un peu nouvelle, un terme violent ; on consultait à chaque pas Vaugelas et l'usage. On se justifiait par l'exemple d'Horace ou de Denys d'Halicarnasse ; on pesait, on allégeait, on rechargeait chaque vers, selon qu'on le soupçonnait d'être trop plein ou trop vide ; on se consultait par lettres sur un hémistiche ; on ne trouvait aucune construction assez régulière, aucune image assez juste, aucune

---

1. Les deux lettres sur Port-Royal.
2. Lire par exemple la lettre à Boileau du 28 septembre 1694. Du reste, le commentaire de Voltaire sur Corneille est d'une minutie étonnante.

idée assez claire, aucune phrase assez correcte; je suis persuadé que dans la meilleure page du meilleur écrivain moderne ils ne garderaient pas trois lignes entières. Vous voyez que si jamais l'éducation et la nature ont travaillé pour former un homme dont le plus grand talent fut l'art de bien écrire, c'est celui-là.

Il avait le cœur, comme l'esprit, tout monarchique. « Ayez la bonté, disait-il à Mme de Mainte-
« non, de vous souvenir combien de fois vous avez
« dit que la meilleure qualité que vous trouviez en
« moi, c'était une soumission d'enfant pour tout ce
« que l'Église croit et ordonne, même dans les plus
« petites choses. Pour la cabale, qui est-ce qui n'en
« peut point être accusé, si on en accuse un homme
« aussi dévoué au roi que je le suis, un homme qui
« passe sa vie à penser au roi, à s'informer des
« grandes actions du roi, et à inspirer aux autres les
« sentiments d'amour et d'admiration qu'il a pour
« le roi? Dans quelque compagnie que je me sois
« trouvé, Dieu m'a fait la grâce de ne jamais rougir
« ni du roi ni de l'Évangile. » Pour moi, je pense que de tels sentiments étaient utiles pour peindre avec complaisance et perfection une cour aristocratique. Nous sommes bien changés depuis; un fonds d'orgueil s'est amassé dans chaque âme; la soumission paraît basse, et nous naissons indépendants ou révoltés. Nous voulons vérifier les croyances que

nous acceptons, et autoriser le pouvoir que nous subissons; nous réclamons pour notre esprit le droit d'examiner, pour notre volonté le droit de consentir; et nous ne souffrons d'empire sur nous que celui qui dérive de nous. L'homme livré à lui-même s'est jugé souverain de lui-même : désormais sous les obscurités ou les contraintes, son cœur et sa raison restent libres, et il refuse d'adorer comme sacrés ou comme légitimes son aveuglement ou son oppression. Au dix-septième siècle, il employait à se plier la force que nous employons à nous affranchir. Il était frappé de son devoir, non de son droit; il voulait se résigner aux choses, et non réformer les choses; la vertu était dans l'obéissance comme elle est dans l'indépendance, et les âmes mettaient leur noblesse non à résister, mais à fléchir. Là-dessus les lettres de Racine sont extrêmement touchantes; son ménage est pauvre, triste; il est souffrant, il a toujours quelque enfant malade; une de ses filles a des tourments de conscience; une autre se fait religieuse; il en a le cœur déchiré, mais il se résigne. Il n'est jamais indigné ni irrité contre le sort ni contre les hommes; Dieu l'a voulu, tout est bien. Chacun devine ce qu'un père aujourd'hui, bien vu du roi comme celui-ci l'était, ami des grands seigneurs, souhaiterait pour ses enfants, et quels projets il bâtirait. Ici, au contraire : « Songez, écrit Racine à son fils, que notre

« ambition est fort bornée du côté de la fortune, et
« que la chose que nous demandons du meilleur
« cœur au bon Dieu, c'est qu'il vous fasse la grâce
« d'être homme de bien et d'avoir une conduite qui
« réponde à l'éducation que nous avons tâché de vous
« donner. » En effet, cette éducation est toute morale; jamais il ne le pousse vers un emploi; jamais
il ne lui parle de succès, mais seulement de droiture, de religion et de devoir, corrigeant ses jugements hasardés, lui enseignant le respect, ne voulant pas qu'il traite lestement Cicéron ni aucun
autre grand homme; ne lui souffrant ni romans ni
comédies. « Je vous dirai, avec la sincérité avec la-
« quelle je suis obligé de vous parler, que j'ai un
« extrême chagrin que vous fassiez tant de cas de ces
« niaiseries, qui ne doivent servir tout au plus qu'à
« délasser quelquefois l'esprit, mais qui ne devraient
« point autant vous tenir à cœur. Vous jugez bien
« que je ne cherche pas à vous chagriner, et que je
« n'ai d'autre dessein que de contribuer à vous
« rendre l'esprit solide. Je vous assure qu'après mon
« salut, c'est la chose dont je suis le plus occupé. »
Et un peu plus loin : « Je devais avant toute chose
« vous recommander de songer toujours à votre sa-
« lut, et de ne point perdre l'amour que je vous ai
« vu pour la religion. Le plus grand déplaisir qui
« puisse m'arriver au monde, c'est s'il me revenait
« que vous êtes un indévot et que Dieu vous est de-

« venu indifférent. » Il revient sur ce conseil à l'approche de Pâques ; ailleurs c'est l'avertissement répété d'être économe, exact, diligent, point vaniteux, inviolablement attaché à son devoir. Cette affection si grave, cette direction incessante, ce *vous* si différent de la familiarité moderne montrent un temps où la famille était encore gouvernée, où le père gardait son autorité, où subsistait une discipline, où les tendresses et les épanchements ne détruisaient ni la dignité ni le respect. Cet esprit est celui de la famille aristocratique ; il y était et il y a péri pour la même raison et de la même façon que dans l'État.

J'arrive enfin à la pure et profonde source d'où a coulé sa poésie, et à qui tout le reste n'a fait que fournir un lit, je veux dire la délicatesse et la vivacité des sentiments. Il était passionné, ardent à soutenir son opinion, fécond en raisons, en images, en railleries, jusqu'à fâcher quelquefois Boileau, son ami le plus ancien et le plus intime, ingénieux, brillant, abondant, livré à la verve au point de ravir d'admiration ceux qui l'écoutaient. Mais en même temps il était doux, plein de ménagements, de tendresses, prompt aux affections, « tout sentiment et tout cœur. » Une phrase de Nicole l'avait blessé lorsqu'il travaillait pour le théâtre ; il se crut désigné comme « un empoisonneur public, » prit feu, et répondit par la lettre la plus maligne : la seconde était prête, et allait lui attirer, avec la faveur des jésuites, l'applaudissement de tous les gens d'esprit, lorsqu'il réfléchit, comprit que son action pourrait être entachée d'ingratitude, et supprima son écrit. Bien longtemps après il se repentait encore ; ayant enfin obtenu le pardon de M. Arnaud, « il entra chez lui avec la confusion et l'humilité peintes sur le visage, et quoiqu'on fût en nombreuse compagnie, il se jeta à ses pieds. » Cette âme trop fine s'attachait à tous les devoirs avec excès et scrupule ; quand il fut nommé historiographe par le roi, « pour se mettre ses devoirs devant les yeux, il fit une espèce d'extrait du traité de Lucien sur la manière d'écrire l'histoire. » Il assembla les traits qui avaient rapport à son office, les écrivit, puis, pour étudier les précédents et les modèles, se mit à extraire Mézerai, Siri, et à dépouiller toutes sortes de Mémoires, d'instructions et de lettres, transformant sa sinécure en un fardeau de lourd labeur. On voit dans sa correspondance avec son fils qu'il se représente avec excès les émotions des autres, qu'il adoucit le blâme, qu'il a toujours peur d'avoir la main maladroite ou pesante, que sa sensibilité est inquiète, timide et presque féminine. Un jour, à Saint-Cyr, la jeune fille qui jouait Esther, manqua de mémoire; il s'écrie avec sa vivacité ordinaire : « Ah! mademoiselle, quel tort vous faites à ma pièce! » La pauvre

enfant s'étant mise à pleurer, il courut à elle, prit son mouchoir, essuya ses larmes et pleura lui-même. Ce cœur si tendre avait besoin de s'attendrir ; ayant renoncé aux vers, il poursuivait innocemment la poésie, et allait aux vêtures, dit Mme de Sévigné, parce qu'il « voulait pleurer. » C'est encore par bonté de cœur qu'il s'attira sa demi-disgrâce, ayant donné à Mme de Maintenon un mémoire sur les misères du royaume et sur les moyens d'y remédier. Dans ses lettres, dans ses actions il y a cent traits de cette humanité, si rare alors, et qui chez lui était si naturelle. On se souvient des vers dignes de Fénelon où son Joad recommande au nouveau roi la compassion et le soin du pauvre peuple. Ailleurs, sortant d'une magnifique revue, il s'écrie :
« J'étais si las, si ébloui de voir briller les épées et
« les mousquets, si étourdi d'entendre des tam-
« bours, des trompettes et des timbales, qu'en vérité
« je me laissais conduire par mon cheval sans plus
« avoir d'attention à rien, et j'eusse voulu de tout
« mon cœur que tous les gens que je voyais eussent
« été chacun dans leur chaumière ou dans leur mai-
« son, avec leur femme et leurs enfants, et moi dans
« ma rue des Maçons avec ma famille ! » En effet, il s'y trouvait plus heureux qu'ailleurs, jouant avec ses enfants, les instruisant, les redressant, d'une simplicité parfaite, d'une bonté admirable, tellement qu'un jour, étant invité chez M. le duc et averti

qu'une nombreuse compagnie l'attendait pour dîner, il refusa; disant qu'il n'avait point vu depuis huit jours sa femme ni ses enfants, qui comptaient sur lui pour manger une belle carpe. Puis, avec une naïveté charmante, il montra au messager la carpe, qui coûtait environ un écu : « Jugez vous-
« même si je me puis dispenser de dîner avec ces
« pauvres enfants qui ont voulu me régaler aujour-
« d'hui, et n'auraient plus de plaisir s'ils mangeaient
« ce plat sans moi. Je vous prie de faire valoir cette
« raison auprès de Son Altesse Sérénissime. » On voit que s'il avait les façons d'un courtisan, il n'en avait point l'âme. Cette sensibilité éclate encore mieux dans sa pénitence : pour expier ses tragédies, il voulut d'abord se faire chartreux, et n'en fut détourné qu'à grand'peine; plus tard il refusa de relire les éditions de ses œuvres; une seule fois il y consentit, et ne put s'empêcher de faire des corrections en marge; puis tout d'un coup il jeta l'exemplaire au feu. Une autre fois on lui demanda de donner des leçons de déclamation à une jeune princesse; mais quand il vit qu'il s'agissait de lui faire réciter un morceau d'*Andromaque,* il supplia en grâce qu'on l'en dispensât. Ne sont-ce point là des sacrifices étranges de la part d'un poëte qui avait tant aimé la gloire et son art encore plus que la gloire? Il était passionné dans la religion comme dans le reste; l'enthousiasme le prenait d'abord; il

s'attachait ardemment aux choses, et sa parole enlevait ses auditeurs. M. de Seignelay, étant tombé malade, il allait près de son lit lui lire les psaumes; là-dessus il s'enflammait, et en faisait sur-le-champ la plus éloquente paraphrase. Un autre jour, dans un entretien sur Sophocle, il saisit l'*Œdipe roi* et le traduit de verve devant ses amis. « Rien n'a jamais approché, dit M. de Valincour, du trouble où me jeta cette lecture; au moment où j'écris, je m'imagine voir encore Racine, le livre à la main, et nous tous consternés autour de lui. » C'est cette sorte d'âme qui fait les grands artistes, délicate, excessive, troublée et malheureuse, mais de temps en temps comblée de douceurs ou de ravissements dont les autres hommes n'ont point l'idée. Quand je veux me figurer Racine, ce n'est point à sa table, occupé à mettre en vers le plan de sa tragédie; il n'y a là que le labeur et le métier; c'est le soir revenant de la cour ou de Saint-Cyr, vers cette triste rue Saint-André-des-Arts ou des Maçons-Sorbonne, l'esprit rempli des nobles figures qu'il avait vues, et des nobles sentiments qu'il y devinait ou qu'il y supposait. C'est dans ces moments qu'il a été heureux, se rappelant un geste, un fin sourire, la pudeur d'une rougeur subite, la générosité d'un silence et ces mille témoignages de l'âme qui, pour être réprimés, n'en sont que plus forts. C'est pendant que la voiture longe les plates cultures et les longues rangées d'ormes poudreux, qu'un personnage se lève de lui-même dans l'imagination inattentive, se reforme, se développe, agit, tellement qu'on le hait ou qu'on l'aime, et qu'ensuite on attend son retour comme celui d'un ami ou d'un ennemi. C'est alors qu'il était lui-même au spectacle, et goûtait au centuple l'élégance et la dignité, la passion et la vertu qu'il répandait à pleines mains sur ses héros. Jugez des milles rêveries dont un personnage comme Esther ou comme Monime sont l'abrégé et l'issue; tout Racine est dans ces songes; tant d'années de silence et de pénitence n'avaient fait que les détourner ailleurs et les cacher aux yeux. La piété a été pour lui une autre espèce d'amour; ainsi se sont formés secrètement en lui Esther, Athalie et les cantiques. Il me semble qu'en tenant ce petit volume j'ai toute sa vie dans la main, du moins tout ce qui dans la vie vaut la peine qu'il y tienne, tous les moments où il a oublié les choses réelles, n'en détachant que la partie la plus fine et pourtant la plus précieuse, la retirant du contact grossier de toutes les circonstances lourdes ou plates qui l'écrasaient ou la déformaient, comme un habile ouvrier qui retire nn bijou sous les scories du creuset; en sorte que dans ce théâtre, qui ne parle ni de son temps ni de sa vie, je trouve l'histoire de sa vie et de son temps.

# LES MORMONS.

*Voyage au pays des Mormons*, par M. Jules Rémy.

M. Jules Remy, auteur de ce livre, était en Californie en 1855, étudiant les pierres et les plantes, quand il s'avisa que les Mormons étaient à sa portée. Une société et une religion nouvelle valent bien une couche de calcaire coquillier, ou une légumineuse rare. M. Remy partit avec un Anglais de ses amis, M. Brenchley, afin de les visiter. Pour des voyageurs, l'entreprise était ordinaire : il n'y avait que quatre cents lieues de désert à traverser. M. Remy fut mordu par des serpents, faillit mourir de la fièvre, fut presque assassiné par des blancs, resta seul trois jours sans provisions ni ressources, s'égara, reçut des sauvages une volée de flèches et de balles, marcha huit semaines, dépensa quarante mille francs. A la fin, il arriva au grand lac Salé, dans la cité sainte, y demeura un mois, vécut avec les Mormons, put observer leurs mœurs, leur constitution, leur culte, et rassembler les matériaux de leur histoire. C'est l'abrégé de ces recherches que l'on va présenter ici.

I

Joseph Smith, fondateur de la secte, naquit en 1805 dans l'État de Vermont, à Sharon, comté de Windsor. Il paraît avoir été en partie visionnaire, en partie fourbe, mais surtout fourbe. Son père se convertit en 1811 et eut jusqu'à sept visions. Sa mère était toute mystique, se crut miraculeusement guérie d'une maladie mortelle, interprétait la Bible à sa guise, avait des apparitions et en même temps disait que toutes les religions faisaient fausse route. En voilà assez pour tourner la tête d'un enfant vers les rêveries. D'ailleurs Joseph n'était guère instruit ni capable d'idées justes. Il apprit à lire, « à écrire médiocrement, à faire tant bien que mal les quatre opérations de l'arithmétique, » et ce fut là tout ce qu'on lui enseigna. Il travaillait de ses mains, se louait à la journée, et avait épousé la fille d'un restaurateur. Le cerveau fermente aisément quand, avec une telle éducation et dans un tel emploi, on se trouve face à face avec sa Bible, et qu'on n'a d'autres ressources pour l'interpréter que le grossier bavardage des journaux, les criailleries des sectes discordantes, et les inspirations d'une tête mal faite. Joignez à cela l'état des esprits en Amérique. Les savants et les lettrés n'y font pas la loi, comme ici ; ils forment une petite société d'amateurs et de dilettantes, isolés, occupés à causer entre eux et avec l'Europe, mais sans autorité sur les croyances publiques. L'Américain est indépendant ; un charpentier se croit aussi sage, aussi capable de décider qu'un historien, un critique, un philosophe ou un théologien de profession. Partant la carrière est ouverte aux inventions religieuses. On a compté cent cinquante sectes dans la seule ville de New-York, et on ne les a pas toutes comptées. Il y a dans la race un fonds de folie mystique : des commerçants, des planteurs, des hommes d'affaires, les plus positifs du monde, les plus versés dans l'art de faire fructifier le dollar, font les assemblées, appelées *shoutings*, où ils prêchent, prient, pleurent, sentent l'attouchement de l'esprit, confessent leurs péchés publiquement et à grands cris. Un des événements qui remua le plus profondément Joseph Smith fut un *revival* tenu dans le village de Manchester, quand il avait quinze ans. Il y vit toutes les sectes du voisinage se réunir, faire des prédications, discuter et s'exalter. Ces *revivals*, où l'on vient de fort loin, sont des méthodes d'échauffement qui provoquent souvent des extases, toujours de l'enthousiasme, et parfois des maladies mentales. Joseph en sortit plein d'angoisses, obsédé du besoin d'une religion, ne sachant laquelle choisir, et peu de temps après, s'étant retiré dans un petit bois, il eut une vision. Trois ans après, il en eut une autre, et les révélations commencèrent. Elles se multiplièrent; il finit, si on l'en croit, par en avoir presque tous les jours et sur tous les événements graves. Il nous est bien difficile de nous dégager de nos habitudes critiques et sceptiques pour comprendre ce qui se passe dans ces têtes bizarres. Il est probable pourtant qu'il tomba à peu près dans le même état que Mahomet. Il était ignorant, obstiné, imaginatif, il fut possédé d'une grande idée; à force de la répéter aux autres, il se persuada lui-même et ne distingua plus le mensonge de la vérité. Un acteur peut s'enivrer de son rôle et verser de vraies larmes. A regarder sa vie et sa mort, on est disposé à penser qu'il devint enfin sa propre dupe et crut la fable qu'il avait fabriquée.

Les marques de la fabrique n'en sont pas moins visibles. Rarement charlatanisme fut plus grossier. On suit encore mieux ici que dans le Coran toutes les traces de l'imposture. En 1827, un ange lui apprit que l'Évangile éternel était écrit sur des plaques d'or cachées dans la colline de Cumorah, avec une paire de lunettes en diamant, au moyen desquelles on pouvait les lire et les traduire. Joseph y alla, les vit; quatre ans plus tard l'ange lui permit de les emporter; mais en 1838 il eut soin de les reprendre pour empêcher les profanes de les vérifier. Joseph copia les caractères des plaques; ce sont tout simplement des caractères de fantaisie plus ou moins bien imités du calendrier mexicain. Il se mit ensuite à les traduire; son secrétaire lui ayant volé les cent premières pages de la traduction, une révélation prudente vint aussitôt lui défendre de les refaire, pour empêcher les profanes de comparer les deux copies et d'y trouver des différences. La traduction achevée, Joseph emmena trois de ses amis dans un bois, où un ange leur apparut déclarant que les plaques venaient de Dieu et que la version était exacte. Sur quoi, ils signèrent un certificat, et huit autres témoins un peu plus tard firent une seconde attestation. Le prophète prenait ses précautions d'avance comme un dentiste ou comme un juge de paix. Enfin le livre parut après qu'une révélation eut ordonné à un disciple, sous peine de damnation, de vendre tous ses biens pour payer les frais d'impression. Ce malheureux livre est une histoire fantastique, à peu près comme celle des Sévarambes, contenant les annales des anciens peuples de l'Amérique, qui sont, comme chacun sait, les descendants des Hébreux émigrés en ce pays après la construction de la tour de Babel et aussi après la captivité de Babylone. Selon Joseph, il a été écrit l'an 420 par Mormon et enseveli dans la colline où lui, Joseph, l'a retrouvé quatorze cents ans plus tard. Il n'y a guère de compilation plus plate, plus farcie de miracles vulgaires, plus tachée de contradiction, de niaiseries, d'anachronismes et de fautes de grammaire. Et ce qu'il y a de pis, c'est que l'ouvrage n'est pas même original. Les noms, les événements sont empruntés à une fiction restée manuscrite, mais lue de beaucoup de personnes, et où Salomon Spaulding, vers 1809, avait raconté, pour se divertir, la légende de l'ancienne Amérique colonisée par les dix tribus d'Israël : en sorte que le livre de la vérité nouvelle est la contrefaçon d'un vieux roman.

Une multitude de révélations vinrent le commenter et le compléter. Les disciples y ajoutèrent, et l'un d'eux, Orson Pratt, mit la chose en système. Il n'y a pas d'esprit, tout est matière ; chaque portion de la matière est douée de force et d'intelligence, et existe ainsi de toute éternité. La plus intelligente, qui est Dieu le père, a organisé le reste. Dieu le père a un corps immortel, et des femmes, desquelles il a engendré Jésus-Christ. Jésus-Christ, qui est le premier après lui, a aussi un corps et des femmes, et se promène avec elles dans le ciel sur un char traîné par des chevaux blancs. Tous deux agissent au moyen de l'Esprit-Saint, qui, quoique matière, n'a pas de corps limité; cet Esprit-Saint est un fluide infini qui se trouve en tous les endroits à la fois, pénètre les corps les plus solides, se meut avec une rapidité inconcevable, gouverne les intelligences, meut le monde et fait des miracles. Au-dessous d'eux il y a beaucoup de Dieux, et tous ensemble, sous la présidence du Père, forment le pouvoir suprême qui organise et améliore les mondes. L'homme est un des membres de cette grande famille. Il est engendré dans le ciel par Dieu et à l'image de Dieu. Il y reçoit sa première éducation, il y jouit des embrassements de ses parents divins. De là il est envoyé sur la terre où il revêt un corps mortel. Sorti de ce corps, il entre dans un troisième monde, qui est celui des esprits. Enfin il revient au ciel muni d'un corps éternel de chair et d'os, au moyen duquel il boit, mange, fait l'amour, agit, pense, et goûte tous les plaisirs dont on peut jouir. Pour relever l'homme et le conduire à cet état parfait, trois révélations ont été données, celle de Moïse, celle de Jésus-Christ, et celle de Joseph Smith. Les deux premières étaient préparatoires, celle-ci est définitive. Son but est d'établir le royaume de Dieu sur la terre, de rassembler tous les hommes en une seule communion, « d'unir toutes les diverses sectes dans les liens de l'amour. » Il y a déjà eu une résurrection après la mort du Christ, il y en aura encore deux autres. La première se fera prochainement, en 1890, dit Joseph Smith. Jésus-Christ apparaîtra en grande pompe avec ses saints et ses anges, et rappellera à la vie tous les justes qui ont reçu l'Évangile depuis sa Passion. Ces justes, au lieu de monter au ciel, demeureront sur la terre dont les climats seront changés et qui deviendra un vaste jardin. Ils y régneront mille ans, ayant pour serviteurs les peuples païens. Toutes les nations seront sœurs; il y aura partout des chemins de fer et des télégraphes électriques; les maisons et les murs seront en or et en pierres précieuses; le monde entier aura une cité capitale, un gouvernement unique, un temple central, un seul Seigneur, une seule foi, un seul baptême, un seul esprit. Enfin viendra la dernière résurrection qui comprendra tous les hommes, et qui établira la réconciliation et la félicité universelle de toutes les races et de toutes les âmes, de tous les morts et de tous les vivants.

Ces folies ressemblent fort à celles qui ont entouré le christianisme à son berceau, particulièrement aux imaginations des gnostiques. Les peuples alors s'étaient mêlés, les cultes s'étaient heurtés, chacun cherchait ou se faisait une foi, le rêve avait pris l'empire. Dans cette poussière de philosophies et de religions brisées, les gens grossiers ou subtils, charlatans ou visionnaires, ramassaient et amalgamaient des dogmes ascétiques ou sensuels, et l'on vit naître des centaines de sectes, comme d'un grand animal mort naissent des milliers de vers. Il est aisé de voir que le mormonisme est une secte de ce genre. C'est un pêle-mêle d'idées courantes collées l'une sur l'autre par des esprits incultes et de mauvais aloi. Vous avez reconnu dans cet amas des réminiscences de la Bible, des aspirations humanitaires, le matérialisme du dix-huitième siècle, des traces du panthéisme allemand, un fonds de socialisme, le voisinage de la doctrine spirite, les espérances de l'industrie moderne, bref toutes les banalités emphatiques, toutes les indications superficielles, toutes les importations saugrenues qui traînent dans les colonnes d'un journal américain. Cette doctrine est une religion de cordonniers ou de maçons élevés dans la Bible et tenus par la gazette à la hauteur de l'esprit moderne. Dieu leur devient plus sensible ayant un corps. Ils entendent mieux la création, à présent qu'elle est supprimée, et que le Père céleste n'est plus qu'un directeur d'usine, qui avec l'aide de ses contre-maîtres organise le monde. Le Saint-Esprit, transformé en fluide, devient palpable, et ils le sentent physiquement dans leurs attaques de nerfs. De plus, il est fort agréable de croire qu'on est saint, choisi par Dieu, qu'on régnera mille ans sur la terre, qu'on aura les Gentils pour domestiques, qu'on finira par avoir un corps éternel, avec beaucoup de femmes et toutes sortes de plaisirs. Quand on ne sait pas un mot d'histoire, et qu'on a la tête farcie de noms bibliques, il est aisé d'admettre que les os des anciens Indiens sont ceux des Israélites. Enfin les phrases des *meetings* sur le progrès conduisent naturellement à l'idée d'une terre défrichée, embellie et changée en Éden. Ajoutez que l'instruction se réduit chez les Mormons aux premiers éléments, que la science y est négligée, méprisée ou suspecte ; on n'y admire et on n'y pratique que le travail des mains. Ce chaos et cette grossièreté démocratique eussent fait échouer la doctrine en France ; ils l'ont fait réussir aux États-Unis. Fourier, qui nous a donné une théologie, des conseils et des promesses du même ordre, est tombé dans le ridicule. Je crois qu'il aurait réussi si, en saupoudrant son système de citations bibliques, il l'avait transporté aux États-Unis.

Voilà la doctrine que Joseph Smith se mit à prêcher, et dans quel style ! Un mélange de platitude et d'emphase, nulle suite dans les idées, des métaphores usées, décousues, comme ces vieux habits qu'on exporte des capitales civilisées en Océanie, des plaisanteries basses et baroques, une pensée qui s'affaisse sous son propre poids, s'embarrasse de périodes interminables et trébuche sous les oripeaux dont elle veut s'affubler ; partout, dans l'expression comme dans le dogme, on retrouve le cordonnier fanatique qui veut passer pour lettré. Il commença par convertir ses frères, son père et sa mère ; avec cinq fidèles il institua son Église, le 6 avril 1830 ; le même mois il fit un miracle, ayant chassé le démon du corps d'un possédé. Le 1er juin 1830, trente croyants étaient rassemblés ; plusieurs tombèrent en extase, prophétisèrent, virent les cieux ouverts ; les conversions devinrent nombreuses, et des disciples furent envoyés de toutes parts pour prêcher le nouvel Évangile aux infidèles. L'année suivante, Joseph, pour mieux propager sa doctrine, fonda un journal, et publia *le Livre des révélations*. Il traduisait à sa façon le Nouveau Testament, choisissait dans le comté de Jackson, l'emplacement de la future Sion, instituait l'Ordre de Melchisédech, prescrivait la construction d'un temple. Le 22 janvier 1833, le don des langues se manifesta pour la première fois parmi les saints. Ils passèrent une partie de la nuit à s'entretenir dans des idiomes qu'ils n'avaient jamais sus ; il faut savoir que ce don est divisé en deux parties ; les uns parlent des langues sans les entendre, et les autres entendent les langues sans les parler. En même temps les révélations pleuvaient, et fort à propos, en toute circonstance et sur tout objet. Il achetait des papyrus égyptiens, les traduisait, et y trouvait des écrits authentiques d'Abraham et de Joseph.

Ses disciples étaient si dévoués, qu'en 1836 il put achever le temple de Kirtland et en faire la dédicace. Ce temple avait coûté 40 000 dollars. Ce jour-là Moïse, Élie et Élisée lui apparurent et lui remirent les clefs du sacerdoce. Plusieurs disciples virent les anges qui, pendant la cérémonie, venaient s'asseoir auprès d'eux. Une colonne de feu apparut au-dessus du temple, et des bruits surnaturels furent entendus. Cinq jours durant, les extases et les jouissances spirituelles se multiplièrent. La nouvelle religion s'étendait et s'affermissait, et Joseph Smith la soutenait par des talents d'organisateur et d'homme d'affaires. Il en avait établi le siége à Nauvoo en 1839, et Nauvoo, qui alors se composait de six cabanes, renfermait un an après deux cent cinquante maisons de Mormons. L'esprit pratique et l'activité des Américains font ces merveilles. Joseph obtenait du gouvernement de l'Illinois une charte d'incorporation et des priviléges qui faisaient de Nauvoo une ville libre. Il instituait sa hiérarchie, établissait une milice, fondait une société agricole et industrielle, réglait les mœurs, présidait aux cérémonies, rendait même la justice, et agissait, aux applaudissements de tous les siens, en véritable chef d'État. Les hommes de ce pays naissent administrateurs comme nous naissons soldats. On commençait à compter avec lui. Le général Bennets lui demandait d'appuyer sa candidature à la présidence de l'Illinois, et l'appelait un nouveau Mahomet, supérieur au premier comme à Moïse, « bref, l'homme le plus extraordinaire de son temps. » En 1844, il prêcha devant 20 000 personnes. Il osa même prétendre à la suprême magistrature des États-Unis, envoya deux cent quarante-quatre missionnaires dans les différentes parties de l'Union pour prêcher sa candidature, et publia un programme de réformes qui, par le vague de ses promesses, par la singularité de ses citations chaldéennes, par le ronflement de ses tirades patriotiques et libérales, était propre à séduire les pauvres diables et les imbéciles qui sont la majorité du genre humain.

La persécution l'avait porté à cette hauteur. Le fanatisme est comme le caillou : plus on le frappe, plus il pétille. Dès 1832, Joseph avait été battu, roulé dans le goudron et enduit de plumes, plaisanterie américaine dont le peuple là-bas use envers ceux qui lui déplaisent. L'année suivante, les Mormons du Missouri furent attaqués par leurs voisins ; ils résistèrent à main armée ; puis, sur l'invitation du lieutenant-gouverneur, ils déposèrent leurs armes. La populace en profita le lendemain pour tomber sur eux. On les cravacha, on tira sur eux, on les chassa comme du gibier. C'était en novembre ; il faisait une pluie battante ; les malheureux traversèrent le Missouri sur un bac et passèrent la nuit en plein air. Dix de leurs maisons furent détruites. — Réfugiés dans le comté de Clary, ils en furent encore chassés par la haine publique. Une ligue se forma dans le Missouri pour les exterminer. On pilla leurs maisons; le mari et plusieurs enfants d'Amanda Smith furent tués sous ses yeux. Un vieillard fut coupé en morceaux; un autre, qui était venu dans le comté de Jackson pour réclamer son bien, fut piétiné à mort. A Hawn's Mill, le 30 octobre 1838, les assassins, ayant égorgé quinze Mormons, dépouillèrent leurs cadavres. Trois ou quatre cents personnes périrent, et les Mormons perdirent toutes leurs terres, qui leur avaient coûté 20 000 dollars. Ils demandèrent justice et protection : on leur répondit que l'opinion du peuple était contre eux, et le gouverneur Boggs, pour mettre fin aux troubles, fit arrêter Joseph avec six autres. Joseph manqua d'être mis à mort, fut retenu six mois en prison et indignement traité. Les Mormons réclamèrent devant la Chambre du Missouri; on ajourna la question. Ils s'adressèrent à Van-Buren, président des États-Unis, qui leur répondit : « Votre cause est juste; mais je ne puis rien faire pour vous. Si je prenais votre parti, je perdrais les voix du Missouri. » C'est avec cette impudence qu'on affiche là-bas son culte de l'intérêt et son mépris pour la justice; le peuple est tyran aux États-Unis; le droit et la loi plient à l'occasion devant « Monsieur tout le monde »; c'est là le vice de la démocratie, et si on ne la regardait que de ce côté, on aurait grande envie de bénir les gendarmes. — Les Mormons, n'ayant rien obtenu, émigrèrent dans l'Illinois et y achetèrent des terres. C'est alors qu'ils fondèrent Nauvoo, et que leur prospérité s'éleva au plus haut point. C'est alors aussi que l'irritation publique fut portée au comble. Trente-huit fois Joseph avait été traduit devant les tribunaux, et toujours on l'avait relâché faute de preuves. La haine de ses ennemis croissait avec leur impuissance. Ils ne pouvaient souffrir l'orgueil des Mormons, qui se disaient les héritiers prédestinés de la terre, et les saints du dernier jour. Ils voyaient grandir la ville naissante, et se trouvaient battus aux élections par le vote compacte de leurs ennemis. Ils firent des *meetings*, puis des préparatifs, et résolurent de marcher sur Nauvoo avec cinq canons. Sur l'ordre du gouverneur, qui voulait prévenir une guerre civile, Joseph se constitua prisonnier. Le 26 juin 1844, une centaine d'hommes déguisés et armés assaillirent les portes de sa prison; les gardes, qui étaient convenus de se laisser forcer, tirèrent sans blesser personne. Les émeutiers entrèrent, tuèrent Hyram Smith; Joseph déchargea sur eux son revolver, et essayait d'enjamber la fenêtre quand il fut atteint de deux balles. Il tomba de vingt pieds, en s'écriant : « O Seigneur ! mon Dieu ! » Un des meurtriers traîna son corps et l'appuya contre la margelle d'un puits. Le colonel Williams ordonna alors à quatre hommes de faire feu sur lui à huit pieds de distance. Il s'affaissa ; il était mort. Tel est le profit de ces sortes d'actions : on y gagne pour soi le nom d'assassin, et pour son ennemi le nom de martyr.

## II.

Quand on apprit à Nauvoo le meurtre du prophète, le deuil fut universel. Tous les Mormons coururent, avec des larmes et des cris de douleur, au-devant de leurs chers martyrs. Ce désastre leur annonçait leur propre ruine. L'hostilité publique était si grande, que, pour préserver les sépultures, ils durent mettre des sacs de sable dans les cercueils à la place des corps, et enterrer les deux morts dans un endroit différent, en secret et à minuit. Les meurtriers, traduits devant les tribunaux, furent relâchés. Les Mormons ne pouvaient espérer ni protection, ni justice, ni repos, ni trêve. En 1845, un *meeting* tenu à Quincy décida qu'ils videraient le pays de gré ou de force, et on leur signifia cette résolution. Brigham Young, leur nouveau chef, comprit qu'il fallait partir, et l'on se détermina, après mûr examen, à émigrer vers les montagnes Rocheuses. Cependant les vexations continuaient; pressés l'épée dans les reins, ils se mirent en route dès le mois de février. Des pionniers prirent les devants, et huit jours après les douze apôtres, le grand conseil des prêtres et seize cents émigrants passèrent le Mississipi sur la glace. D'autres détachements suivirent. Le zèle des Mormons était si vif, qu'ils voulurent avant de partir accomplir à tout prix une prophétie de leur prophète, achever le grand temple de Nauvoo, et y officier au moins une fois. Ce temple leur coûtait un million de dollars. Le lendemain ils le fermèrent et abandonnèrent la ville. Quelques Mormons pauvres y restaient. Le peuple des environs vint avec six pièces de canon et une armée de 1000 hommes les expulser de leur asile. Ce fut dès lors l'expatriation de tout un peuple. Vers la fin de juin 1846, ils arrivèrent à Council-Bluff sur les bords du Missouri, et y campèrent sous des cabanes ou sous des tentes. Le scorbut et la fièvre se mirent parmi eux; beaucoup moururent. L'hiver vint et fut horrible. Ils étaient plus de quinze mille, hommes, femmes, enfants, dans un pays désert, mal nourris, exténués de fatigue, glacés par le froid, obligés de se creuser des caves dans la terre, entourés d'Indiens, affligés par le souvenir de leurs malheurs passés et par la pensée de leurs misères futures. Ils chantaient pourtant, se donnaient des concerts, fondaient un journal, et remerciaient Dieu de leur délivrance. Au printemps, Brigham Young partit avec cent quarante-trois hommes pour chercher la patrie promise, et, au bout de trois mois, arriva au grand lac Salé, ayant traversé quatre cents lieues de terre inhabitée. Il choisit un emplacement, traça le plan des rues, laboura la terre, planta le froment, et revint au camp. Les Mormons se mirent alors en marche par grandes troupes sur la voie frayée. Le 1er mai 1848, le corps principal était en route. A l'arrivée, ils manquèrent mourir de faim; les sauterelles mangeaient leur récolte. Pour atteindre la moisson suivante, il fallut se rationner et pendant six mois chaque personne n'eut que douze onces de blé par jour. Beaucoup d'émigrants se dispersèrent dans les campagnes, grattant la terre pour avoir des racines et disputant aux Indiens les oignons sauvages. Le froid devint glacial; il y avait partout trois pieds de neige. Un grand nombre de Mormons n'avaient ni toit ni feu. Le bois manquait, les montagnes étaient nues; on ne trouvait pas d'eau douce. La plupart des plaines étaient couvertes de sel ou d'alcali, impropres au pâturage et à la culture. Le pays était désert et semblait hostile à la végétation et à la vie. Les rares trappeurs qui par hasard l'avaient visité affirmaient que toute colonie nombreuse y mourrait de faim. Les sauterelles et la sécheresse détruisaient ou menaçaient presque chaque année la moisson. Par surcroît, les sauvages attaquaient les Mormons, tuaient les hommes isolés, volaient le bétail. Voilà les difficultés qu'ils ont vaincues. Depuis l'exode des Israélites, il n'y a point d'exemple d'une si grande émigration religieuse, exécutée à travers de tels espaces, en dépit de tels obstacles, par un pareil nombre d'hommes, avec tant d'ordre, d'obéissance, de courage, de patience et de dévouement. Sans doute le sang-froid, l'énergie, l'aptitude à la vie de *squatter* et de planteur, toutes les qualités américaines y ont aidé; mais le ressort de cette grande volonté a été la foi. Sans elle, des hommes n'eussent point fait de telles choses. Ces exilés croyaient fonder la cité de Dieu, la métropole du genre humain : ils se considéraient comme les rénovateurs du monde; souvenons-nous de notre jeunesse, et avec quelle force une idée même médiocre, par cela seul qu'elle nous paraissait bonne et vraie, nous lançait en avant en dépit de l'égoïsme naturel, des faiblesses journalières, des habitudes contractées, des préjugés environnants, des obstacles accumulés. Nous ne savons pas ce dont nous sommes capables; tel bourgeois qui se chauffe en robe de chambre, occupé à ne rien faire et à tout craindre, sursautera si l'on touche une certaine fibre, et, sans y penser, sera un héros.

Le 24 novembre 1847, avant de partir pour l'Utah, Brigham Young avait été proclamé président de l'Église, prophète révélateur et voyant. A côté de lui, selon la Constitution établie par Joseph Smith, étaient deux conseillers : au-dessous, les douze apôtres, le conseil des grands prêtres, les septante chargés d'évangéliser, puis les évêques et tout le clergé inférieur. Quoique les principales de ces dignités fussent à la nomination du peuple, Brigham en était le maître; jamais on ne nommait que les candidats qu'il avait présentés. Le Congrès fédéral l'ayant choisi comme gouverneur du nouveau territoire, il eut la puissance civile avec la puissance religieuse; il se trouvait prince et pape, et l'admiration publique centuplait son autorité officielle. Rarement, dit M. Remy, un homme fut plus aimé, plus vénéré, mieux obéi. On mourrait pour lui, et on est prêt à tout quitter et à tout entreprendre sur une de ses paroles. Il mérite cette confiance. Il a été le pionnier, le guide, l'âme de l'expédition et de l'établissement. Il est sincère, énergique, actif, habile, dévoué à son œuvre, fécond en ressources, capable de patienter et d'oser. Mais ce qui contribue surtout à l'affermir, c'est qu'il est au niveau de son peuple par ses facultés, ses défauts, son éducation et ses goûts. Il est pieux, souvent inspiré, il a eu le don des langues, il a été missionnaire; il a osé, pendant la vie de Joseph, les actions d'un enthousiaste et d'un fanatique. Il a été charpentier, il est fort ignorant, il méprise les sciences et dit qu'un quart d'heure de révélation en apprend plus que toutes les bibliothèques. Il est homme pratique et a gagné deux millions dans des spéculations personnelles. Il est prédicateur, tour à tour bouffon et sérieux, fort expert dans ce style bizarre, ampoulé, décousu et affirmatif qui plaît tant aux gens des États-Unis. Il est architecte, négociateur, agriculteur, industriel, militaire, juste autant et aussi peu qu'il faut l'être pour la pratique. Voilà les deux ressorts de cette théocratie : la nouveauté d'une foi jeune, et le gouvernement d'un homme supérieur.

Ils ont été plus loin; après avoir transformé la pensée et la foi, le sol et l'État, ils ont touché à la famille. Déjà Joseph Smith avait pratiqué et prêché la polygamie. Mais la chose était si énorme qu'on avait dû garder un peu de mesure et prendre quelques précautions. Une fois dans l'Utah, séparé de toute société humaine par quatre cents lieues de désert, Brigham Young promulga la révélation nouvelle[1]. C'est un point de leurs croyances que dans le monde à venir chaque homme régnera sur ses enfants qui feront son royaume, « que plus il aura d'enfants plus il aura de gloire, et que s'il n'a ni

1. 1852.

femmes ni enfants sur la terre, il n'aura pas de gloire dans le ciel. » De plus les Mormons étant les élus d'en haut, doivent augmenter le plus possible le peuple du Seigneur. On reconnaît là une restauration du vieux principe musulman, la paternité transformée en souveraineté, les enfants en propriété, la génération en œuvre pie, les sentiments naturels en passions ambitieuses, les sentiments humains en passions religieuses, bref la théocratie introduite au foyer domestique. En 1858, trois mille six cents Mormons avaient plusieurs femmes, deux mille deux cents en avaient quatre et au-dessus, Brigham Young seul en avaient dix-sept. Si beaucoup de Mormons se contentaient d'une femme ce n'était pas leur faute; il n'y en avait pas assez dans le pays. Ceux qui pouvant être polygames ne l'étaient pas, étaient médiocrement considérés et passaient pour des gens de peu de foi. Sans doute un état de choses aussi peu naturel produit beaucoup de douleurs privées; mais ces douleurs sont atténuées parce que c'est volontairement que les femmes ainsi sacrifiées se sacrifient. Il est admis que le mari, s'il est saint, sauve sa femme avec lui; plus il est réputé saint et plus il a de femmes, plus elle est sûre d'être sauvée; c'est pourquoi on voit beaucoup de jeunes filles convoiter la main de vieux polygames que le nombre de leurs ans et de leurs femmes confirme dans la foi et prédestine au salut. D'autres fois la femme unique d'un homme riche, afin de lui assurer un plus grand royaume céleste, le supplie de contracter de nouveaux mariages, fait pour lui la cour aux jeunes filles, et pleure sincèrement quand elle ne peut obtenir leur main. Toutes les saintes de l'Utah que M. Remy a interrogées lui ont déclaré qu'elles étaient heureuses : « Nous ne savons pas, disent-elles, ce que vous entendez par rivales : plus il y a d'épouses, plus c'est agréable. » Une autre, femme d'un évêque qui avait huit femmes, défendit doctement la polygamie par des raisons médicales, par l'exemple des patriarches, et aussi par l'exemple de Jésus-Christ, qui, selon les Mormons, a eu trois femmes ; l'évêque, son mari, avait vingt-cinq enfants, et tout ce petit monde vivait en bonne harmonie. Le fanatisme explique tout, parce qu'il suffit à tout. Il a fondé ici des vertus chrétiennes parmi des institutions orientales, et purifié des mœurs que la loi semblait devoir dépraver. « Après dix ans de voyages sur tous les points du globe, dit M. Remy, je doute qu'il y ait un pays où les femmes soient en général plus vertueuses et plus morales que dans la société mormone. » La prostitution y est inconnue, « l'adultère si rare qu'on peut dire qu'il n'existe pas. » « Tous les hommes y sont occupés de travaux utiles ; nous n'y avons vu ni paresseux, ni désœuvrés, ni joueurs, ni ivrognes.

Les saints polygames nous ont, presque sans exception, offert l'image de bons pères et de bons époux. »
En 1855, il n'y avait que trois détenus dans la prison pénitentiaire, tous les trois Indiens. La nouvelle société vit honorablement et pacifiquement en dépit de sa propre forme, et il n'y a rien qui prouve mieux la force et la sincérité de sa foi.

Le simple dehors des objets physiques en fournit un autre témoignage plus éclatant encore. Il a fallu tout créer dans ce désert, et ils ont tout créé. « Les Mormons, dit un de leurs apostats, sont les plus laborieux des hommes. Depuis le simple fidèle jusqu'à l'évêque et l'apôtre, tous sont occupés à des travaux *manuels*. » Les plaines n'avaient point d'eau douce et le climat manquait de pluie au moment des semailles; ils ont amené l'eau des montagnes dans des rigoles. Le pays ne produisait rien d'utile à la vie; ils y ont introduit le bétail, les arbres fruitiers, les légumes, les céréales, la betterave, la canne à sucre et le coton. La contrée était un lieu de chasse où jeûnaient quelques sauvages; au bout de sept ans, on y voyait des scieries mécaniques, des moulins pour le blé, pour le sucre, des tanneries, des machines à carder, des fonderies pour le fer, le bronze, le plomb, les poteries, des fabriques de papier, de drap, de tapis, d'armes, des distilleries, bref toutes les manufactures de première nécessité. Une ville s'était élevée, ayant des rues larges de quarante mètres, un palais de justice, une bibliothèque, un hôtel de ville, plusieurs maisons particulières aussi grandes et aussi belles que des palais, un vaste temple en construction. En 1859 [1], il y avait 80 000 Mormons dans l'Utah, et probablement 100 000 autres dans le reste de l'Amérique et du monde. Songez que trente ans auparavant la nouvelle religion n'avait que six adeptes. Tous les jours la propagande accroissait cette multitude. Sur ce point, le dévouement des Mormons est extraordinaire. Un ordre du grand conseil arrive : à l'instant le Mormon désigné quitte sa famille, ses travaux commencés et part sans argent pour l'Europe, la Chine ou l'Océanie. Il vit du travail de ses mains, paye comme il peut son passage, se fait domestique; l'un d'eux, M. Bolton, fils d'un riche armateur, fut huit ans missionnaire à Paris, ne gagnant le plus souvent que dix francs par mois. Ordinairement la mission dure de trois à six ans; ils ne reviennent que sur un ordre du grand conseil et à leurs frais. Ils s'adressent aux pauvres, aux ignorants, vivent avec eux, reviennent à la charge, les exaltent par des histoires merveilleuses et par des promesses magnifiques. L'enthousiasme engendre l'enthousiasme. Les convertis ont des songes prophétiques, entendent des bruits doux ou terribles,

---

1. Tome, II, 178.

voient des spectres éblouissants, des bêtes de l'Apocalypse, assistent à des guérisons de malades, et bientôt partent pour l'Utah. Une banque de secours a été établie en 1849 pour leur fournir l'argent du voyage. Tous les fidèles y ont contribué, et les convertis une fois arrivés remboursent les avances qu'on leur a faites. Les mesures ont été si bien prises, que le voyage de Liverpool au grand lac Salé ne coûte pas plus de cinq cents francs et souvent moins de deux cent cinquante. Dans ces dernières années, beaucoup d'émigrants ont traversé à pied les quatre cents lieues de désert, traînant sur des brouettes ou sur des charrettes à bras leurs bagages, leurs vivres et même leurs enfants. Trente mille personnes en vingt ans sont venues accroître la population de l'Utah. Si la guerre contre le Congrès a suspendu un instant ce mouvement, il reprend maintenant de plus belle. Un seul navire parti de Liverpool en 1860 a amené huit cents néophytes. Les Mormons en triomphent, prophétisent la dissolution des États-Unis pour la fin du siècle, et se promettent l'empire de l'Amérique et de l'univers.

Mais le trait qui donne la plus haute idée de leur zèle est la conduite qu'ils tinrent en 1857 et en 1858 dans les démêlés qu'ils eurent avec le Congrès. On les accusait de rébellion, et on envoya contre eux une armée. Brigham leva des soldats, et cependant par prudence ou par patriotisme, décida qu'on ne ferait point la guerre à la mère-patrie. Il fallait donc émigrer encore une fois, et en effet les Mormons prirent ce parti héroïque. « Dans un *meeting* où assistait Brigham, John Taylor ayant invité tous ceux qui étaient résolus à réduire leurs propriétés en cendres plutôt que de se soumettre à l'autorité militaire, à lever la main, l'assemblée tout entière leva les deux mains par un mouvement unanime. » Les troupes du Congrès arrivèrent. Avec une modération étonnante, les Mormons s'abstinrent de toute hostilité; seulement, ils déclarèrent que si les soldats entraient dans la ville, ils la quitteraient et la brûleraient. Le nouveau gouverneur, Cumming, eut beau prier et promettre : à la fin de mars, le peuple commença à émigrer vers les montagnes, ne laissant dans la ville que le nombre d'hommes qu'il fallait pour l'incendier. La plupart des *settlements* du nord furent abandonnés, et Brigham, emmenant avec lui sa famille, se retira dans le sud. Devant une pareille résolution, le gouvernement céda ; on s'accommoda ; les troupes ne firent que traverser la ville et campèrent à quarante milles plus loin. Elles ont quitté le pays en 1860; les Mormons sont restés libres, et Brigham est toujours leur chef effectif.

Cette singulière société subsistera-t-elle? Les détails qu'on vient de lire indiquent, je crois, que trois choses la maintiennent : son isolement, la nouveauté de son enthousiasme et l'habileté de son chef. Or Brigham mourra, et on trouvera difficilement une suite de chefs aussi bien doués et adaptés à leur rôle. D'autre part, l'enthousiasme vieillira, et si l'on regarde les religions précédentes, on n'en trouve guère dont la foi vive et la ferveur pieuse aient duré plus de cent ans. Enfin les déserts se peupleront, et la civilisation ordinaire rejoindra et enveloppera ce petit monde. Il est probable qu'alors ses vices intimes feront leur effet ; et l'on a de la peine à croire qu'une société fondée sur l'ignorance du public, sur l'asservissement des sujets et sur l'abaissement des femmes puisse durer quand son fanatisme se sera refroidi, quand son chef sera un homme ordinaire, et quand la civilisation environnante l'attaquera par la contagion de la science solide et profonde, de la liberté civile et religieuse, du mariage égal et naturel.

En attendant, on peut remercier les Mormons de la périlleuse expérience qu'ils veulent bien faire à leurs dépens et à notre profit. Rien n'est plus utile à l'histoire que de grandes opérations exécutées sur des milliers d'hommes, pendant de longues années, sous nos yeux, en des circonstances précises et connues. Celle-ci, faite en un endroit isolé et pour ainsi dire dans un vase clos, sera une des plus nettes et des plus instructives. Il faut laisser le mélange fermenter ; on en verra le produit dans un siècle. Déjà maintenant une conclusion surnage. Nous jugions notre siècle à peu près comme les beaux-esprits romains jugeaient leur siècle au temps d'Auguste ; nous le trouvions réfléchi, savant, raisonnable et même sceptique ; nous croyions avoir endormi, apaisé ou dompté le monstre intérieur et tout-puissant, l'imagination crédule et enthousiaste ; nous pensions avoir enseveli sous un amas de raisonnements, de documents positifs, de science transmise, d'éducation propagée, de journaux populaires, le fou que tout homme porte en lui-même. Nous nous étions trompés. Voilà une civilisation d'hommes d'affaires, tout orgueilleuse de son bon sens pratique, assise sur trois siècles de science prouvée ; mais son protestantisme libre laissait une ouverture, et tout d'un coup, par cette ouverture, on a vu se lâcher le fou.

# MARC-AURÈLE.

*Études sur Marc-Aurèle*, par Édouard de Suckau.

M. de Suckau a présenté à la Sorbonne, puis au public, un Mémoire excellent, ni emphatique, ni scolastique, écrit du meilleur style, plein de force et de mesure, fort savant sans étalage d'érudition, fort élevé sans étalage d'admiration. Il expose la doctrine de Marc-Aurèle avec la sympathie d'un homme de cœur et la réflexion d'un philosophe. Il la commente par le récit de son éducation et de son règne, par l'histoire de son pays et de son temps. Il a tout dit, les actions du capitaine et du politique, son administration et ses édits, ses lectures et ses amitiés, sa vie intérieure et sa vie publique; mais il a tout dit avec discrétion, les détails étant choisis en vue de l'ensemble, l'histoire ne faisant qu'éclairer la philosophie; le plus étrange, c'est qu'il a tout dit *sans phrases*, toujours texte en main, l'homme n'étant loué que par l'exposition nue de ses actions et de ses paroles. Cette sorte de louange convenait seule : Marc-Aurèle est l'âme la plus noble qui ait vécu.

# I

Lorsque la conquête du monde et l'établissement de l'empire eurent détruit dans le monde et dans l'empire la famille et la patrie, les mœurs et la liberté, l'homme, enfermé dans une décadence sans remède et sous un despotisme sans issue, abandonna toute espérance terrestre et tourna son effort ailleurs. Seule la pensée subsistait libre, et le mélange des religions, l'ouverture de l'Orient, la communication des races, l'échange mutuel des philosophies, venaient encore l'alimenter et l'élargir. Ainsi étendue, elle atteignit l'universel et demanda au monde divin le bien suprême que lui refusait le monde terrestre. L'homme, autrefois père et citoyen, devint religieux et philosophe et se consola de ses misères par la contemplation de l'infini. Mais chacun y alla par sa voie. Pendant que la foule livrée à la tradition et au rêve, cherchait dans la légende et l'extase l'entrée du monde surnaturel, quelques sages affermis par la science antique et la raison grecque rencontraient dans la conception du monde naturel et de la force humaine la guérison de leurs tristesses et le soutien de leur vertu. L'un d'eux par hasard se trouva le maître des hommes, et montra aux hommes avilis, désespérés ou fanatiques, ce qu'était l'âme d'un stoïcien.

Quel triste rang pour une pareille âme! Des égaux, du moins, peuvent garder quelques restes de désintéressement et de franchise : ils n'ont point à calculer ni à flatter ; leur amitié peut être vraie ; ni la crainte ni l'ambition ne viennent la corrompre. Mais un prince à qui la loi donnait le pouvoir absolu, que pouvait-il rencontrer, sinon des adulateurs et des mercenaires? et que pouvait-il attendre, sinon des mensonges et des lâchetés ? Marc-Aurèle les eut, et à profusion, autour de lui, jusque chez lui, dans sa famille. Quel monde à gouverner qu'un monde qui tombe ! Il revenait d'un long voyage, épuisé, ayant sauvé l'empire de la révolte et des barbares, et parlait des huit années de son absence; et il vit le peuple, en manière de reconnaissance, lui demander par signes un congiaire de huit écus d'or! Il partait malade contre les Marcomans, ne trouvant point de soldats, ayant vendu tous les trésors de son palais pour subvenir aux frais de la guerre, et la sottise populaire l'obligeait à mener avec lui un cortége de magiciens et de Chaldéens ! Il exhortait ses soldats à la fidélité et au courage ; et les Jazyges, après un

traité, lui rendaient cent mille transfuges ! Son meilleur général, Avidius Cassius, le trahissait; son collègue Vérus restait engourdi dans les débauches; ses enfants mouraient, sa femme était calomniée ou criminelle : son fils et son héritier, Commode, devait être un assassin et un monstre. Il voyait les hommes s'avilir, les mariages diminuer, la population s'amoindrir, les terres tomber en friche, la superstition s'étendre, le courage disparaître, l'amour du bien public s'évanouir, sans avoir, comme un particulier, le droit d'oublier ces maux ou la consolation de n'en toucher qu'une partie, étant forcé par son rang de les apercevoir tous et sans cesse, d'en prévoir les suites infaillibles et désastreuses, d'y remédier en vain, de sentir son impuissance, et de toujours combattre pour être toujours vaincu. « Ils n'en feront pas moins
« ce qu'ils font quand tu en mourrais de douleur. »
Et ailleurs : « Pauvres têtes que ces politiques qui
« appliquent, dit-on, la philosophie. Cervelles
« d'enfants. N'espère pas la république de Platon.
« Un peu de bien, si petit qu'il soit, que cela te
« suffise. » Ce peu de bien, c'était de soutenir l'empire énervé par les fléaux et les vices, abîmé par les tremblements de terre, dévasté par les inondations, épuisé par les pestes, assiégé par les barbares. N'ayant ni santé, ni soldats, il hivernait en Germanie avec des recrues de gladiateurs, de

mercenaires et d'esclaves, parmi les marais et dans la neige, passant les fleuves sur la glace, poursuivi par les révoltes de vaincus perfides, par l'obstination d'envahisseurs toujours nouveaux, par l'avidité d'une armée corrompue, désapprouvé à Rome, obligé, contre son cœur et ses maximes, de tuer et de détruire, attristé de ses propres victoires : « Une « araignée se glorifie d'avoir pris une mouche, un « autre un lièvre, un autre des sangliers, un autre « des ours, un autre des Sarmates ! » Ni l'amour de la gloire, ni la joie du succès, ni l'espoir du salut, ni l'entraînement de la lutte, ni le goût des affaires ne le soutenaient, mais la seule conscience ; comme un pilote sans espérance, il gouvernait son navire, sentant que son navire devait sombrer. S'il était dur en ce temps d'être homme, il était plus dur d'être empereur.

Il est mort à son poste, en Germanie, sous la tente, à cinquante-huit ans, n'ayant jamais faibli. Il a conservé l'État contre les trahisons et les barbares, malgré les citoyens et les ennemis, en dépit de l'indifférence du peuple, des vices de son collègue, de la lâcheté de ses soldats. Il s'est abstenu des plaisirs, il a évité le luxe, il a modéré son pouvoir, il a résisté à la populace, il a respecté le Sénat, il n'a jamais agi que d'après la justice et le droit. Il a rendu la loi plus humaine, il a protégé l'accusé, l'enfant et l'esclave, il a souffert la calom-

nie et la contradiction. Il vendait les meubles de
son palais pour entrer en campagne, et au retour
il remettait aux provinces l'impôt arriéré de qua-
rante-six ans. Il établissait des écoles pour les philosophes qui contredisaient sa doctrine, et il faisait
grâce aux révoltés qui voulaient détruire sa vie et
la vie des siens. « Vous me dites de pourvoir par
« sa mort à la sûreté de mes enfants ; qu'ils péris-
« sent donc si Avidius mérite plus qu'eux d'être
« aimé, si le bien de l'État exige que Cassius vive
« plutôt que les enfants de Marc-Aurèle. » Cassius
ayant été tué par hasard, il demanda au Sénat
d'épargner les complices : « Qu'aucun sénateur ne
« soit puni,... que les députés reviennent,... que
« ceux dont les biens ont été confisqués les recou-
« vrent,... qu'ils soient riches, exempts de toute
« crainte, maîtres d'aller où ils voudront. Pères
« conscrits, ce n'est pas un grand effort de clé-
« mence de pardonner aux enfants et aux femmes
« de ceux qui sont morts. Plût aux dieux que je
« pusse aussi en rappeler quelques-uns du tom-
« beau ! » Chez lui la miséricorde, la bonté, la tendresse coulaient à flots et coulaient de source ; l'âpre
doctrine stoïque ne diminuait en rien son humanité ni sa douceur. Il aimait à aimer ; ses *Pensées*
commencent par des effusions de reconnaissance,
il énumère avec le soin le plus minutieux et le plus
touchant les bienfaits qu'il a reçus de ses parents et

de ses maîtres; il est resté jusqu'au bout leur confident, leur ami, leur obligé, leur vénérateur. Du plus haut de la philosophie et de la politique il redescendait au sein de la famille, avec la grâce et la délicatesse d'une mère, attentif aux petites peines de ses filles, tout occupé des balbutiements et des caresses « de ses fauvettes mignonnes. » « Voici « encore les chaleurs de l'été; mais comme nos « petites se portent bien, il nous semble que nous « avons l'air pur et la température du printemps. » C'est le cœur et c'est aussi la grandeur de Virgile. Rien d'enflé ni de sec dans ses *Pensées*; toutes les épines de la logique stoïcienne ont disparu; on n'entend plus le ton commandant et forcé; on ne trouve plus rien de tendu ni d'étonnant dans sa vertu; on en sent la source. Ces sentences écrites le soir à la lampe, l'une dans un camp chez les Quades, l'autre au sortir du Sénat, ont toutes produit quelque forte action, quelque généreuse parole; elles portent l'empreinte de leur origine et de leurs effets; on les voit naître et on les sent agir. Elles sont un journal, comme celles de Pascal, mais le journal d'une âme saine. Il y a bu à longs traits, non le désespoir et l'extase, mais l'héroïsme et la paix. Courtes, véhémentes, exactes, éclatantes, elles sont les cris étouffés d'un enthousiasme contenu; elles montrent l'âme d'un grand poëte qui, les yeux fixés sur le sublime, se maîtrise, et, tout troublé d'admiration, prononce à peine quelques paroles brisées à voix basse : « Homme, tu as vécu « citoyen de cette grande cité ; cinq ans ou trois, « que t'importe? L'important était d'y vivre selon « la loi. Quoi de terrible si tu quittes la ville em- « mené non par un tyran, non par un juge injuste, « mais par la nature qui t'a introduit, comme un « acteur que le stratége congédie et remplace ? — « Je n'ai point dit les cinq actes, mais seulement « trois. — Bien dit : mais dans la vie ces trois sont « toute la pièce. Va-t'en donc l'âme sereine, car « celui qui te congédie est serein. »

## II

Quelle est donc la puissante pensée qui a formé toute cette vertu, et soutenu toute cette conduite? Une seule idée, celle de la nature. Aux yeux de Marc-Aurèle, le monde n'est point un monceau d'êtres, mais un être unique. Il n'y a point d'événement qui ne tire derrière lui et devant lui la chaîne infinie et indissoluble qui s'allonge jusqu'aux deux extrémités des temps. Il n'y a point de corps qui ne tienne à la sphère infinie et indestructible qui s'étend jusqu'aux confins de l'espace. Tous les êtres et tous les changements se supposent, et un fil ne peut se rompre sans remuer tout le réseau. En sorte que tout l'univers est un individu vivant, qui subsiste par lui-même, se développe de lui-même, et manifeste par ses formes engendrées et visibles la loi génératrice et invisible qui le soutient. De l'étendue à la vie, de la vie à la sensation, de la sensation à la pensée, s'ordonne une série de puissances dont la première appelle la seconde, dont la seconde nécessite la première, liées entre elles comme la fleur, le fruit et la graine d'une plante, états différents qui révèlent une même force, paroles successives qui expriment une même idée. C'est un seul animal dont les événements sont les fonctions et dont les êtres sont les membres. C'est « une seule substance divisée en mille corps « distincts, une seule âme circonscrite en mille natu- « res différentes. » C'est « un souffle artiste, un feu « intelligent qui se transforme en toutes choses, « qui s'assimile à toutes choses, qui d'un cours « réglé engendre toutes choses, » Dieu prévoyant et régulateur, sorte de « raison séminale » et active, engagée dans la matière et occupée à la vivifier. Toutes ces images, prises à la lettre par les premiers stoïciens, ne sont que des images pour Marc-Aurèle. Il pose seulement que le monde est un, qu'un ordre de lois le gouverne, et que cet ordre a l'harmonie d'une raison [1]. Dès lors, quel

---

1. « Atomes ou Providence, pose d'abord que tu es une partie d'un tout gouverné par la nature. »

spectacle! La tristesse et le dégoût n'étaient que de fausses vues de l'esprit, préoccupé d'un détail, oubliant de considérer l'ensemble. Tout est bien et tout est beau. Cette nature unique et créatrice, qui pourrait lui nuire, puisqu'il n'y a rien en dehors d'elle? Qui pourrait gêner son effort, puisqu'il n'y a d'autre effort que le sien? Quelle beauté ne languit auprès de cette puissance inépuisable, pacifique, dont l'effort mesuré amène incessamment sous la lumière le flot éternel des créatures, et qui se développe également par leur ruissellement et par leurs chocs? Qui ne se sentirait pénétré d'admiration et de joie à l'aspect de cette sourde volonté vivante qui soutient et transforme les êtres, qui triomphe dans leur renouvellement comme dans leur permanence, et dont toutes les démarches sont l'œuvre de l'universelle raison? Qu'ai-je à faire de ces mille pensées mutilées par lesquelles mon esprit se prend aux fragments qui m'entourent? Une seule est entière et vraie, celle de la nature, et les autres ne valent qu'autant qu'elles se rattachent à celle-là. Je n'aurai donc qu'une seule pensée comme il n'y a qu'un seul être : j'y rapporterai le reste; je franchirai l'étroite enceinte de ma personne; je concevrai le Dieu universel dont je suis un des membres, et j'agirai d'après cette conception. Ce n'est pas moi qu'il aime, mais l'ensemble; ce n'est donc pas moi que j'aimerai, mais l'ensemble. Ce n'est pas un homme isolé qu'il a produit, mais une communauté d'hommes liés par des instincts sociables et par la possession de la même raison ; ce n'est donc pas mon être isolé que je servirai, mais la société des hommes, non par amour des louanges, ou par désir d'être aimé, ou par goût pour leur mérite, ou par espoir de récompense, mais parce que nous sommes nés pour nous entr'aider « comme les mains, les pieds, « les paupières », et parce que la raison prend d'elle-même la tendance de la nature comme l'eau suit la pente du sol. « Ce qui est utile à l'essaim est « utile à l'abeille. Que tout ton plaisir et tout ton « délassement soient de passer d'une action sociale « à une action sociale, avec la pensée de Dieu. » Par cette conformité, la raison, imitatrice de la nature, participe à la majesté de la nature. Elle est un Dieu intérieur, « fragment du grand Dieu universel », auguste comme lui, lumière sacrée, à demi offusquée par cette enveloppe de chairs où elle s'enferme, mais seule digne qu'on la désire et qu'on l'adore. « Si tu trouves quelque chose de « meilleur dans la vie humaine que la justice, la « vérité, la tempérance, le courage, tourne-toi vers « ce bien de toute ton âme, et jouis-en, puisque « c'est le plus excellent. Mais si tu ne découvres « rien de meilleur que ce Dieu établi en toi-même, « qui s'est assujetti tes passions, qui corrige tes

« imaginations, qui s'est dégagé des persuasions
« sensibles, qui se soumet aux dieux, qui prend
« soin des hommes; si tu trouves en comparaison
« tout le reste petit et vil, ne donne donc place
« en ton âme à nulle autre chose. » Il n'y a qu'un
être parfait, la nature; il n'y a qu'une idée parfaite, celle de la nature; il n'y a qu'une vie parfaite, celle où la volonté de la nature devient notre
volonté.

Il n'y a qu'une consolation parfaite, et c'est elle
aussi qui la donne. « Vivre d'accord avec les dieux;
« et celui-là vit d'accord avec eux qui leur mon-
« tre une âme contente de leurs décrets. » Ma
douleur et ma joie ne valent pas la peine que j'y
songe; tout est noyé sous l'idée de la Nature infinie; elle seule a le droit d'exister; je ne dure que
pour la manifester et l'accomplir; résister, se plaindre, est la folie d'un enfant; je n'ai la raison et je
ne suis homme que parce que je me conforme à
son effort. « Le monde souhaite ce qui va arriver.
« Je dis donc au monde : « Je le souhaite comme
« toi. » — « Les choses étant telles, leur nature
« portait que de toute nécessité il en serait ainsi;
« vouloir le contraire, c'est vouloir que le figuier
« ne donne point son lait. » Je ne puis plus me
révolter contre mon mal dès que je vois que, par
la composition de tout l'univers, il est de toute
éternité lié à ma destinée, et que pour l'ôter il

faudrait renverser la loi universelle et l'ordre entier. Je ne puis m'affliger de mon mal, dès que je vois qu'il m'a été imposé par une nature bonne, et qu'il contribue à la santé du monde. Il n'est point un accident, puisqu'il est nécessaire; il n'est point un mal, puisqu'il amène un bien. « Tout ce
« qui arrive est aussi naturel et accoutumé que la
« rose au printemps, que les fruits en été : ainsi la
« maladie, la mort, la calomnie, les complots, et
« tout ce qui réjouit ou afflige les sots. » « Embrasse la mort comme une des choses que veut
« la nature.... Elle est même un bien, puisqu'elle
« est de saison pour l'univers, puisqu'elle lui sert et
« qu'il l'amène. » « Plusieurs grains d'encens sont
« sur le même autel : l'un tombe plus tôt, l'autre
« plus tard; nulle différence. » « Tout ce qui te
« convient, ô monde! me convient. Rien n'est tar-
« dif ou prématuré pour moi qui est de saison
« pour toi. Tout m'est fruit dans ce que tes saisons
« apportent, ô nature! Tout vient de toi, est en
« toi, retourne en toi. Celui-ci disait : O chère cité
« de Cécrops! Ne puis-je dire : O chère cité de
« Jupiter ! » Où sont maintenant le découragement et la peine? L'esprit a englouti toute pensée personnelle dans l'immense et bienheureuse pensée du tout.

Ceci est un effort, et l'esprit assiégé d'idées bornées, naturellement renfermé en lui-même, a

peine à s'étendre et à s'oublier dans l'amour de l'infini. En ces temps de décadence surtout, l'homme pense moins à sa grandeur qu'à sa faiblesse, et de l'idée de l'univers tranquille, il retombe à la contemplation de ses misères et de son néant. Cela même est une source de consolation, consolation amère, mais fortifiante; quel cas puis-je faire de mes chagrins et de mes désirs quand je compare ma petitesse à l'immensité ! Qu'est-ce que ces soucis d'un jour et d'un atome perdu dans les deux gouffres du temps et de l'espace ! « Souviens-toi
« de l'étendue universelle; quelle part en as-tu?
« de la durée universelle ? quel fugitif instant fait
« ta portion? Pense souvent à la vitesse de la fuite
« et de la succession des choses qui sont et de-
« viennent. Car la substance est, comme un fleuve,
« dans un écoulement éternel; et les vivants en
« des changements continuels; et les causes en des
« tranformations innombrables : et il y a un abîme
« sans fond, le passé, puis l'avenir où tout s'en-
« gloutira. En un tel état, n'est-ce pas folie que de
« s'enfler, de se tourmenter ou de s'affliger ? »
« Tout cela va disparaître, nos corps dans le monde,
« nos mémoires dans la durée.... Que tout cela
« est vil et méprisable, et pourri, et périssable, et
« mort ! » « Le vent jette à terre les feuilles des
« bois; ainsi les générations des hommes; ainsi
« les malédictions, les louanges, les acclamations.

« Tout cela naît en un printemps; puis le vent les
« abat, et la forêt en pousse d'autres à la place.
« Cette courte durée est commune à toutes choses;
« et toi, tu fuis ou poursuis toutes choses, comme
« si elles devaient être éternelles! Encore un peu,
« et tu fermeras les yeux; et pour pleurer celui
« qui t'aura enseveli, il y en aura un autre. » « La
« durée de la vie de l'homme est un point; sa sub-
« stance, un écoulement; sa sensation, une im-
« puissance; son corps, un bâtiment qui tombe;
« son âme, une toupie qui tourne; sa fortune, une
« obscurité; sa renommée, un jugement d'aveu-
« gles. Bref, tout dans son âme est songe et fumée,
« tout dans son corps passe et fuit; sa vie est une
« guerre et le séjour d'un hôte; sa gloire après le
« tombeau, un oubli. Qui peut le sauver? une
« seule chose, la philosophie. » Consolez-vous
donc, pauvres hommes, à cause de votre faiblesse
et à cause de votre grandeur, par la vue de l'infini
d'où vous êtes exclus, et par la vue de l'infini où
vous êtes compris, par la pensée du soleil éternel,
dont vous êtes un rayon, et par la pensée de la nuit
éternelle où ce rayon va s'éteindre. De tous côtés
l'immensité vous presse et vous apaise; et la nature qui vous exalte ou qui vous écrase vous associe
à sa force ou à son repos.

Nous avons beaucoup appris depuis seize siècles;
mais nous n'avons rien découvert en morale qui

atteigne à la hauteur et à la vérité de cette doctrine. Notre science positive a mieux pénétré le détail des lois qui régissent le monde ; mais, sauf des différences de langage, c'est à cette vue d'ensemble qu'elle aboutit.

# LE BOUDDHISME.

*Die Religion des Buddha und ihre Enstehung*,
par M. KŒPPEN.

## Les Origines.

Ce livre est un résumé excellent et complet, comme il s'en fait souvent en Allemagne, des cinq ou six cents monographies et des cinq ou six mille dissertations spéciales qui pendant vingt ans se sont accumulées sur un sujet. Il est de plus fort clair, écrit en style abondant par un homme compétent, décidé, point pédant, excellent logicien et très au fait des matières philosophiques. Par malheur l'auteur est Allemand et il écrit en allemand, ce qui fait qu'en France on ne le lira guère ; c'est pourquoi nous allons, avec son aide, exposer le sujet au lecteur [1].

1. Consulter encore : Spence Hardy, *Manual of Buddhism, Eastern monachim*; — E. Burnouf, *Lotus de la bonne loi, Introduction à l'histoire du Bouddhisme*; — Foucaux, *Rgya tcher-*

## I

Quand les Aryens descendirent à travers les passes du Caboul pour s'établir dans le Penjâb, ils ressemblaient fort aux Perses tels que les décrit Hérodote, ou aux Germains tels que les décrit Tacite. C'étaient des tribus demi-fixées, demi-errantes, ayant pour principale richesse de grands troupeaux de bœufs et de vaches, possédant des villages, des bourgs, et connaissant déjà l'agriculture, bref, situées, comme les peuplades d'Arminius et de Cyrus, sur les confins de la vie nomade et de la vie sédentaire, chaque famille régie par le père, chaque tribu menée par une sorte de roi ou chef de guerre; point de castes, point de corporation cléricale, chaque père de famille sacrificateur dans sa maison ; des mœurs simples, libres et saines, comme on en rencontre à l'origine chez tous les peuples de notre race; nulle rêverie mystique et maladive, au contraire, des sentiments mâles, honorables, et des prières aux dieux pour demander la force, la gloire, la victoire et le butin.

*Rol-pa;* — Wilson, traduction du *Rig-Veda;* — Stanislas Julien, les *Pèlerins bouddhistes.* — Colebrooke. *In the philosophy of the Hindus,* — et surtout Lassen, *Indische Alterthum.*

Si maintenant on cherche le trait qui, dès ce moment, les distingue entre toutes ces races de la même souche, on le trouvera dans leur imagination, qui est de la plus rare délicatesse et de la plus étonnante fécondité. Nulle part le mythe n'a été si transparent ni si abondant. Il semble que cette race ait été faite pour voir des dieux dans toutes les choses et des choses dans tous les dieux. C'est le Ciel lumineux qu'ils adorent, la grande clarté épanouie qui enveloppe et ranime toutes choses. C'est la Foudre victorieuse, le Tonnerre bienfaisant qui fend les nuages et délivre de leur prison les pluies fertilisantes ; ce sont les deux Rayons jumeaux qui s'élancent du bord du ciel pour annoncer le retour de la lumière; ce sont les Rougeurs du matin, « les Aurores blanchissantes qui sortent de l'ombre avant le soleil, et, comme une jeune fiancée devant son époux, découvrent en souriant leur sein en sa présence. » C'est Agni, le feu qui sort des bâtons frottés l'un contre l'autre, « tout habillé de splendeur, » aux couleurs changeantes, aux formes innombrables, mais charmant, qui court sur toute la terre, languit et renaît, « devient souvent vieux et redevient toujours jeune. » Ce sont les vents, les fleuves, les divers aspects du soleil, bref, les puissances naturelles, non pas transformées en hommes, comme chez Homère, mais intactes et pures. On n'imagine point, avant d'avoir lu les Védas, une limpidité si grande. Le mythe n'est point ici un déguisement, mais une expression ; point de langage plus juste et plus souple ; il laisse entrevoir, ou plutôt il fait apercevoir les formes des nuages, les mouvements de l'air, les changements des saisons, tous les accidents du ciel, du feu, de l'orage ; jamais la nature extérieure n'a rencontré une pensée aussi molle et aussi pliante pour s'y figurer avec l'inépuisable variété de ses apparences. Si ondoyante que soit la nature, cette imagination l'est autant. Elle n'a point de dieux fixes ; les siens sont fluides comme les choses ; ils se confondent les uns dans les autres. Varouna est Indra, car le tonnerre est le ciel foudroyant ; Indra est Agni, car la foudre est le feu céleste. Chacun d'eux est, à son tour, le Dieu suprême ; aucun d'eux n'est une personne distincte ; chacun d'eux n'est qu'un moment de la nature, capable, suivant le moment de l'aperception, de contenir son voisin ou d'être contenu par son voisin. A ce titre, ils pullulent et fourmillent. Chaque moment de la nature et chaque moment de l'aperception peut en fournir un. On voit des qualités, des attributs divins, même des attributs d'attributs devenir des dieux. Le breuvage qu'on offre aux dieux, la prière, l'hymne, toutes les parties du culte finissent elles-mêmes par se transformer en forces divines, en êtres divins qu'on invoque et qu'on révère. Partout où il y a une puissance, et il y en a partout, l'Aryen met un dieu qui n'est point un individu, mais une puissance. Étrange assemblage de pénétration métaphysique et d'émotion poétique, d'aptitude à comprendre la nature et d'inclination à figurer la nature. Nulle race, à son origine, n'a fait preuve d'une intelligence si fine et si sensible, si prompte aux créations incessantes et absorbantes, si disposée à se déployer et à s'étouffer sous le luxe de la végétation de ses propres dieux.

Que le lecteur veuille bien remarquer cette forme d'esprit primitive; si l'on y joint la situation nouvelle que la conquête et le climat feront aux peuplades aryennes, on a les deux causes qui vont engendrer le reste. Toute l'histoire de la condition et de la pensée de la race indienne y tient en raccourci. On touche ici les forces indestructibles qui mènent le tourbillon des événements humains et des volontés humaines, qui font les institutions, qui suscitent les religions, qui ploient les idées, qui constituent les caractères, que nul accident ne peut arrêter, que nul effort personnel ne peut vaincre, et qui condamnent des centaines de millions de créatures à l'oppression, au génie, à l'immoralité, à l'hallucination et au désespoir. C'est de ces points de vue, comme d'une éminence, qu'on peut embrasser tout entière la lamentable et grandiose bataille de la vie. Nous ne nous réjouissons pas ici, comme Scipion, à l'aspect du carnage qui abattait pêle-mêle les deux armées de Massinissa et de Carthage. Nous ne sommes point des Romains, nous nous sentons hommes ; la pitié nous prend ; nous faisons un retour sur notre propre destinée. S'il y a quelque chose de grand et capable de nous faire réfléchir sur les chances auxquelles notre espèce est assujettie, ce sont ces tragédies vraies et non feintes qui ont pour théâtre un demi-continent, pour durée trente siècles, pour personnages des puissances fatales, et qui, à travers les misères et les sanglots de quatre-vingt-dix générations humaines, entrechoquent leurs catastrophes sans jamais se reposer dans un dénoûment.

Ils s'avancèrent par degrés de l'Indus au Gange, subjuguant la population noire, aux cheveux plats, qui occupait la péninsule, population grossière, sujette à d'horribles maladies de peau, qui adorait les serpents, les démons de l'air, et qui fut traitée comme un troupeau d'animaux ignobles. Il y eut là de longues guerres, un grand établissement et une sorte de moyen âge, comme après l'invasion des Goths d'Alaric, des Lombards d'Alboïn et des Franks de Clovis. La vie sédentaire remplaça la vie nomade ; le régime patriarcal fit place aux monarchies militaires. Les classes se distinguèrent. Au-dessous de la race noble et conquérante descendit la race vaincue et vile, les soudras, sorte de serfs, journaliers et manouvriers, qui s'étaient soumis à la conquête, et plus bas encore les impurs, les outlaws, les sauvages brutaux, qui, obstinés contre la société nouvelle, s'étaient réfugiés dans les repaires des montagnes et des marais. La race conquérante elle-même se divisa par la seule force de la situation acquise. Le gros de la nation, les laboureurs, tombèrent au-dessous des familles guerrières obligées de s'exercer aux armes, et des familles sacerdotales chargées de conserver et de pratiquer les rites sacrés. Sous l'effort de la civilisation qui séparait les emplois, comme par l'effet de la conquête qui opposait les races, les castes commencèrent, et l'on vit par degrés leurs barrières se fortifier et s'agrandir. Un dernier événement, en les rendant sacrées, les rendit éternelles. Comme autrefois entre les Guelfes et les Gibelins, une querelle de prépondérance s'éleva entre les deux classes maîtresses; les brahmanes et les kschatrias se firent la guerre; et les brahmanes, appuyés sur les populations inférieures, remportèrent la victoire, victoire plus complète que celle des papes sur les Hohenstaufen, victoire si complète que la race des kschatrias fut exterminée, et que les prêtres furent obligés d'en ramasser et d'en relever de leurs propres mains une branche bâtarde pour se sauver de la dissolution où la société démantelée semblait près de s'engloutir. Dès lors il fut établi que le principal office des rois et des kschatrias était d'être les protecteurs et les bienfaiteurs des brahmanes. La société reçut l'empreinte ecclésiastique. La séparation des castes fut érigée en dogme. Les institutions civiles parurent des ordonnances divines; l'État prit la forme théocratique et l'esprit la forme théologique qu'ils conservent encore aujourd'hui.

Plusieurs causes avaient amené cette suprématie des brahmanes, et entre autres l'altération du caractère aryen transformé par le climat. Le soleil de l'Inde est terrible; nul homme ne peut le supporter tête nue, sauf les populations indigènes à peau noirâtre. Figurez-vous, sous un ciel étouffant, une race étrangère sortie d'un pays tempéré, même froid. Les exercices corporels deviennent intolérables; le goût du repos et de l'oisiveté commence; l'estomac n'a plus de besoins; les muscles s'amollissent, les nerfs deviennent excitables, l'intelligence, rêveuse et contemplative, et vous voyez se former l'étrange peuple que les voyageurs nous décrivent aujourd'hui : une sensibilité féminine et frémissante, une finesse de perceptions extraordinaire, une âme située sur les confins de la folie, capable de toutes les fureurs, de toutes les faiblesses et de tous les excès, prête à se renverser au moindre choc, voisine de l'hallucination, de l'extase, de la catalepsie[1], une imagination pullulante dont les songes monstrueux ploient et tordent l'homme comme des géants écrasent un ver; aucun sol humain n'a offert à la religion de semblables prises. Elle grandissait enfonçant ses racines, étendant ses branches, et le naturalisme poétique se changeait en un panthéisme mystique. D'abord on voit les Dieux flottants et nombreux se rassembler sous trois Dieux souverains, Varouna dans le ciel, Indra dans l'air, Agni sur la terre; puis derrière eux apparaît « la grande âme, » qui opère par eux, anime toutes choses, et qui est le soleil. Bientôt la profonde faculté métaphysique, développée par le spectacle de la nature tropicale incessamment renouvelée et coulante, écarte ce soleil sensible, démêle la puissance idéale derrière les formes changeantes, déclare « qu'au commencement il n'y avait « que l'être indéterminé, pur, sans forme[2], que tout « était confondu en lui, qu'il reposait dans le vide, « et que ce monde a été produit par la force de sa « pensée. » Quel est-il cet être? Un sourd travail d'élaboration philosophique et sacerdotal a fini par le retirer de la nature sensible pour le mettre aux mains des prêtres. Parmi les dieux anciens était aussi le Feu allumé par les brahmanes, qui

---

1. Voir les procès-verbaux sur les sutties et les ascètes.
2. *Tat.* En allemand *das*, en grec *to*.

s'était accrédité avec eux, mais qui, tout auguste qu'il était, restait trop palpable pour devenir l'être universel et pur. Insensiblement un de ses noms, Brahmanaspati, c'est-à-dire *le seigneur de la prière*, devient un dieu distinct et plus abstrait, chaque jour plus important et plus absorbant; de celui-ci se détache un autre Brahma, *la prière*, plus abstrait encore, et qui devient l'être primordial sans forme, d'où tout découle et qui contient tout. Voilà la Prière qui s'est confondue avec le principe des mondes, avec le Dieu suprême; c'est que le sacrifice, la parole sacrée, la prière, pour ces cerveaux exaltés, ne sont pas une simple sollicitation, mais une force contraignante et souveraine. Dès l'origine ils ont cru que par elle ils imposent aux Dieux l'obéissance; leur conception est si intense qu'elle leur a paru irrésistible; c'est pour cela qu'ils ont divinisé le mortier, les bâtons et tous les moments du sacrifice; et les voilà qui, par degrés, arrivent à mettre dans la pensée tendue la force à laquelle est soumise tout l'univers. « Je suis la reine, dit la Pa-
« role dans un des hymnes du Rig, et la première
« parmi ceux qui doivent être honorés. Je porte
« Mitra, Indra, Agni, les deux Açvins et le reste. Je
« suis présente par les Dieux en toutes choses, et je
« pénètre toutes choses. Je suis le principe de tous
« les êtres, et je souffle partout comme le vent. »
Quels sont les maîtres de cette parole et de cette

prière? Les brahmanes. Les brahmanes sont donc des Dieux sur la terre. Brahma lui-même déclare dans un Pourana « qu'il mange par leur bouche, « qu'il ne sait aucun être qui leur soit égal, qu'ils « sont des Dieux. » Les voilà au sommet des choses, et l'on comprend que parmi de pareilles croyances leur empire se soit fondé pour toujours.

Considérons maintenant ce système entier, conceptions et institutions, et voyons ce que, sous son effort, devient la vie. L'âme des choses, l'être indéterminé, Brahma, se développe, et son développement est le monde. Ce développement n'est point séparé de lui; c'est lui-même qui coule, s'épand et sort de lui-même, comme le ruisseau de la source, comme l'arbre de la semence, comme la toile de l'araignée. Mais ce monde, qui est son être, n'est que son être amoindri et altéré. A mesure que la substance primordiale s'éloigne d'elle-même, elle empire, et les divers degrés de son émanation continue ne sont que les divers degrés de sa dégradation croissante; au premier rang le monde des Dieux et de la lumière, au second celui des hommes et de la passion, au troisième celui des bêtes, des plantes, de l'obscurité et de la matière. Ces manifestations successives de Brahma ne sont que Brahma brisé, troublé, tombé, chaque fois tombé plus bas. Le monde est une pourriture, la vie un mal, la terre un gouffre de misères Il n'y a de perfection et de bonheur que dans l'existence immobile et vide, et le souverain bien pour tout être est de s'enfoncer de nouveau dans l'immobile Brahma d'où il est sorti. Un pareil dogme indique et maintient le désespoir incurable, le dégoût universel de la vie et l'écrasement complet de toute la personne humaine. Tel était l'état de notre Europe lorsqu'un dogme semblable se montra chez les Alexandrins, chez les gnostiques et dans toutes les sectes mystiques qu'engendra l'oppression romaine. Ici, pour comble de misères, il s'aggrave encore d'une doctrine pire. Non-seulement la vie est un mal, mais c'est un mal où l'on retombe après la mort. Les âmes émigrent de corps en corps, dans les corps de toute espèce, pierres, plantes, animaux, Dieux, hommes, sans trêve ni repos, pendant des millions de siècles, en haut, en bas de l'échelle, précipitées, selon le degré de leurs fautes, dans les conditions les plus lamentables et les plus viles, quelquefois dans les vingt-huit enfers, où elles épuiseront les supplices calculés, raffinés et prolongés par des imaginations de condamnés et de bourreaux. Le mal, situé et enfoncé au centre et au cœur des choses; le mal, multiplié et étendu à l'infini dans tout l'*au delà* qui entoure la vie humaine; le mal, agrandi hors de toute limite par les inventions atroces d'une imagination gigantesque et délirante, voilà l'idée maîtresse qui dans la vie spéculative les accable, et dans la vie pratique ils trouvent des maux presque aussi grands.

Car le despotisme y est partout. De toutes parts l'action est barrée et la volonté brisée. Dans l'énervement général, les royautés militaires se sont changées en tyrannies arbitraires, et les supplices, les exactions, les dévastations, toutes les misères des gouvernements orientaux ont commencé. Les barrières des castes sont infranchissables, et chacun est lié à son état comme par une chaîne de fer. Bien plus, tous les moments et toutes les parties de la vie sont réglés, et il n'y a plus dans l'homme un seul mouvement qui soit libre. La tyrannie ecclésiastique, bien plus étroite que la tyrannie laïque, n'a rien laissé chez lui qu'elle n'ait lié et garrotté. La multitude des prescriptions est infinie. Toutes sont saintes, et la griffe intérieure du scrupule est là pour les imprimer dans la conscience terrifiée. Il y en a pour tous les détails du culte et des cérémonies, pour les diverses sortes d'invocation, de prières, d'offrandes, de libations, d'ablutions, de vœux, de fumigations. Il y en a sur les habits, les parures, les mœurs, l'étiquette de chaque caste. Il y en a sur le boire, sur le manger, sur la manière d'aller, de venir, de se coucher, de dormir, de s'habiller, de se déshabiller, de se baigner, de se parfumer, d'accoucher, d'uriner, et le reste des fonctions corporelles. Figurez-vous les innombrables pratiques qui occupaient la journée d'un moine dans le couvent du moyen âge. C'était un péché d'avoir marché trop vite ou d'avoir levé les yeux à l'église ; la contrainte est pareille ici, seulement elle est centuplée ; aucun rigorisme, non pas même celui des pharisiens, ne l'égale. Nulle mémoire ne peut retenir la variété infinie des prescriptions, et la moindre omission est un péché. Nulle attention ne peut éviter les incalculables occasions de souillures, et la moindre souillure est un péché. Le fidèle est souillé non-seulement par l'attouchement d'un cadavre, d'un tchandala, mais encore par l'approche d'un lieu où l'on a mis les restes d'un homme ou d'une bête, des os, des cheveux, des ongles, des ordures, par l'emploi d'un vase non purifié, par l'haleine d'un homme qui a bu de l'eau-de-vie ou qui a mangé de l'ail. A chaque faute correspond une expiation, purifications par l'eau et la bouse de vache, récitations de prières, pénitences quelquefois plus terribles que les macérations de nos moines. Celui qui involontairement a tué une vache doit se revêtir de sa peau et se tenir trois mois ainsi accoutré, jour et nuit, dans son dernier pâturage. Celui qui a bu volontairement de l'arak doit avaler une liqueur bouillante jusqu'à ce que ses entrailles soient brûlées et qu'il meure. Par ce seul trait jugez des terreurs religieuses. Songez encore qu'il y a vingt-huit enfers effroyables, que tout péché, toute omission d'une pratique, toute imperfection dans une pénitence, tout oubli dans une expiation peut y plonger ; qu'on n'en sort que pour errer misérablement à l'infini de corps en corps, pour être un ver, un serpent, un crapaud, un tchandala ; considérez les scrupules sans cesse renaissants, les angoisses de ces imaginations exaltées et fourmillantes, et vous comprendrez le désir de la délivrance finale qui, comme un cri passionné, continu, sort de ce puits de désolation.

Comment atteindre cette délivrance ? Le besoin en est si fort, que les chefs de cette société y aspirent et que la loi même en indique le chemin. « Que le brahmane, dit Manou, lorsqu'il remarque que ses muscles deviennent faibles et ses cheveux gris, et lorsqu'il a vu un fils de son fils, se retire dans la solitude avec sa femme. » Qu'il s'exerce aux abstinences, aux mortifications, à la prière ; qu'il jeûne et veille, qu'il expose son corps nu au mauvais temps pendant la saison des pluies ; qu'il se tienne debout entre quatre feux, sous le soleil ardent, pendant la saison chaude ; qu'il supprime en lui toute passion et tout désir. Cela fait, il quittera sa femme, renoncera à toute compagnie, ne mangera plus qu'une fois par jour, vivra d'aumônes, effacera de son esprit toute volonté et toute idée sensible, et ainsi simplifié, épuré, détaché, il se trouvera affranchi du mal. En effet, ceci est un remède. A force de s'endurcir, l'homme devient insensible ; à force de se réduire, l'homme cesse de donner prise à la douleur. A ce moment s'ouvre une nouvelle voie. La spéculation savante va commencer, et les écoles de métaphysiciens vont s'établir. La solitude a provoqué la contemplation ; l'ascète est devenu philosophe et les sectes de raisonneurs vont se heurter. Les uns, conformément au dogme, posent d'abord qu'il n'y a qu'un seul être : Brahma, l'être indéterminé et pur, sans qualité ni forme, dont les créations particulières ne sont que les métamorphoses et les dégradations ; puis, développant le dogme, ils ajoutent que le monde est une illusion, qu'au fond rien n'existe en dehors de Brahma ; que la science consiste à reconnaître le néant des choses, que le sage, au terme de sa méditation, cesse de croire à son existence distincte et n'aperçoit plus que l'être vide hors duquel il n'y a rien. A côté de ces penseurs orthodoxes[1] paraissent les penseurs libres[2], avec le même but, qui est la délivrance, et par le même moyen, qui est la découverte d'une illusion. Les premiers affranchissent l'homme de la nature en lui déclarant que la nature n'existe pas ; les seconds

1. Vedanta.
2. Sankhja.

affranchissent l'homme de la nature en lui déclarant que l'âme est une monade sur laquelle la nature n'a pas de prise. Les premiers supprimaient le mal en niant les objets qui le causent; les seconds suppriment le mal, en niant le canal par lequel il arrive jusqu'à nous. Le védanta délivrait l'âme en l'engloutissant dans l'être uniforme ; le sankhja délivre l'âme en la retirant en elle-même, Telles sont les méditations qui déjà, avant la venue de Bouddha, remplissaient les solitaires. Le voyageur qui aurait vu ces hommes tels que les montrent les poëtes, debout sous un bananier, desséchés, immobiles, les yeux fixes, retenant leur souffle, aurait eu un singulier spectacle[1]. La philosophie n'était point ici, comme en Grèce, un divertissement de l'esprit, un déploiement de la raison curieuse et méthodique. Quoique féconde en distinctions, en analyses, en spéculations subtiles, elle avait pour but une œuvre; elle-même était une œuvre, une transformation de l'homme par lui-même, un effort énorme par lequel, se concentrant sur un seul point, s'y maintenant et s'y ramenant pendant des mois et des années entières, l'esprit parvenait à se dénaturer et à se porter sur les confins de la monomanie et de l'hallu-

---

1. Leurs descendants, deux siècles plus tard, furent appelés par les Grecs gymnosophistes « les raisonneurs qui vivent nus. »

cination. En effet, et par surcroît, on trouve parmi les ascètes des moyens mécaniques pour provoquer les visions et la catalepsie. Tel est l'effet des situations prolongées et violentes. L'homme fuit la douleur, comme l'eau coule sur sa pente ; et quand la douleur est extrême, il se réfugie dans tous les asiles, jusque dans l'insensibilité par la destruction systématique de ses organes; jusque dans la folie, par la destruction systématique de sa raison. En ces temps-là quiconque lève la tête un peu au-dessus du troupeau, cherche des yeux un refuge; chaque grand esprit invente le sien et y appelle les autres; ainsi se forment par multitudes les philosophies et les religions, les disciplines et les théories, jusqu'à ce qu'enfin un révélateur paraisse et rallie la masse dans le vrai chemin du salut.

## § II.

### Caractères du bouddhisme.

Ce n'est pas avec une idée qu'on soulève les hommes, c'est avec un sentiment. La plus profonde et la plus exacte théorie peut les laisser froids, et un conseil qui semble ordinaire peut les transporter hors d'eux-mêmes; tel lieu commun auquel nous ne faisons plus attention a paru jadis une découverte surhumaine et a donné la divinité à son révélateur. Il en est d'une foule qui souffre et désire comme d'un homme qui désire et qui souffre. Vous pouvez lui apporter vingt doctrines bien liées et le plus merveilleux tissu de spéculations philosophiques; toutes ces explications glisseront sur lui sans pénétrer dans son âme; il vous écoutera un instant, vous saluera comme un habile homme, et tout de suite se renfoncera dans sa peine. Au contraire, tel accent ému, telle parole vulgaire lui arracheront des larmes; il se jettera dans vos bras et vous livrera sa conduite avec sa volonté. Pareillement, dans les grandes crises de l'espèce humaine, il y a une parole que tous attendent; c'est la seule qu'ils puissent comprendre; les autres ne sont qu'un vain bruit qui bourdonne confusément à leurs oreilles. Celle-ci, au contraire, est à peine chuchotée que la voilà écoutée, recueillie, répétée, enflée par le concert de toutes les voix. Elle correspond à quelque vaste et ancien besoin, à quelque sourd et universel travail, à quelque accumulation énorme de rêveries et d'efforts prolongés pendant des siècles dans toutes les couches hautes ou basses de la société et de l'intelligence. Comme un coup de sonde qui rencontre enfin une nappe d'eau comprimée, elle fait jaillir une source. On a dit que Mahomet était un plagiaire, compilateur de la Bible et des sectes contemporaines, que Luther répétait avec de gros mots les vieilleries de Jean Huss et de Wiclef. La vérité est qu'ils ont prononcé dans leur temps et dans leur nation *la parole unique*, non pas des lèvres, mais de tout leur cœur et avec toutes les forces de leur être; c'est là ce qui a donné de l'ascendant à leurs discours et un prix à leur réforme, et c'est là ce qu'il faut chercher dans les discours et dans la réforme de Çakya-Mouni.

Il était dans le ciel, disent les légendes, et parmi les Dieux, ayant amassé des mérites infinis par sa charité, ses dévouements, ses pénitences, dans la suite infinie de ses vies antérieures, lorsque, pour délivrer tous les êtres vivants, il résolut de s'incarner encore, cette fois dans le sein d'une femme.

Après avoir parcouru l'univers d'un regard, il choisit Majadévi, et descendit en elle comme un rayon lumineux de cinq couleurs, sans qu'elle eût eu commerce avec un homme. Au bout du temps fixé, il naquit et fut élevé, puis marié par le roi dont elle était l'épouse. Mais lorsqu'il eut atteint vingt-neuf ans et traversé les joies ordinaires du monde, ses grandes pensées fermentèrent, et touché de compassion pour les créatures, il songea à les sauver. Un jour qu'il était sorti du palais pour aller dans un jardin de plaisance, il vit un vieillard le corps courbé, la tête chauve, le visage ridé, les membres tremblants; une autre fois un malade incurable, abandonné, rempli d'ulcères; une autre fois enfin un cadavre corrompu, mangé aux vers; et, réfléchissant profondément sur ces misères, il conclut que la jeunesse, la santé, la vie, ne sont rien, puisqu'elles sont ainsi détruites par la vieillesse, la maladie et la mort. Il prit en pitié la condition humaine et chercha un remède à de si grands maux. Étant sorti une quatrième fois, il aperçut un religieux mendiant dont la contenance grave et digne indiquait la sérénité intérieure, et tout de suite, sur cet exemple, il résolut de renoncer au monde. Son père mit des gardes autour du palais afin d'empêcher sa retraite; mais il leur échappa, et s'étant réfugié dans la solitude, il passa sept ans parmi des pénitences extraordinaires, supportant la faim, la soif, le froid, le chaud, la pluie, et ne mangeant qu'un grain de sésame par jour. Au bout de ce temps, il s'aperçut que les mortifications, au lieu d'éclaircir l'esprit, l'obscurcissaient; il mangea, redevint beau et fort, et s'en alla en un endroit d'où il fit vœu de ne plus sortir avant de devenir Bouddha. Là le prince de ce monde, Mara, dieu de l'amour, du péché et de la mort, vint l'assaillir avec toutes ses tentations, par la terreur de ses tempêtes, par l'assaut de ses armes, par les attraits de ses filles. Le saint homme demeure calme; l'effroi ne l'ébranle point, « car il considère tous les éléments comme une illusion et un rêve. » La beauté ne le séduit pas, « car les corps les plus charmants ne lui semblent qu'une bulle d'eau et un fantôme. » Les démons sont vaincus et l'illumination intérieure commence. Il se rappelle ses naissances antérieures et celles de toutes les créatures; il embrasse d'un seul regard les mondes immenses et innombrables; il saisit l'enchaînement infini de tous les effets et de toutes les causes; il perce à travers l'apparence trompeuse du devenir et de l'être, découvre le néant qui est la vraie substance des choses et atteint la doctrine suprême qui conduit au salut.

Quatre vérités composent cette doctrine. Toute existence est une souffrance, parce qu'elle comporte la vieillesse, la maladie, la privation et la mort. — Mais ce qui a fait d'elle une souffrance, c'est le désir, sans cesse renouvelé et sans cesse contrarié, par lequel nous nous attachons aux objets, à la jeunesse, à la santé, à la vie. — Donc, pour détruire la souffrance, il faut détruire ce désir. — Pour le détruire, il faut renoncer à soi-même, « se délivrer de la soif de l'être », ne plus sentir d'attrait pour aucun objet ni pour aucun être. Telle est la doctrine primitive. Très-probablement Çakya-Mouni n'est pas allé au delà. Mais en sondant plus avant on trouve pour fondement une profonde conception métaphysique, et les penseurs qui sont tous venus plus tard n'ont pas manqué de la dégager. Le sage atteint au renoncement et à l'insensibilité en considérant que tout être étant composé est périssable, qu'étant périssable il est une simple apparence sans solidité ni support, un phénomène en train de disparaître, semblable à l'écume qui se fait et se défait à la surface de l'eau, à l'image qui flotte dans un miroir ; bref, par la conviction profonde que les choses ne sont pas. « L'être n'existant pas, la naissance n'existe pas ; par l'anéantissement de la naissance, la vieillesse, la mort, la misère, les lamentations, les douleurs, l'inquiétude, le trouble sont anéantis. C'est ainsi que tout le grand amas de douleurs sera anéanti. » — Arrivé à cette conscience de son néant, l'homme échappe à la souffrance ; car la souffrance comme l'être n'étant qu'une fumée, s'évanouit[1] avec l'être dans l'évanouissement universel. Il est désormais affranchi ; les événements n'ont plus de prise sur lui ; il se repose éternellement dans la pacifique sensation du vide qui est son fond et le fond de toute chose[2]; il a touché le Nirvâna, il est Bouddha.

Ceci est la voie philosophique; mais il y en a une autre toute populaire, et c'est par cette autre entrée largement ouverte que les malheureux se sont réfugiés dans la nouvelle religion. Rien de mieux approprié que la doctrine nouvelle à l'état des âmes. Ce qu'il y a de plus voisin de l'abattement profond, c'est le renoncement à soi-même. L'indignation, les convoitises, tous les âpres désirs militants ou absorbants se sont affaissés; on peut marcher sur l'homme sans le mettre en colère ; il ne songe plus à se relever ; à force d'être tombé, il trouve naturel d'être à terre ; quand on lui parle de lui, il lui semble que c'est d'un étranger ; il ne tient plus à lui-même; les objets beaux et brillants le laissent inerte; sa sensibilité est usée; il est tout prêt à recevoir le précepte de l'abnégation infinie. — « Supprime en toi le désir, dit Bouddha », et il

---

1. *Ryga-Tcher-Rol-Pa*, p. 333. Trad. Foucaux.
2. Des commentateurs indiens et européens diffèrent sur le sens du mot Nirvâna. Plusieurs pensent qu'au temps de Bouddha ce mot désignait l'anéantissement de la perception, de la sensation et de l'action tout entière, mais non de la substance nue.

se trouve que le désir est déjà à demi supprimé. — « Coupe cette attache égoïste et passionnée par laquelle tu te cramponnes aux choses », et déjà le malheur l'a coupée jusqu'à la dernière fibre. — Écrasé comme le voilà, l'homme peut comprendre une révélation qui lui commande la stupeur de l'indifférence. Abolis en toi-même la vanité, la concupiscence, la colère ; évite le plaisir sensible, tiens ta pensée en bride. « Il est meilleur de se vaincre que de vaincre mille fois mille hommes. » « Comme le rocher demeure inébranlable dans l'orage, ainsi le sage n'est ému ni par la louange ni par le blâme[1]. » — Dompte-toi, voilà le précepte unique. Ne résiste pas, ne te défends pas, laisse-toi faire. Donne-toi, abandonne-toi, n'aie jamais égard à toi-même. Un laboureur, étant enlacé par un serpent, saisissait son aiguillon pour se défendre, lorsqu'il songea qu'il est défendu de tuer, et lâcha son arme. Le fils du roi Vissantara donne tout, à la première demande, trésors, esclaves, jusqu'à ses propres enfants qu'il a nourris de sa chair ; il les donne une seconde fois, lorsque s'étant enfuis, ils reviennent à lui ; et il les voit fouetter impitoyablement jusque sous ses yeux. Ce sont là les exemples que du haut de la chaire on propose encore aujourd'hui à l'imitation des bouddhistes. Arrivé à cet état,

---

1. Dhamnapadam *passim*. Traduction latine par Fausbœll.

l'homme semble dénaturé, pareil à une pierre, capable de tout souffrir, mais incapable de rien aimer.

C'est justement dans ce renoncement parfait que la charité trouve sa racine. Car la délivrance à laquelle aspire Çakya-Mouni n'est pas seulement la sienne, c'est encore celle de toute créature. Il pense à elles autant qu'à lui-même; c'est pour les sauver qu'après une infinité de dévouements il s'est replongé dans le gouffre de nos misères. « Toi qui autrefois entourais tous les hommes de bien-être et d'égards, quoique ensuite ils soient devenus tes bourreaux, tu leur as pardonné. O maître, dans le temps que tu étais une ourse, un homme fut rempli d'épouvante par les torrents de l'eau des neiges ; tu le pris, et, lui donnant des racines et des fruits en abondance, tu l'entouras de toutes sortes de soins. Mais bientôt il revint amenant des gens pour te tuer, et tu lui pardonnas. » En ce moment encore, si Çakya-Mouni fait son salut, c'est pour nous montrer la voie du salut. Dans son idée de la souffrance, il y a l'idée de la souffrance des autres; au fond de sa tristesse il y a la *compassion*. La voilà la parole unique, la bonne nouvelle qui relèvera et consolera tant de misérables; c'est elle qu'attendaient tous ces cœurs défaillants ou désespérés. Au fond de l'extrême douleur et dans l'abîme sans issue, quand l'énergie et l'âpreté des passions viriles ont été brisées, quand l'âme délicate et l'organisation nerveuse, à force de froissements, sont tombées dans la résignation et ont renoncé à la résistance, quand les larmes, à force de couler, sont taries, quand un faible et triste sourire erre languissamment sur les lèvres pâles, lorsqu'à force de souffrir l'homme a cessé de penser à sa souffrance, quand il se détend et se déprend de lui-même, alors souvent, comme un murmure, s'élève dans son cœur une petite voix douce et touchante, et ses bras, qui n'ont plus de vigueur pour combattre, retrouvent un dernier reste de force pour se tendre vers les malheureux qui pleurent à côté de lui. C'est ce geste qui fond les cœurs; c'est lui qui conquiert et qui sauve. Que m'importent à moi la vérité abstraite ou les exhortations viriles, lorsque j'ai renoncé à désirer et à espérer? En quoi me touchent les spéculations sublimes, et comment puis-je faire effort pour entrer dans les disciplines actives, lorsque je n'ai plus la force de me traîner jusqu'à la réflexion et à l'action? Tout cela est fait pour les gens bien portants, non pour moi, qui défaille. Tout cela est sec, personnel, et j'ai tant souffert, que j'ai cessé de m'intéresser à moi. Ce qu'il me faut pour me panser, ce n'est point l'application âpre d'une doctrine compliquée ou d'un régime ascétique; c'est l'attouchement tendre d'une main humaine, c'est l'idée qu'un autre se soucie de moi et veut me guérir, c'est la croyance que je dois aider et consoler les autres, c'est le sentiment de ces pitiés, de ces amitiés, de ces miséricordes associées qui s'unissent pour porter tous les hommes et toutes les créatures vers la paix et le salut. L'égoïsme solitaire du brahmane et de l'ascète avait répandu autour de la vie humaine la température rigide d'un jour d'hiver; voici qu'une sorte de souffle tiède fond ce givre avec ses mille pointes et rend le mouvement aux membres engourdis et douloureux. Au moment où Bouddha est conçu, « tous les êtres eurent des pensées affectueuses et secourables, eurent les uns pour les autres les sentiments d'un père ou d'une mère. » Les barrières de caste, de classe et de nation sont renversées; Bouddha appelle au salut tous les hommes, rois et esclaves, brahmanes et tschandalas, purs et impurs, compatriotes et étrangers, hommes et femmes. Ses missionnaires iront dans le Thibet, dans la Mongolie, dans toute l'Asie, convertir les idolâtres. Même il préfère les petits et les pauvres. Selon de vieux textes, « il est difficile aux petits et aux grands d'atteindre au salut; mais cela est plus difficile aux grands qu'à personne. » Son disciple favori appelle une tschandala « ma sœur », et veut boire de sa main, sans se croire souillé par son contact. Il y a parmi ses auditeurs des balayeurs de rues, des banqueroutiers, des mendiants, des vieillards abandonnés de leurs proches, des faibles d'esprit, des estropiés, des courtisanes usées, des filles qui dorment sur un fumier, même des voleurs et des meurtriers. Toutes les têtes flétries ou opprimées viennent se courber sous sa main pour obtenir la rénovation spirituelle. Et ses instructions sont appropriées à un tel auditoire. Il prêche dans la rue, il cause en public avec ses disciples, il conte en langage simple l'histoire de diverses vies antérieures, les crimes et les châtiments, les bonnes actions et les récompenses. Nulle théorie, nulle philosophie, nulle liturgie; il n'exige point d'études, il ne prescrit pas de pratiques; il ne demande que l'apaisement et la mansuétude du cœur. Il veut que l'homme songe, non aux vices d'autrui, mais aux siens, qu'il réponde aux injures par la douceur, qu'il ne tue personne, même un animal, même un ennemi, même un criminel; qu'il souffre le mal sans le rendre, qu'il tolère tous les adversaires, même les hérétiques; qu'il soit charitable et bienfaisant même envers les bêtes. Il est clair qu'il y a ici une révolution complète des mœurs et de la morale; au plus profond de l'homme, par une fermentation étrange, sur les débris des anciennes passions brisées, quand tout semblait inerte et vide, on voit se lever comme une plante inattendue et sans ancêtres, une nouvelle puissance d'action.

Cinq siècles plus tard, parmi les frères occidentaux des conquérants de l'Inde[1], parut, après une élaboration presque semblable, une rénovation presque semblable, et de tous les événements de l'histoire cette concordance est le plus grand. Entre les deux branches de la souche primitive les différences étaient médiocres; les aryens du couchant avaient apporté avec eux une imagination mieux équilibrée et moins grandiose, et ils avaient rencontré un climat plus modéré et plus propre à l'exercice de la raison. Dans tout le reste les grands traits de leur développement s'étaient correspondus. Pendant quinze cents ans les mœurs et la morale virile avaient régné sur les bords de la Méditerranée comme dans la péninsule de l'Indostan. L'homme fort et armé avait conquis la terre, défriché le sol, établi des cités, détruit ou asservi les races inférieures, construit des épopées, des mythes, des sciences, des morales, des philosophies, et s'était contemplé orgueilleusement lui-même dans la légende de ses héros et de ses dieux. Il avait conçu comme le bien suprême le développement de ses facultés et l'accroissement de sa puissance. Si le Brahmane avait voulu devenir un dieu dans le ciel, le Grec et le Romain avaient voulu devenir des

---

[1]. On rapporte approximativement la mort de Çakya-Mouni au temps de Darius et de Xercès. D'autres la rapprochent davantage, et la fixent au milieu du quatrième siècle, vers l'époque d'Epaminondas.

dieux sur la terre, et leur œuvre, comme la sienne, s'était défaite par l'exagération du sentiment qui la faisait. Le noble athlète grec était devenu un dilettante et un sophiste, et les belles cités heurtées les unes contre les autres s'étaient affaiblies jusqu'à tomber sous la main des barbares qui les entouraient. L'énergique citoyen romain était devenu le soldat, puis le sujet de ses capitaines, et le grand empire qu'il avait étendu sur tant de peuples s'était changé en une machine d'oppression régulière dans laquelle, avec les autres, il demeurait pris. La servitude, après avoir usé les races inférieures, usait les races nobles, et la force intronisée avec la monarchie militaire, se dressait au milieu de toutes ces vies captives, comme une muraille d'airain contre laquelle nul effort ne prévalait. On ne pouvait plus dire comme autrefois à l'homme d'agir et d'être fort, de se défendre et d'oser, de repousser violemment la violence. Il était dans le piége, et l'ancien héroïsme des races militantes et fières n'avait plus d'emploi. De tous côtés on chercha des remèdes, dans l'extase et dans l'orgie, dans la résignation calme et dans le mysticisme effréné, dans les rêveries cosmogoniques et dans les contemplations philosophiques, dans la théurgie du charlatan et dans l'illuminisme du malade[1]. Tout cela ne

---

1. Voir saint Épiphane, *Traité des Hérésies*, notamment l'histoire des gnostiques.

remuait que l'esprit et les nerfs; c'était le cœur qu'il fallait toucher. Il fallait toucher un nouveau ressort d'action, le même que dans l'Inde, et, de même que dans l'Inde, la morale fit volte-face. « On te frappe, ne rends pas, selon la loi antique, blessure pour blessure. Cette loi, qui depuis quinze cents ans gouverne les hommes, n'a fait d'eux que des combattants, des vainqueurs et des vaincus. Ce n'est pas assez de renoncer à la colère et à la vengeance, de mépriser l'injure, de subir froidement l'injustice, comme le prescrivent les derniers usages. Tends les bras tendrement vers celui qui t'a frappé. Tends l'autre joue, laisse-le prendre ton bien, donne-lui ce qu'il n'a pas pris encore; aime-le, c'est ton frère; par-dessus les royaumes visibles, il y a le royaume de Dieu, cité idéale où il n'y a qu'abnégation et tendresse, où tous n'ont qu'un cœur, celui du père commun qui vous aime et vous unit. » Voilà le grand sentiment qui, dans notre continent, a renouvelé la volonté humaine. Il est plus borné, il ne s'étend pas aux animaux, comme dans l'Inde; il est moins métaphysique et ne s'appuie pas sur l'idée du néant universel, comme dans l'Inde. Mais il est plus mesuré et plus sain que dans l'Inde, il laisse une plus grande part à l'action et à l'espérance, il ne conduit pas au quiétisme inerte, à la résignation morne, à l'extinction finale; il convient à des esprits plus pratiques, à des âmes moins malades, à des imaginations plus sobres. Il est européen et non asiatique. En tout cas, ici comme dans l'Inde, il est le centre du développement humain, et marque le moment où l'homme, semblable à un animal apprivoisé par la souffrance, et dompté par la force après avoir abusé de la force, abandonne le culte des puissances naturelles pour l'adoration des puissances morales, dépasse les idées de caste, de classe et de privilége, et conçoit la fraternité du genre humain.

## § III.

#### La spéculation.

Quand une graine est plantée, elle se développe ; mais elle se développe par deux sollicitations distinctes : celle des forces intérieures qui la composent, et celle des forces extérieures qui l'entourent. Il y a en elle un arbre qui tend à se produire ; mais il y a en dehors d'elle un sol et une température qui tendent à diriger ou à déformer sa croissance. Pareillement, dans une religion, il y a une conception nouvelle de la nature et de la conduite humaine, qui se complète par son propre effort, mais qui en même temps reçoit des circonstances une impulsion distincte. La réforme morale devient par degrés une théologie systématique, et dans le grand arbre qui est sorti du petit germe on démêle à la fois ce qui provient du germe et ce qui provient du milieu.

Ce qui provient du germe dans la spéculation bouddhique, c'est l'idée du néant, substance des choses et du vide qui, par suite, se rencontre à l'origine et au terme des choses. Ce qui provient du milieu dans la spéculation bouddhique, c'est l'énormité et le dévergondage de l'imagination intarissable qui, entassant les nombres et les mondes, s'éblouit elle-même dans le fourmillement de ses créations. Çakya-Mouni avait laissé des préceptes de morale, des récits édifiants, et la doctrine du renoncement fondée sur le sentiment du vide. Ses religieux dans leurs solitudes, puis dans leurs cellules, armés de la philosophie environnante, et, poussés par le grossissement involontaire de l'invention mystique, échafaudèrent un système de dogmes semblables à ceux d'Origène et de Denys l'aréopagite, et un système de légendes semblables à celles du Dante et de Jacques de Voragine.

Selon eux, il n'y a point de matière première, point de principe qui se développe, point de Dieu créateur et antérieur au monde. Même c'est une hérésie, l'hérésie « du dernier des « six imposteurs, que d'affirmer l'existence d'un « Être suprême créateur du monde et de tout ce « que le monde contient. » L'idée de l'Être stable et subsistant par soi-même est aussi antipathique à leur doctrine que la forme circulaire l'est au carré. Point de cause première. La nature est une série infinie de naissances et de destructions, un enchaînement infini de causes qui sont des effets et d'effets qui sont des causes, une lignée infinie en arrière, infinie en avant, de décompositions et de recompositions qui n'ont pas eu de commencement et qui n'auront pas de terme. Telle est la vue d'ensemble à laquelle ils sont conduits, d'un côté, par leur idée maîtresse du néant, de l'autre côté, par le spectacle des choses incessamment changeantes. Ayant supprimé les causes fixes, il ne leur reste que la série des effets mobiles. Là-dessus l'imagination se donne carrière ; le lecteur va voir le chemin qu'elle a fait.

Il y a dans l'espace infinie un nombre infini de mondes. Si on entourait d'un mur un espace capable de contenir cent mille fois dix millions de ces mondes, si on élevait ce mur jusqu'au plus haut des cieux, et si on remplissait cet énorme magasin de grains de moutarde, le nombre des grains n'égalerait pas encore la moitié du nombre des mondes qui occupent une seule des contrées du ciel. Au centre de chaque monde est une montagne gigantesque à quatre flancs, l'un d'or, l'autre de cristal, l'autre d'argent, l'autre de saphir, le Mérou, qui s'élève de quatre-vingt-quatre mille yodschanas au-dessus des eaux de la mer, et s'enfonce d'autant dans la mer. Cette mer est bornée par une ceinture de hautes roches, derrière laquelle est une autre mer et une autre ceinture de roches, la mer diminuant toujours de profondeur et les roches de hauteur, jusqu'à ce qu'enfin on arrive à la septième mer et à la septième terre, qui est la nôtre, et dont les montagnes ne s'élèvent que de sept cent six yodschanas au-dessus de l'eau. Quatre continents composent cette terre : celui de l'est où l'on vit deux cent cinquante ans et où l'on a huit aunes, celui de l'ouest où l'on vit cinq cents ans et où l'on a seize aunes, celui du nord où l'on vit mille ans et où l'on a trente-deux aunes, celui du sud où l'on vit cent ans et où l'on a trois aunes. Toute cette région est enfermée par un monstrueux mur de fer au delà duquel luit un autre soleil et s'étend un autre monde. Au centre et au-dessous du Mérou est une assise gigantesque de roc dans lequel sont creusés les huit enfers. Au centre et au-dessus du Mérou commence le ciel, d'abord le monde du désir, où habitent les dieux, qui comprend six cieux et en outre la terre ; plus haut le monde des formes, qui comprend quatre régions selon les quatre degrés de l'intuition ; plus haut encore le monde sans formes, qui aussi a quatre cieux. C'est dans la mesure de ces derniers mondes que la fantaisie bouddhique, entassant les myriades de millions les uns sur les autres, atteint des accumulations prodigieuses qui, posées elles-mêmes comme des unités, deviennent le point de départ de multiplications encore plus colossales, et ainsi de suite, sans trêve ni mesure, tellement que l'esprit défaille et cesse de rien voir.

Tous ces mondes, du bas jusqu'en haut, sont

peuplés de créatures. Dans la région la plus profonde, se rangent par étages les damnés des huit enfers, ceux du plus doux déchiquetés avec des couteaux et des épées pendant cinq cents ans; pour les autres, l'atrocité et la durée des supplices vont jusqu'à l'effroyable. Mais l'expiation n'est point éternelle : seuls les bouddhistes du sud ont condamné les sceptiques et les incrédules à ramper éternellement le long du mur de fer, dans la mer corrosive et dévorante qui occupe les interstices des mondes ; en revanche, aux huit enfers brûlants les bouddhistes du nord ont ajouté huit enfers glacés. Dans ces ateliers superposés de tortures, on monte ou l'on descend selon ses mérites. Au-dessus des damnés sont les Prêtas, géants desséchés, infects et horribles, aux cheveux hérissés, au ventre insatiable et énorme, au gosier aussi étroit qu'un trou d'aiguille, tourmentés par une faim et une soif atroces, « entendant le mot eau à peine une fois en cent ans, » rongeant les cadavres ou dévorant leur propre chair ; condition lamentable où tombent les avares qui refusent l'aumône aux religieux. Au-dessus des Prêtas sont les animaux. Puis viennent les Azuras, esprits méchants et ennemis des dieux, et à côté d'eux des démons de toutes sortes, ogres, géants, nains, grands serpents, couleuvres au visage d'hommes, monstres à tête de cheval, vampires, princes des oiseaux, et quantité d'autres dans les eaux, dans l'air, sur la terre, auprès des dieux, sur les racines du Mérou, chaque espèce faisant un État et ayant son souverain. Au-dessus d'eux sont les hommes, et au-dessus des hommes les dieux, ceux-ci divisés en plusieurs ordres; au plus bas, les dieux ordinaires des brahmanes, Indra, et les autres, bien armés, et qui, campés sur le sommet du Mérou, repoussent incessamment les démons inférieurs. Les quatre cieux qui sont au-dessus d'eux ne touchent plus le monde, et s'éclairent, sans soleil ni lune, par leur propre et pure lumière. Là sont les Bouddhas futurs, attendant le moment de s'incarner pour la dernière fois et de sauver les mondes. Toute cette région est encore sous la domination de Mara, le prince du Désir, le tentateur des Bouddhas. Pour s'affranchir de lui, il faut s'élever jusqu'à la suivante, entrer dans le monde des formes pures. Là sont les Brahmas, puis les dieux de la pure lumière, plongés dans l'intuition extatique, affranchis du raisonnement, et qui pensent sans succession d'images ; plus haut les êtres vertueux et purs; plus haut encore, les délivrés, ceux qui ne sont plus assujettis à la métamorphose et ont échappé à la conscience et à la douleur. Au degré supérieur s'ouvrent les quatre régions du monde sans couleur ni formes, où les corps éthérés eux-mêmes disparaissent; c'est le ciel des Bouddhas.

Dans tout l'espace qui plonge au-dessous de ce ciel immuable, règne la loi du changement. Nulle religion, au milieu de ses divagations poétiques, n'a plus fortement appliqué son dogme fondamental de l'instabilité de l'être, ni plus rigoureusement développé cette idée primordiale, que chaque chose vivante contient comme germe sa propre mort. Cet univers naît et périt, et un autre prend sa place pour périr à son tour, et ainsi de suite sans trêve ni terme, avec des périodes prodigieuses de durée et d'anéantissement. Un kalpa est le temps qui s'écoule entre un de ces commencements et une de ces destructions. S'il y avait un rocher haut, large et long de seize milles, et si une fois en cent ans on le touchait avec un morceau de la plus fine toile de Bénarès, il serait réduit aux dimensions d'un noyau de mangue avant que le quart d'un de ces kalpas fût écoulé. Dans l'intérieur de la grande période, s'étendent quatre-vingts périodes secondaires, où la destruction se fait cinquante-six fois par le feu, sept fois par l'eau et une fois par le vent, chacune étant annoncée cent mille ans à l'avance par un Dévâ qui ordonne aux créatures de faire pénitence. La dernière, celle qui se fait par le vent, est la plus grande, et elle est si terrible que de tout l'univers il ne subsiste pas un seul atome entier. Après chaque destruction, l'espace demeure vide et sombre, puis, les temps étant accomplis, un vent violent se lève, et avec lui un nuage qui se fond en pluie. Les gouttes deviennent par degrés des cataráctes, jusqu'à ce que l'espace soit occupé par un océan immense dont les vents retiennent les bords. Peu à peu les parties solides se déposent, et sous l'effort du vent, elles se consolident. Les régions supérieures des délivrés, des Brahmas, des dieux, apparaissent tour à tour à mesure que l'eau s'abaisse. Le monde se repeuple par l'incarnation des créatures supérieures qui sont demeurées à l'abri des chocs et dont l'épuration n'est point encore achevée. Leur chute elle-même a ses degrés. Ils s'incarnent d'abord sous forme d'êtres innocents et heureux, sans sexe, sans besoins, lumineux et aériens. Insensiblement ils s'appesantissent et se corrompent, tombent dans la convoitise et la passion; leur vie, qui était d'abord presque infinie, n'est plus que de quatre-vingt-quatre mille années. Le vice croît; la propriété, les gouvernements, les castes s'établissent; des milliers de vivants dégradés par leurs fautes ont déjà formé les animaux, les ogres de la faim, les damnés. Le monde est alors tel que nous le voyons, et il dure ainsi un quart de kalpa, avec divers degrés d'abaissement et de redressement, tantôt abandonné à lui-même, tantôt relevé par les Bouddhas. Pendant ce temps, la vie humaine oscille, selon le degré de vice et de vertu des hommes, entre dix années et quatre-vingt mille années. Nous sommes en ce moment dans une des plus tristes périodes. Ainsi tourne « la grande roue » de l'Être, et quand de ce petit coin étroit où nous nous cramponnons comme sur un isthme, nous contemplons des deux côtés les deux abîmes du temps, et tout autour de nous le gouffre prodigieux de l'espace, nous n'apercevons de toutes parts que le renouvellement inépuisable de l'éternelle évolution.

Quelle force la maintient? Ici reparaît la pensée morale qui est le fond de la doctrine. Cette force est *le mérite et le démérite;* il n'y a qu'elle et elle partout. Rien de semblable ici aux idées helléniques, mahométanes, chrétiennes ou modernes. Il n'y a point de destin extérieur qui gouverne la vie des êtres; chaque être, par son vice ou sa vertu, se fait à soi-même son propre destin. Il n'y a point de lois naturelles qui enchaînent les événements; les événements ne sont enchaînés que par la loi morale. Il n'y a point de Dieu autocrate qui distribue le bien et le mal par des décrets arbitraires, ni de Dieu juste qui distribue le bien et le mal pour récompenser et pour punir; aucun Dieu ne s'interpose entre la vertu et le bonheur, entre le vice et le malheur pour les séparer ou pour les unir. Par sa propre nature le bonheur s'attache à la vertu et le malheur, au vice, comme l'ombre au corps. Chaque action vertueuse ou vicieuse est une force de la nature, et les actions vicieuses et vertueuses prises ensemble sont les seules forces de la nature. « Le démérite général de tous les vivants est la véritable cause de la destruction du monde, comme le mérite général de tous les vivants est la véritable cause de la reconstruction du monde[1]. » Chaque œuvre s'attache à son auteur comme un poids ou comme le contraire d'un poids; selon qu'elle est bonne ou mauvaise, elle l'entraîne invinciblement en bas ou l'élève invinciblement en haut dans l'échelle des mondes, et se place à chaque renaissance, comme sa destinée pendant chaque incarnation, est déterminée tout entière par la proportion de ces deux forces, comme l'inclinaison du fléau d'une balance est déterminée tout entière par la proportion des poids qui sont dans les deux plateaux. Tant que l'âme est infectée par la convoitise, elle renaît, plus l'âme est infectée par la convoitise, plus la condition où elle renaît est misérable; l'attache aux choses et les mauvaises actions qui en sont l'effet sont seules les causes des renaissances; là est la pesanteur innée qui, selon son degré, nous précipite plus ou moins bas dans le lamentable gouffre de la vie. C'est pourquoi par la suppression radicale de cette attache nous pouvons rompre la barrière de la destinée universelle, échapper à la renaissance, atteindre la délivrance finale. On n'a jamais donné à

1. Pallegoix.

l'homme une si haute place dans le monde; selon les bouddhistes, la volonté est une puissance sans limites; il dépend de l'homme d'atteindre le sommet des choses, d'entrer dans le Nirvâna, de s'élever au-dessus des dieux.

Quel est-il ce ciel plus sublime, ce monde « sans couleur ni forme », où les Bouddhas accomplis résident, où la nature est vaincue, où la délivrance s'opère? Il a quatre régions : celle de l'espace sans limites, où la vie est de vingt mille grands kalpas; celle de la sagesse sans limites, où la vie est de quarante mille grands kalpas; celle où il n'y a plus absolument rien, et où la vie dure soixante mille grands kalpas; celle où il n'y a plus ni pensée ni non-pensée, et où la vie dure quatre-vingt mille grands kalpas : au delà s'étend le Nirvâna, le pur rien, l'extinction complète. Cette échelle de régions indique les progrès de l'épuration mystique. En effet, par degrés, la contemplation se simplifie et s'efface. Le religieux, concentrant sa pensée sur un seul point, arrive, après diverses haltes, à chasser de son esprit les idées « de résistance, de forme, de diversité », et à ne plus apercevoir que l'espace uni et sans bornes. Bientôt cet espace, si simplifié qu'il soit, disparaît à son tour, et il n'en reste plus devant ses yeux que l'idée infinie, j'entends l'intelligence infinie. Celle-ci disparaît elle-même; alors il n'y a plus rien, absolument rien devant les yeux, et le religieux s'arrête. Encore un effort cependant; car il pourrait affirmer qu'il n'y a rien, et cette affirmation serait quelque chose. Il la supprime aussi. A cette hauteur, il n'y a plus de pensée, ni de négation de pensée ; « l'idée et la perception cessent[1]. » L'esprit a fait le vide en soi-même, comme au moyen d'une machine, effaçant tour à tour les objets divers, les idées diverses, tout objet, toute idée, jusqu'à ce que sa substance se soit évaporée, et que sous cette absorption puissante il se soit réduit à un pur néant. Là est le but, l'accomplissement, la perfection suprême. Sortir non-seulement de la vie, mais de l'être, tel est le souverain bien. C'est à cela que les Bouddhas, à travers des millions d'existences, aspirent et arrivent par des sacrifices et des renoncements infinis, abandonnant ou donnant leurs biens, leur vie, leur chair, la chair et la vie de leurs plus proches bien-aimés, de leurs enfants, de leur femme. Pour concevoir une pareille doctrine, il faut renverser toutes nos habitudes occidentales, effacer toutes les couleurs sombres dont nous entourons l'idée du néant, ne plus considérer avec Pascal, comme deux misères égales, « l'horrible alternative d'être éternellement malheureux ou éternellement anéanti. » Cela est bon pour des races fortes,

---

1. Lotus, 809; Kœppen, 592.

actives, âprement attachées à leurs projets, incessamment relevées par la salubrité ou la dureté de leurs climats, portées en avant par un souffle continu de courage et d'espérance. Ici le point de départ est la doctrine que le changement fait souffrir, que le désir est une source de douleurs, que la vie est un mal; l'idée du bonheur est celle de l'affranchissement et du repos; ne pas être troublé, ne plus sentir, demeurer éternellement dans une quiétude uniforme, voilà la pacifique image qui flotte dans l'homme pendant ses rêves. Sans doute les esprits grossiers, les gens du peuple, surtout les races rudes de l'Asie septentrionale, ne conçoivent pas ce dogme dans sa pureté métaphysique. Ils persistent à voir dans le Nirvâna la béatitude, une sorte de joie sensible; on ne les contredit pas expressément; pour devenir populaire, toute doctrine est forcée de s'accommoder au peuple. Mais la conception primitive n'en subsiste pas moins sous les altérations qui çà et là viennent la recouvrir. Telle qu'elle est, elle offre encore assez d'attraits au cœur de l'homme. Il y a une douceur extrême à contempler intérieurement ces hautes régions paisibles où n'atteignent point les agitations terrestres, ces corps éthérés qui de ciel en ciel vont se purifiant et s'illuminant sans cesse, ces bienheureux dont la pensée demeure pendant des milliards de siècles immobile et sereine, et qui, à mesure qu'ils montent sentent tomber les barrières de leur être pour s'effacer dans l'immensité vide ; comme des gouttes d'eau qui, pendant des myriades incalculables d'années, tour à tour congelées, fondues, salies, et toujours froissées par les révolutions brutales de notre terre, finissent par s'élever en vapeurs, chatoient magnifiquement sous le soleil qui les dore, montent plus haut, se raréfient, n'apparaissent plus que comme un voile transparent et pâle, s'élèvent encore, et arrivées dans les régions où le bruit n'atteint plus, où le changement cesse, où la matière finit, s'évanouissent insensiblement dans le vide de l'incommensurable azur.

Ils sont allés plus loin; car le propre de la spéculation indienne, c'est la perspicacité qui pousse un principe à bout; à proprement parler, ils sont les seuls qui avec les Allemands aient le génie métaphysique ; les Grecs, si subtils, sont timides et mesurés à côté d'eux ; et l'on peut dire, sans exagération, que c'est seulement sur les bords du Gange et de la Sprée que l'esprit humain s'est attaqué au fond et à la substance des choses. Peu importe l'absurdité des conséquences; ils ont posé les questions suprêmes, et personne, hors d'eux, n'a même conçu qu'on pût les poser. Les philosophes bouddhistes ont osé toucher le terme de leur doctrine ; lorsqu'à travers les vulgarités de leur physique et les insuffisances de leur dialectique, on arrive jusqu'à leurs vues d'ensemble, on découvre, en dépit de leur style énervé et de leur plat bavardage, qu'ils n'ont rien redouté et qu'ils ont tout compris. Comment le changement est-il possible? Comment se fait-il qu'un être soit s'il doit cesser d'être, ou puisse commencer s'il n'est pas? Comment se fait-il qu'à un moment donné, l'être et le néant, au lieu de persévérer dans leur nature propre, reçoivent leur contraire, et comment comprendre que l'essence d'une chose consiste à se contredire et à se supprimer? Nous sautons aujourd'hui par-dessus cette question; même la plupart de nos penseurs ne l'aperçoivent point; ils la laissent dans la région méprisée des abstractions vaines. C'est pourtant cette question qui est le fond de toutes les autres, et c'est elle que les bouddhistes ont tranchée avec une vigueur de logique qui prouve avec quelle force ils en avaient senti les difficultés. Selon eux, douze causes produisent l'existence et tous les maux, en sorte que celui qui supprime l'une supprime toutes celles qui suivent, comme un homme qui, tranchant une tige d'arbre à une certaine hauteur, détruit par là même toutes les branches qui poussent au-dessus de la coupure. A la racine se trouve l'ignorance, non pas l'ignorance ordinaire, mais cette erreur fondamentale par laquelle nous admettons qu'il y a quelque chose de réel. *Là est l'illusion primitive*, là est l'origine de l'existence et de tous les maux. Il n'y a rien de réel, il n'y a pas d'être, tout est vide. Et là-dessus les divers philosophes bouddhistes, enchérissant les uns par-dessus les autres, admettent, les uns que les objets n'existent que pendant le temps qu'ils sont perçus, les autres qu'ils n'existent pas et qu'il n'y a rien en dehors des sensations intérieures ; les autres enfin que ces sensations ne sont pas, et qu'en dedans comme en dehors de nous-mêmes il n'y a que le pur rien et le néant absolu. Sur ce vide flotte une fantasmagorie d'apparences ; au fond, une grande noirceur calme ; au-dessus un jeu puéril de couleurs et de formes vacillantes : quiconque a pénétré cette vérité ne trouve plus de sens aux mots de jeunesse, mort, lumière, obscurité, forme, grandeur, temps, espace ; toutes les conceptions, tous les jugements ordinaires ne sont pour lui qu'un rêve risible ; semblable au brahmane, pour qui le monde est un reflet trompeur qui se joue à la surface de l'être immobile, il ne voit dans le monde qu'un vain reflet qui se joue à la surface du néant immobile. Il le dédaigne, il cesse d'y faire attention. Dès lors il est délivré, il est au-dessus des œuvres, il possède la vérité suprême. Tel est le faîte de la sagesse, « la loi par delà la loi », la doctrine intérieure dont le dogme ordinaire n'est que la préparation ; rien ne manque ici, ni l'élaboration mystique qui chiffre et cadastre le temps jusqu'à défaillir sous l'entassement de ses nombres, ni l'élaboration philosophique qui, dégageant et poursuivant un principe, arrive, au terme de ses formules, à s'évanouir avec tout le reste par l'excès de son propre effort.

§ 4.

La pratique.

Il y a, dans les institutions comme dans les doctrines, une force intérieure par laquelle elles se développent; la discipline du maître, comme sa parole, se transforme et se complète, et à côté de la théologie l'Église se fait. D'un côté on recueille la doctrine, on en classe les parties, on la commente avec l'aide de la logique, de l'imagination et de la science environnante; on l'amplifie en poëmes, on la fixe en catéchismes, on la sublime en philosophies, et les quelques récits, conseils ou discours prononcés par un solitaire sous un arbre deviennent un vaste corps de spéculations et de disciplines minutieuses dans lequel tout l'univers visible et invisible se trouve compris. De l'autre côté, on assied l'institution, on précise par écrit les devoirs et les fonctions de ses membres, on l'organise, on l'étend, et peu à peu le monde voit se former un grand gouvernement dont les compartiments solides enferment la société entière. Enfin, par le travail accumulé des siècles, l'édifice ecclésiastique s'élève à côté de l'édifice théologique, et tous deux ensemble s'offrent et s'imposent à la volonté et à la pensée humaine comme un asile et comme une prison.

Ce qu'il y a d'original et de capital dans la discipline de Çakya-Mouni, c'est qu'il a fondé une communauté de moines. Avant lui, il y avait des ermites et des ascètes; le premier, il réunit les solitaires, et, appelant à lui tous les hommes de bonne volonté, sans distinction de caste ou de race, il composa un Ordre mendiant dont les membres renonçaient à la propriété et à la famille pour faire vœu de pauvreté et de chasteté. Là est le germe, et l'on voit d'abord comment l'institution primordiale est conforme à la doctrine primordiale. La première applique la seconde; elle la rend sensible, et se moule sur elle avec tant d'exactitude qu'elle n'en diffère point, sinon comme le dehors diffère du dedans. Une pareille association est construite pour retirer l'homme de l'égoïsme et le livrer à l'abstinence. Celui qui pratique le renoncement dans la fraternité est un religieux mendiant.

Dans les temps primitifs, les hommes de toute classe, de tout état, de tout âge, Tschandalas, criminels, vieillards, malades, pouvaient entrer dans la fraternité nouvelle; il suffisait de croire au Bouddha et de renoncer au monde. Les religieux ne devaient porter que des vêtements sales, composés de loques cousues ensemble et ramassées dans les cimetières ou sur les fumiers. Les uns habitaient dans les forêts, les autres sous les racines des arbres, quelques-uns dans les lieux ouverts, d'autres dans les cimetières. Même le vrai fidèle « devait ressembler à l'animal des bois qui n'a point de demeure fixe, mange aujourd'hui en cet endroit, demain en cet autre, et s'étend pour dormir là où il se trouve. » Mais comme il était obligé d'enseigner la vérité et de convertir les hommes, il s'entourait d'un groupe de disciples. Insensiblement ces petites associations ambulantes se changèrent en grandes sociétés sédentaires. Les solitaires des bois étaient forcés de se réunir pour se garantir de la malveillance des brahmanes; les femmes, appelées comme les hommes à la vie spirituelle, étaient portées, par leur sexe même, à rechercher la protection d'une clôture; les ascètes devaient rentrer dans les villes et dans les bourgades pendant la saison des pluies; enfin les assemblées de religieux qui délibéraient ensemble pour fixer la foi formaient des centres. Ainsi se fondèrent les communautés et s'établit l'Église. Peu à peu elle s'organisa, décréta ses lois, compila ses formulaires, fixa les règles de l'admission. A présent, quand le novice se présente, il est enfant pour l'ordinaire; il s'est rasé la tête, il s'est baigné, et devant le prêtre qu'il a choisi pour père spirituel, il fait.vœu de renoncement; celui-ci lui revêt alors la robe jaune, lui coupe la dernière touffe de cheveux, et lui donne à étudier les dix grands préceptes. Pendant son apprentissage, il est l'écolier et le serviteur de son père spirituel, et, arrivé à l'âge de vingt ans, lorsqu'il sait un certain nombre de rituels et de prières, il est ordonné religieux. On lui remet le parasol et le vase destiné à recevoir les aumônes; il revêt trois vêtements, une sorte de chemise, une blouse qui descend jusqu'aux genoux, un manteau attaché sur l'épaule gauche. Avec son vase, il va quêtant; il y reçoit et il y mange les provisions qu'on lui donne; rien de plus; la règle qui lui est prescrite est dirigée tout entière vers le détachement.

Il abandonne ses parents, il n'a plus de patrie; « il ne doit point pleurer la mort de son père ni de sa mère. » Il n'a ni femme ni enfants; s'il en a, il doit les abandonner. « Plus grand est le danger pour ceux qui sont attachés à une femme, à un enfant, à une fortune, à une maison, que pour ceux qui sont en prison, dans les fers et dans les chaînes. Car ceux-ci peuvent être délivrés de leur prison par un heureux hasard, tandis que les autres sont comme dans la gueule d'un tigre. » Entre toutes les racines du mal, l'appétit du sexe est la plus profonde. « S'il y avait eu dans l'homme une autre passion aussi violente, personne n'aurait pu atteindre la délivrance. O religieux ! ne regardez pas les femmes. Si vous rencontrez une femme, ne la regardez pas; prenez garde, et ne lui parlez pas. Si vous lui parlez, dites-vous intérieurement : Je suis un religieux; dans ce monde corrompu, je dois être comme un lotus sans tache. — Vous devez regarder une vieille femme comme votre mère, une femme un peu plus âgée que vous comme votre sœur aînée, une femme plus jeune que vous comme votre sœur cadette. » Et ici les prescriptions se multiplient : ne pas toucher de la main une femme ni même une petite fille, ne pas entrer dans un bateau où rame une femme, ne pas recevoir l'aumône des mains d'une femme. — Contre la propriété, la règle est presque aussi rigide que contre le plaisir. Un religieux ne peut posséder que huit objets : les trois pièces de son vêtement, sa ceinture, son vase à aumône, son pot à eau, un rasoir et une aiguille à coudre. Il vivra d'aumônes, et il n'en demandera pas. Il se montrera simplement avec son vase, sans tousser, sans faire aucun bruit pour indiquer sa présence, sans dire qu'il a faim, sans rien demander par signe, geste ou parole. Il n'a pas même le droit de demander un remède s'il est malade, et il pèche s'il reçoit plus qu'il ne lui faut pour un repas. Il ne doit plus manger après midi; il ne doit pas prendre goût aux aliments. Il ne doit recevoir ni or, ni argent, ni bien d'aucune sorte ; le couvent seul possède. — Pour le troisième vœu, celui d'obéissance, la règle y insiste moins que sur les autres, quoiqu'elle mette le religieux aux ordres du supérieur et lui impose en maints endroits la vénération et l'obéissance. Mais en revanche elle appuie sur l'obligation de la concorde, et, selon elle, quiconque introduit la division parmi les religieux commet un des cinq grands péchés mortels. Voilà l'homme selon le cœur du bouddhisme. Sans doute le relâchement et la corruption ne manquent pas dans la pratique; la casuistique est venue tordre la règle pour l'accommoder à la nature; les abus qui comme une vermine ont rongé nos couvents du moyen âge ont pullulé dans les monastères de Ceylan, du Thibet et de la Chine. Mais en somme l'idée du Bouddha s'est accomplie, et sa discipline, comme un mortier tenace, est venue s'appliquer sur l'homme pour boucher toutes les fentes par lesquelles jaillissaient les violentes sources de la passion et du désir.

Cet homme ainsi discipliné et apaisé, que va-t-il devenir et que va-t-il faire ? Tout changement dans la nature humaine amène un changement correspondant dans la société humaine, et le réformateur de l'individu réforme la communauté par contre-coup. Par cet adoucissement de l'homme, la paix entre dans la vie sociale. Les sacrifices humains pratiqués par les brahmanes sont défendus. Les pèlerins chinois qui visitent l'Inde au moyen âge trouvent la peine de mort supprimée. On cesse de sacrifier les animaux. Les rois et les princes convertis renoncent aux grandes chasses meurtrières. La doctrine va jusqu'à interdire non-seulement les guerres de conquête, mais encore les guerres de défense. La charité devient une obligation et une pratique. Tous les cinq ans les rois bouddhistes, au moment de la grande assemblée, donnent leurs épargnes et jusqu'à leurs joyaux, non-seulement aux religieux, mais encore aux pauvres, aux orphelins, aux abandonnés. Ils fondent des hôpitaux, des asiles de pauvres, des caravansérails; ils plantent des arbres à fruits, ils creusent des fontaines pour les voyageurs. Même on voit s'établir des hospices pour les animaux; à Siam, dans la Mongolie, des personnes pieuses rachètent des oiseaux et des poissons, et leur donnent la liberté; d'autres préparent des abris et des aliments pour les animaux des steppes, surtout dans le temps où ils mettent bas. — Ce qui met le comble à cette rénovation des mœurs, c'est la tolérance; bien mieux, les bouddhistes sont bienveillants pour les autres religions; ils considèrent ces religions comme des formes inférieures de la vérité vraie; le premier grand roi bouddhique, Dharmâçoka, le Constantin de la nouvelle doctrine, ordonne à toutes les sectes le respect mutuel et la concorde. « Puissent les disciples de chaque doctrine être riches en sagesse et heureux par la vertu ! » Les bouddhistes vont encore plus loin, leurs sentiments affectueux s'étendent à toutes les races comme à toutes les sectes. Chez eux, un étranger est traité comme un compatriote ; personne n'écarte le missionnaire chrétien ; le voyageur Turner prend du thé dans le vase qui a servi au Grand-Lama. Il n'y a plus pour eux de purs ni d'impurs. Par contre-coup, quoique rejetée au second plan, la vie de famille gagne au contact de la foi nouvelle. « Il est meilleur d'honorer son père et sa mère que de servir les dieux du ciel et de la terre. Quand même un enfant prendrait son père sur une épaule et sa mère sur l'autre, et les porterait ainsi pendant cent ans, il ferait moins pour eux qu'ils n'ont fait pour lui. » La condition des femmes est améliorée ; elles ne sont plus des esclaves, comme dans les pays mahométans ; ni « des vases d'impureté, » comme dans les pays brahmaniques ; elles peuvent sortir, se visiter, aller sans voile ; la règle est de n'en épouser qu'une. Pour rassembler tout ceci sous un coup d'œil, que l'on considère la façon dont le bouddhisme a transformé la Mongolie, le Thibet, Ceylan et les autres pays où il a pris l'empire. On connaît Gengiskhan et Tamerlan, leur férocité, leurs dévastations, les pyramides construites avec des têtes humaines, les tours maçonnées avec des corps d'hommes et du mortier. Aujourd'hui les meurtres et le pillage sont aussi rares en Mongolie que dans l'Europe civilisée. Les Thibétains, que leur triste et stérile climat retenait dans une barbarie révoltante, qui mangeaient leurs morts, qu'on pouvait comparer aux loups affamés des neiges, sont devenus un peuple doux, lettré et presque cultivé. Les rancunes atroces, les emportements sanguinaires, la violence effrénée des Siamois se sont tempérés à tel point, qu'à Bangkok, une ville de 400 000 habitants, il n'y a presque jamais de rixe, qu'un meurtre y est un événement extraordinaire, et que souvent il n'en arrive pas un en tout un an. Bref, on peut dire que si l'on ramassait comme autant de gouttes d'eau dans un vase tout ce qu'il y a maintenant de bienveillance et d'humanité dans la vie civile et domestique de l'Asie, c'est le bon fleuve bouddhique qui en fournirait la meilleure part.

Mais, d'autre part, s'ils ont adouci l'homme, c'est en l'amortissant. Qu'on se figure des animaux sauvages, taureaux et béliers, dont on fait des moutons et des bœufs, qu'on parque dans un enclos pour les faire vivre fraternellement, et qu'on mène paître d'un pas monotone : certainement ils se feront moins de mal qu'auparavant, mais ce seront d'assez médiocres créatures. Si l'on compare les écrits bouddhiques aux écrits brahmaniques, on est tout d'abord frappé du contraste. La gigantesque poésie des Pouranas, l'enthousiasme, les puissants élans de l'esprit qui, embrassant d'un coup d'œil un ciel, un continent, un monde entier, participe à la grandeur et à l'exubérance de la nature, la richesse et la magnificence des épopées, l'accent grandiose de Manou, la voluptueuse délicatesse des pastorales, la force effrénée, la fougue délirante de l'émotion et de l'invention primitive ont disparu. Les livres bouddhiques sont, pour la plupart, des livres des moines, diffus et traînants, qui rappellent la décadence scolastique du quinzième siècle, ou l'imbécillité du radotage byzantin. Le style est lâche, il semble que l'homme ne sache plus raisonner; il répète et relie longuement et péniblement ses preuves. Ses manuels semblent des litanies, et ses dialogues, des cahiers d'écoliers. Il n'a plus de grandes vues subites; le beau et le sublime n'entrent plus chez lui par éclairs. Il ne sait qu'accumuler platement les redites; on se le figure un chapelet à la main, comptant et recomptant ses myriades de myriades, et s'hébétant à enfler les nombres. Le Bouddha, tel qu'il le figure sur ses autels, n'a rien de viril; c'est un corps amolli, gras, dont la poitrine et le ventre ressemblent à ceux d'une femme, avec une expression de repos inerte et d'indifférence bienveillante qui va jusqu'au demi-sourire terne. On comprend vite que de pareils hommes n'ont point dû se montrer rétifs à l'autorité. Comme les peuples européens, au quatrième et au dixième siècle, ils ont tendu eux-mêmes les mains à la servitude. Comme la société chrétienne au quatrième et au dixième siècle, la société bouddhique s'est divisée en deux portions; les laïques, classe inférieure, encore engagée dans les liens du monde, du mariage et du travail, incapable d'atteindre au quatrième degré de la sainteté ; les religieux, classe supérieure, sans famille, oisive, ayant renoncé aux biens de la terre, et occupée à acquérir des mérites spirituels. Le laïque doit nourrir le religieux, et celui-ci lui fait une grâce en acceptant ses aumônes; car, quand même un laïque remplirait des sept joyaux le grand millier des trois mille mondes et les offrirait à un religieux, toutes ces richesses ne seraient rien comparées aux trésors spirituels dont le religieux lui ferait part en daignant accepter son offrande. Plus le religieux est saint, plus l'offrande est méritoire. Il est plus méritoire de nourrir un religieux que plusieurs milliers de laïques fidèles; il est plus méritoire de nourrir un saint du quatrième degré[1] que plusieurs millions de religieux ordinaires ; il est plus méritoire de donner à un Bouddha commencé qu'à plusieurs centaines de millions de religieux du quatrième degré ; il est plus méritoire de donner à un Bouddha accompli qu'à un milliard de Bouddhas commencés. Par cet échafaudage de nombres, on peut juger du crédit que s'est acquis le clergé dans les pays bouddhiques. Chez les peuples fervents de la Mongolie et du Thibet, on voit les laïques se mettre à genoux devant les religieux d'une sainteté reconnue, pour obtenir d'eux qu'ils veuillent bien agréer des offrandes. On estime l'ensemble des religieux et des religieuses dans le Thibet au cinquième, dans la Mongolie au tiers de la population totale. « Vous arriverez, dit la loi, à la plus haute sagesse si vous honorez les Lamas. Le soleil même, qui dissipe les brouillards impénétrables, ne se lève que parce qu'on rend des honneurs aux Lamas. Toute offense contre les religieux fait perdre des mérites acquis pendant plusieurs milliers d'existences. » De fond en comble l'état de la société est clérical. Si enfin l'on considère que dans cette contrée le Grand-Lama est regardé comme une incarnation du Bouddha et comme une sorte de Dieu terrestre, on ne pourra s'empêcher de recon-

1. Un archat.

naître ici l'établissement d'une domination ecclésiastique semblable à celle qui couvrit l'Europe lorsqu'au douzième siècle le clergé devint possesseur du tiers des terres en Angleterre, de la moitié des terres en Allemagne, et que le Pape se fit le souverain des empereurs et des rois.

La superstition a la même racine que l'obéissance. L'esprit énervé qui se retranche le jugement personnel est promptement envahi par les croyances folles. Privé du discernement, il tombe dans le rêve, et sa débilité acquise le replonge parmi des imaginations d'enfant. Rien n'est comparable en extravagance aux inventions des bouddhistes; les miracles de la Légende dorée n'en approchent pas. Ils ébranlent le monde, font marcher des myriades de dieux, manient le ciel et la terre avec une prodigalité d'exagérations puériles et avec une monotonie de radotage vieillot qui dégoûte au bout d'un instant. Le saint accompli, l'archat a le pouvoir de faire des miracles, la faculté d'embrasser d'un regard toutes les créatures et tous les mondes, d'entendre toutes les paroles et tous les bruits de tous les mondes; il a la connaissance des pensées de tous les êtres, le souvenir de toutes ses vies antérieures et de toutes les vies antérieures des autres. Au-dessus de l'archat, les Bouddhas commencés ou achevés ont encore des facultés plus merveilleuses. Si l'on écrivait toutes les prérogatives du Bouddha achevé, cela ferait un livre qui s'étendrait depuis la terre jusqu'au ciel de Brahma. Son corps a trente-deux signes caractéristiques et quatre-vingts signes secondaires de beauté. Son esprit possède « dix-huit indépendances, trente-sept accompagnements, quatre fondements de confiance, dix forces. » L'énumération et la classification scolastique de ces vertus est rebutante. Après avoir grossi leur Dieu, ils le cadastrent ; c'est la pédanterie lourde qui succède à l'extase maladive. Naturellement ils aboutissent à la petite dévotion et au culte machinal. C'est en vain que le fondateur a réduit les moyens du salut à la charité, à l'abstinence, à l'empire de soi, et purgé la religion des pratiques extérieures; l'esprit alangui se laisse aller insensiblement de ce côté. Faute du libre et ferme regard qui sépare le fond de la forme, c'est à la forme qu'il s'attache. Il trouve plus aisé de saisir un corps palpable qu'une vérité invisible. Son adoration devient idolâtrie. Il s'agenouille devant le Bouddha et devant les autres saints. Il multiplie leurs images et leur rend un culte. On institue des fêtes en leur honneur. On bâtit des pyramides et des châsses pour conserver leurs os, leurs dents, leur manteau, leur pot à aumônes. Les rois achètent ces reliques à des prix énormes. De tous les coins de l'Asie les dévots viennent se prosterner devant l'empreinte du pied de Bouddha, combler d'offrandes les saintes chapelles : on peut voir, dans les voyages des pèlerins chinois, avec quel zèle, à travers quelles fatigues et quels dangers. L'épaississement d'esprit est devenu si grand que les Lamas ont fini par réunir le Bouddha, la Loi et l'Église en une trinité suprême et vivante où l'Église joue le rôle d'une personne divine, la première et la plus divine des trois. Quand la raison est descendue jusque-là, on peut s'attendre à des choses étranges. Les Mongols et les Thibétains de toute classe et de tout sexe passent la journée à réciter des oraisons, en marchant, en mangeant, en jouant, surtout la prière de six syllabes, et la plupart du temps, à Ceylan comme en Mongolie, dans une langue qu'ils n'entendent pas. Plus on prononce, plus on écrit ou plus on imprime de ces prières, plus on a de mérite. Afin d'en accroître le nombre, on a remplacé l'homme par la machine. Des cylindres remplis de petits papiers où la prière est écrite se trouvent dans les principales rues, dans les temples et chez les particuliers ; chaque tour de roue équivaut à la récitation de toutes les prières contenues dans le cylindre, et quelques-uns, énormes, renferment cent millions de fois la formule sacrée. Les personnes pieuses ont chez elles un serviteur dont tout l'emploi est de tourner le cylindre de famille. De grands moulins à eau et à vent font le même office. Les voyageurs ont été frappés, même dans le sud, de l'affaissement où tombe l'intelligence ainsi conduite. « Les prêtres ont presque tous une expression qui approche de l'idiotisme. Le plus grand nombre de ces pauvres gens vont vaguant avec un sourire niais et un regard vide; ils semblent peu éloignés, pour l'intelligence, de la création animale[1]. » Sous cette théologie et sous cette discipline, l'homme se réduit à un mannequin.

Telle est cette religion, événement capital de l'histoire asiatique. Toute morale et toute humaine à son origine, elle s'est développée et mélangée dans le courant des siècles, et ce serait une longue histoire théologique que le récit de sa transformation métaphysique et légendaire, de ses altérations païennes et brahmaniques. Toute indienne à son début, elle s'est étendue au nord et au sud, jusqu'à embrasser la Cochinchine, l'empire Birman, la Chine, le Japon, la Mongolie, la Sibérie, le Thibet, l'Irân et le Turan, et ce serait encore une plus longue histoire que le récit de ses progrès gigantesques, de ses défaites partielles, de ses combats contre les adorateurs du feu, contre les musulmans et contre les Brahmanes, des formes diverses qu'elle a dû revêtir chez les diverses races et dans

---

1. Spencer Hardy; *Eastern monachism*, p. 312.

les civilisations où elle pénétrait. Si dans ce pêle-mêle ondoyant et énorme qui occupe le plus vaste des continents pendant vingt-cinq siècles, on cherche à démêler puis à définir le trait fondamental de l'œuvre, on pourra le comparer à une opération de chirurgie bienfaisante et débilitante. L'animal humain, comme un étalon trop fort et terrible à lui-même, a été saigné aux quatre membres; affaibli et adouci par cette perte, il est devenu moins actif et plus sociable, et dorénavant il a moins créé et moins détruit.

# FRANZ WŒPKE.

M. Franz Woepke, dont les journaux annonçaient la mort il y a quelques jours[1], était un homme de premier mérite, quoique inconnu, sauf à quelques savants spéciaux. Il possédait plusieurs éruditions, et toutes à un degré éminent. Les grands mathématiciens de notre temps louaient ses Mémoires théoriques et le considéraient « presque comme un inventeur. » Il savait l'arabe comme M. de Slane, en outre le persan, et, depuis quelques années, le sanscrit. Pour les langues modernes de l'Europe, il parlait et écrivait les principales comme sa langue maternelle. Quant à l'instruction générale, philosophique et littéraire, celle qu'on tire des livres et celle qu'on tire des hommes, je n'ai connu personne qui en fût mieux fourni. Quoique orientaliste et mathématicien, il ne s'était jamais tenu renfermé dans les études spéciales ; au contraire, dès le commencement de sa vie, il s'était proposé pour objet

---

[1]. Avril 1864.

les vues d'ensemble; il ne s'était engagé dans les recherches limitées et dans les questions particulières que par une aversion naturelle pour les considérations vagues, et parce qu'il regardait ces travaux bornés et concentrés comme la meilleure discipline de l'esprit.

Il avait publié en français, en allemand, en italien, plusieurs Mémoires sur les mathématiques pures et sur l'histoire des mathématiques. Depuis quelques années, c'est sur cette seconde branche des connaissances humaines qu'il portait sa principale attention et son plus grand effort. Il entrevoyait dans l'avenir, pour la fin de sa vie, une histoire générale des mathématiques, du moins depuis leurs origines dans l'Inde jusqu'à la renaissance. Mais il n'y comptait guère : « On se donne cette espérance à soi-même, me disait-il; c'est pour s'encourager. Mais c'est là une illusion de l'esprit; le travail est trop grand, et la vie d'un homme est sujette à trop de chances. » — « Je ferais bien un système, ajoutait-il une autre fois; il n'y faudrait qu'un peu d'invention, et peut-être en suis-je capable tout comme un autre; mais à quoi bon, puisque mon système ne serait pas prouvé, et pourquoi perdrais-je mon temps à me duper moi-même avec des phrases? » Il pensait que tous les jugements d'ensemble sur l'ancienne histoire des mathématiques et sur le passage des sciences anciennes aux sciences modernes doivent demeurer en suspens encore pour un ou deux siècles. Il comparait les connaissances que nous avons aujourd'hui sur la science et la civilisation arabes à celles que nous avions au seizième siècle sur la science et la civilisation grecques, et croyait que pendant bien longtemps tout travail fructueux doit se réduire comme au siècle de Casaubon et de Scaliger, à la publication des manuscrits. Il s'était enterré lui-même dans ce labeur ingrat et pénible ; il avait publié, corrigé, annoté plusieurs traités mathématiques des Arabes ; son dernier travail est un mémoire sur l'histoire des chiffres dont nous nous servons, sur la probabilité de leur origine indienne, sur les diverses transmissions par lesquelles ils sont arrivés jusqu'à nous. Au moment où la mort est venue, il éditait l'ouvrage d'un mathématicien arabe qui, au dixième siècle, est allé dans l'Inde, et dont le livre nous montre l'état des sciences dans les deux pays. Il comptait employer cinq ans à ce travail. Ce que de pareilles recherches exigent de science, d'exactitude, de patience, d'attention soutenue, minutieuse et laborieuse; ce qu'il faut de voyages, de fatigues et de temps pour copier et comparer à Dublin, à Oxford, à Paris, à Berlin, les divers manuscrits ; ce qu'il faut de sagacité pour trouver la bonne leçon sous la mauvaise écriture des copistes, et le sens vrai sous l'imperfection de la langue et des méthodes anciennes; ce qu'il faut de persévérance pour revenir soir et matin sur des solutions de géométrie et d'arithmétique dépassées depuis longtemps, utiles seulement à titre de documents, incapables d'éveiller la grande curiosité spéculative ou la grande imagination historique, personne, sauf les cinq ou six savants qui, en Europe, s'emploient à des études pareilles, ne peut ni le mesurer ni le dire. Il ne se rebutait pas, il continuait à travailler presque chaque nuit, afin de profiter du silence, en dépit de sa mauvaise santé, tout en sachant que le travail l'abrégeait; il était comme un des maçons du moyen âge qui, dans les soubassements d'une cathédrale, courbés, poudreux, sous la lampe, usaient leur vie à tailler une pierre, puis une autre, puis encore une autre, sans autre plaisir que de penser parfois au grand édifice qui s'élèverait un jour sur ces assises et que leurs yeux ne verraient pas.

Je le connaissais depuis douze ans, et je n'ai point rencontré d'homme dont la conversation fût plus profitable. Il avait observé les mœurs de plusieurs nations; il avait fréquenté les savants les plus illustres; il lisait tous les principaux livres modernes, et, sur chaque chose, il avait une opinion originale; il pouvait parler de tout, même des femmes et des salons, et toujours d'une façon qui méritait l'attention. Mais il ne parlait guère que par force; il aimait mieux écouter. Quand il disait son avis, c'était en très-peu de mots, d'une voix lente, avec une solidité mathématique; il semblait qu'il eût coupé à ses idées tout ce qu'elles pouvaient avoir d'abondant et de brillant, pour n'en laisser que la substance; ses observations ressemblaient toujours à un résumé. Le trait le plus marquant de son esprit était la haine du charlatanisme; il ne devenait moqueur et caustique que sur ce point; et quand il mettait le doigt sur les prétentions et l'insuffisance de quelques contemporains, ses petits exposés de faits, si exacts et d'apparence si sèche, arrivaient au plus haut comique. Pour ce qui est de lui-même, il était toujours prêt à se réduire, même à se rabaisser. « Je ne puis pas parler de cela, disait-il, je n'ai pas fait d'études là-dessus. » Son plus vif désir était de n'être jamais dupe de lui-même; il tenait toujours dans sa main une balance pour peser ses opinions; il ne voulait rien admettre que de vrai et de prouvé, et préférait l'ignorance aux conjectures. Il avait un sentiment profond de l'imperfection de nos sciences, des limites de chaque esprit, des bornes du sien entre tous les autres. Quoiqu'il eût aimé passionnément la métaphysique, il l'avait laissée derrière lui et la considérait seulement comme une façon commode de grouper les faits, comme un système provisoire, utile pour tirer l'esprit des recherches spéciales et pour le diriger vers les vues d'ensemble. Il comparait les sciences positives à des piliers à peine ébauchés, quelques-uns tout au plus à demi construits, mais tous si incomplets et séparés entre eux par tant de lacunes que nul esprit ne peut tracer le plan de l'édifice qui s'appuiera sur eux. Non qu'il fût sèchement positiviste; il suivait avec intérêt et sympathie les hautes constructions idéales que l'on essaye d'élever sur ces rares soutiens; il estimait que chacun doit essayer ou esquisser la sienne, et il jugeait qu'après tout le plus noble emploi des sciences est de fournir matière à ces divinations grandioses par lesquelles, en dépit de nos erreurs et de nos doutes, nous prenons part aux contentements et à l'œuvre des siècles qui nous suivront.

Ces sortes de spéculations ont été toute sa joie; les autres plaisirs, toutes les satisfactions qui, aux yeux des hommes, donnent un prix à la vie, lui ont manqué. Il vivait seul, loin de sa patrie, loin de sa famille, dans une chambre garnie, sobrement et silencieusement, d'une pension que lui faisait un prince italien, protecteur des mathématiques, se croyant obligé de publier tous les ans ou tous les deux ans quelque mémoire, afin de mériter l'argent qu'il recevait. Son travail n'avait aucune récompense, pas même la gloire; quelques savants estimaient ses recherches, et c'était tout. Il ne pouvait point espérer, même dans un avenir lointain, cette réputation à demi bruyante qui contente la partie imaginative de notre âme, et qu'on appelle la gloire; ses recherches étaient trop spéciales. Quant aux emplois scientifiques et aux honneurs publics, il n'y songeait pas; il avait horreur de toute intrigue et de toute parade, et, par une délicatesse naturelle, quand il voyait les autres s'étaler sur le grand théâtre, il allait discrètement et avec un sourire se cacher dans un coin. « Ma vraie satisfaction, me disait-il un jour, c'est que les érudits qui travailleront après moi trouveront une recherche bien faite, sur laquelle ils pourront compter, et de laquelle ils pourront partir pour aller plus loin. » Il passait la journée à collationner des textes aux bibliothèques et à suivre au Collège de France des cours de hautes mathématiques et de langues orientales. La nuit, il écrivait. Sa vie était d'une régularité minutieuse; le travail l'avait rendu malade dès sa jeunesse; il souffrait encore d'une irritation de la gorge, et son ouïe était devenue dure; il était obligé de s'observer, de se soigner, de se guérir, et il accomplissait tout ce triste service avec une patience et un sang-froid admirables. Il était stoïcien de cœur et de conduite; nul n'a mieux pratiqué la maxime qui ordonne « de supporter et de s'abstenir. » Bien des fois, en moi-même, je l'ai comparé à notre cher et vénéré Spinosa. Sa douceur était extrême et son attention à tous les petits devoirs de la société, scrupuleuse. Il semblait touché du moindre service comme d'un bienfait. Même, au premier abord, cette politesse pouvait paraître exagérée et cérémonieuse. C'est qu'il se l'était prescrite comme une loi, et pour une de ces raisons générales qui gouvernaient sa conduite : « Les hommes, disait-il, ont une tendance naturelle à la brutalité et à l'égoïsme; et s'ils ne la répriment pas jusque dans leurs petites actions insignifiantes, il est impossible que la paix et la bienveillance se maintiennent parmi eux. » Son principe était qu'il faut toujours se tenir en bride : « Nos passions, me disait-il encore, sont comme des enfants ; nous les aimons, nous les nourrissons, elles grandissent et nous battent. » Quand il était dans une compagnie, il se croyait obligé d'entretenir particulièrement les femmes âgées, et ses façons respectueuses, presque antiques, faisaient un contraste marquant avec le sans-gêne moderne. En de tels moments, lorsqu'il persévérait à s'ennuyer volontairement et par devoir, à rabaisser tant de sciences et d'idées jusqu'aux puérilités de la conversation vulgaire, on ne pouvait s'empêcher de regarder avec une compassion affectueuse ce grand front pâle sillonné d'une ride profonde, et de lui souhaiter le bonheur qu'il n'avait pas.

Il était fort réservé, et depuis quelques années seulement j'étais entré avant dans son amitié. C'est alors que, passant des discussions abstraites aux causeries intimes, j'ai pu apprécier son extrême noblesse et sa grande raison. J'ose dire que je ne lui ai pas connu un seul défaut; j'avais fini par éprouver pour lui un sentiment singulier, qui était une sorte de respect; c'est presque le seul homme de qui je puisse dire une pareille chose. Il n'y a guère d'esprits qui, ayant fait comme lui le tour des idées et aperçu l'envers de l'homme, n'en aient pas rapporté l'aigreur ou le découragement; le désenchantement amène l'égoïsme; si les hommes se dévouent, c'est le plus souvent parce que pour eux la distance revêt les objets d'une belle couleur; lorsqu'ils les ont touchés, ils s'en dégoûtent; l'extrême scepticisme conduit à l'amour de soi. Celui-ci était resté généreux, quoiqu'il fût devenu sceptique. De ce grand voyage qu'il avait fait autour des choses, il ne lui était resté que de la tristesse et du sang-froid. Il sentait sa jeunesse usée, sa santé ébranlée, ses forces amoindries, ses recherches limitées, ses espérances réduites. Au milieu de tant de regrets, un regret profond et sourd perçait par intervalles. Il était né géomètre, et croyait s'être trompé en tournant sa vie vers l'histoire. Néanmoins il vivait résigné et calme, pénétré par le sentiment des nécessités qui nous plient ou qui nous traînent, persuadé que toute la sagesse consiste à les comprendre et à les accepter[1].

Je l'avais laissé souffrant, et la veille de mon départ j'étais allé lui chercher un médecin. Depuis, on m'avait écrit qu'il se portait mieux, et j'espérais au retour le retrouver, comme toujours, actif et calme. Il m'avait promis de prendre dorénavant un mois chaque année pour vivre au grand air et faire de l'exercice à la campagne. Hier, en sortant de la Sixtine, dans un café de Rome, je trouve sur un journal l'annonce de sa mort et de son enterrement. Le lecteur n'a que faire de nos sentiments personnels; je m'abstiens d'exprimer les miens; j'espère seulement qu'un de ses collègues de la Société asiatique dira au public ce qu'il a fait et ce qu'il pouvait faire. Il faut un homme compétent pour lui donner sa place; je n'ai pu parler que de son esprit et de son caractère. Lorsque me détachant de moi-même, j'essaye de le juger en critique, j'en viens à penser que personne n'était plus digne que lui d'être aimé, admiré et de vivre. Il n'a été ni aimé ni admiré comme il devait l'être, et il est mort à trente-sept ans.

---

1. Il me disait un jour : « J'ai pris la vie par le côté poétique. » — Mot étrange et l'un des plus profonds que j'aie entendus.

# TABLE.

PHILOSOPHIE RELIGIEUSE. M. JEAN REYNAUD............... 7
    La méthode. — La doctrine.

LA BRUYÈRE.................................................. 43
    L'homme. — L'écrivain.

BALZAC...................................................... 63
    Sa vie. — Son esprit. — Son style. — Son monde. — Ses grands personnages. — Sa philosophie.

JEFFERSON................................................... 171
    L'homme et le politique.

RENAUD DE MONTAUBAN......................................... 189
    Les passions au moyen âge. — La morale au moyen âge.

RACINE...................................................... 207
    Esprit de son théâtre. — Mœurs de son théâtre. — Bienséances de son théâtre. — Sa vie, son esprit et son caractère.

Les Mormons ............................................. 271
    Leur doctrine. — Leur histoire.

Marc-Aurèle ............................................. 301
    Sa vie et son caractère. — Sa philosophie et sa morale.

Le Bouddhisme .......................................... 317
    Ses origines. — Son caractère. — La spéculation dans le bouddhisme. — La pratique dans le bouddhisme.

Franck Wœpke ........................................... 385

FIN DE LA TABLE.

---

8663. — Paris, imprimerie générale de Ch. Lahure, rue de Fleurus, 9.

www.ingramcontent.com/pod-product-compliance
Lightning Source LLC
Chambersburg PA
CBHW052045230426
43671CB00011B/1795